全国高等教育经济管理类新形态系列教材

【微课版】

企业资源规划

第3版

黄卫东◎主编

洪小娟 陆骥 刘影 唐娟◎编著

人民邮电出版社

北京

图书在版编目（CIP）数据

企业资源规划 ：微课版 / 黄卫东主编 ；洪小娟等编著. -- 3版. -- 北京 ：人民邮电出版社，2022.1（2023.12重印）
全国高等教育经济管理类新形态系列教材
ISBN 978-7-115-58167-9

Ⅰ. ①企… Ⅱ. ①黄… ②洪… Ⅲ. ①企业管理－计算机管理系统－高等学校－教材 Ⅳ. ①F270.7

中国版本图书馆CIP数据核字(2021)第251045号

内容提要

本书共 9 章，分别从 ERP 用户、咨询顾问、开发商、监理等视角阐述企业成功实施 ERP 项目的过程和方法。相较于第 1 版，第 3 版增加了数字经济时代 ERP 的新特点及未来发展趋势等内容，以追踪其最新发展态势。并且本书每章都提供了微课视频，以帮助读者更有针对性地学习。具体来说，第 1 章概述了 ERP 的概念与功能、ERP 理论的发展历程、国内外主要 ERP 产品及其开发商、我国 ERP 的应用状况，以及 ERP 的未来发展趋势。第 2 章阐述了 ERP 的基本原理，即按照企业内部物资流、资金流组织企业信息管理流程，从企业的销售与预测开始，制订主生产计划、能力需求计划和物料需求计划，并进行采购、库存、仓库及车间生产管理，最后以财务管理来反映企业的经营成果。第 3 章介绍了 ERP 系统的业务集成，主要介绍企业外部的可独立执行的信息系统及其与 ERP 系统的集成关系。第 4 章～第 8 章以成功实施 ERP 项目为例，分析了 ERP 项目的实施与运行、不同角色的职责及工作方法等。第 9 章设计了一个 ERP 综合实验，讲解了总体实验设计、ERP 沙盘模拟对抗演练、ERP 软件流程操作及 ERP 情境教学等内容。除第 9 章外，本书每章开头都列出了学习目标并提供了导入案例，每章末尾均附相关习题。

本书配有 PPT 课件、教学大纲、电子教案、课后习题答案、模拟试卷及答案等教学资源，用书老师可在人邮教育社区免费下载使用。

本书可以作为高等院校经济管理类专业相关课程的教材或参考书，也可以作为相关从业人员的自学用书。

◆ 主　　编　黄卫东
　编　　著　洪小娟　陆　骥　刘　影　唐　娟
　责任编辑　王　迎
　责任印制　李　东　胡　南

◆ 人民邮电出版社出版发行　　北京市丰台区成寿寺路 11 号
　邮编　100164　　电子邮件　315@ptpress.com.cn
　网址　https://www.ptpress.com.cn
　固安县铭成印刷有限公司印刷

◆ 开本：787×1092　1/16
　印张：14.5　　　　2022 年 1 月第 3 版
　字数：352 千字　　2023 年 12 月河北第 4 次印刷

定价：49.80 元

读者服务热线：(010)81055256　印装质量热线：(010)81055316
反盗版热线：(010)81055315
广告经营许可证：京东市监广登字 20170147 号

前言

课程简介

近年来，以互联网、大数据、人工智能为核心的数字技术迅猛发展，数字经济与实体经济加速融合，已经从生产、消费、流通等各个环节创新了经济发展模式，受到广泛关注。据《数字中国发展报告（2022年）》显示，2022年我国数字经济规模达50.2万亿元，总量稳居世界第二，数字产业规模稳步增长，软件业务收入达10.81万亿元，工业互联网核心产业规模超1.2万亿元，工业互联网已覆盖工业大类的85%以上，标识解析体系全面建成。作为高质量发展的重要引擎，数字经济与实体经济深度融合，为制造业提质增效和转型升级提供了新动能。党的二十大报告指出：构建新一代信息技术、人工智能、生物技术、新能源、新材料、高端装备、绿色环保等一批新的增长引擎。加快发展数字经济，促进数字经济和实体经济深度融合，打造具有国际竞争力的数字产业集群。为现代产业体系高质量发展指明了方向。企业相关人员要主动学习运用数字技术，提升智能化、协同化水平，加快实现数字化转型。由此，掌握ERP原理、体系和实施方法已经成为企业信息化从业人员的基本技能，也是相关管理人员的必备素养之一。

本书以平实的笔触，着力剖析ERP基本知识点之间的内在联系，详细阐述了ERP的基本概念、理论、实施体系和应用方法。本书按照认识—理解—实践的逻辑思维顺序进行编排，分为三个部分共9章。第一部分以ERP理论介绍为主，包括第1章“ERP概述”、第2章“ERP的基本原理”、第3章“ERP系统的业务集成”。第二部分介绍ERP项目的实施与运行，包括第4章～第8章，分别从用户视角、咨询顾问视角、开发商视角、监理视角厘清各方参与ERP项目实施的要点。第三部分（第9章）介绍ERP综合实验，包括总体实验设计、ERP沙盘模拟对抗演练、ERP软件流程操作及ERP情境教学。

通过对ERP理论的学习和各实践项目的训练，读者不仅能够掌握ERP的基本概念、理论、实施体系和应用方法，而且能够掌握ERP软件的操作技能。

本书的参考学时为32～48学时，建议教师采用理论与实践相结合的教学模式。各章的参考学时如下面的学时分配表所示。

学时分配表

章	课程内容	参考学时
第1章	ERP概述	2
第2章	ERP的基本原理	4
第3章	ERP系统的业务集成	4～6
第4章	ERP项目的实施与运行	2～4
第5章	用户视角：需求驱动与规划实施	2～4
第6章	咨询顾问视角：管理诊断与ERP系统的导入	2～4
第7章	开发商视角：ERP系统的设计与定制	2～4
第8章	监理视角：ERP项目管控与评价	2～4
第9章	ERP综合实验	12～16
参考学时总计		32～48

本书由南京邮电大学黄卫东教授主编，洪小娟、陆骥、刘影、唐娟老师参与编写了本书的不同章节。在编写过程中，本书得到了南京邮电大学管理学院管理工程系老师的大力支持和帮助，在此深表感谢。

由于编者水平有限，书中难免有疏漏和不足之处，恳请读者批评指正。

编　者

目录

第 1 章　ERP 概述

【学习目标】

- ✧ 熟悉 ERP 的概念。
- ✧ 掌握 ERP 的功能和管理思想。
- ✧ 了解 ERP 理论的发展历程。
- ✧ 了解我国 ERP 的应用状况和 ERP 的未来发展趋势。

苏宁的ERP应用历程

对于苏宁易购集团股份有限公司（以下简称“苏宁”）而言，ERP 可以说是其发展的加速器。苏宁的 ERP 应用历程分为以下 3 个阶段。

1. 自主研发企业管理信息系统

苏宁创建于 1990 年，从开设空调专卖店起家。面对夏季空调业务量、售后服务信息量猛增的情况，苏宁率先建立了一套基于磁盘操作系统（Disk Operating System，DOS）的售后服务管理系统，并将客户的送货信息、安装信息、维修记录等数据录入数据库，实行 100%客户回访制度，全面实现信息化管理。

1996 年，苏宁实施销售系统与财务系统信息化，建立了商场、物流、仓库、售后服务中心等局域网络系统。同年，苏宁成为全国率先使用计算机开发票的商业零售企业。

2. 初识 ERP

2000 年成为苏宁发展史上的分水岭，这一年苏宁由偏居一隅转为布局全国，并和武汉金力软件有限公司合作，正式开发了 ERP 系统。实施 ERP 系统后，苏宁各子公司、门店通过该系统与总部直接相连，网络覆盖各销售门店、仓库、售后服务中心及售后网点，商品编码、各类信息与账务信息高度统一，这样既保证了系统的安全性，也大大降低了成本。2001 年，基于企业到企业的电子商务模式（Business-to-Business，B2B）的中国电器网及基于企业到用户的电子商务模式（Business-to-Consumer，B2C）的苏宁电器网先后上线。2003 年，苏宁实施集中式办公自动化系统，实现了各项工作的流程化及电子化。

3. 引入 SAP 信息系统管理平台

2006 年，随着苏宁发展加速，原有 ERP 系统已无法支撑苏宁业务量的急剧增长。历经半年的慎重选择，苏宁最终摘下了德国思爱普公司（System Applications and Products，SAP）信息系统管理平台这颗“果子”。由于项目庞杂、耗资近亿元，苏宁每一步都走得小心翼翼。苏宁选择分期实施模式，首先在山东和江苏的少数门店进行试验，一试就是一个半月，直到确认系统运行稳定。

接着，项目部继续考察了SAP信息系统管理平台的细节是否与苏宁的业务流程相适应。如SAP信息系统管理平台对输入的信息要求很多，界面上需要填写的内容较多、较复杂，但门店销售、开票、登记等流程要求速度快，不能让客户久等，因此需要简化前台的系统操作。所以，项目部开发了界面更简洁的前台POS系统。新的ERP系统把苏宁全国门店的数据汇总在一个数据库里，使财务系统和业务系统更好地集成。

讨论

（1）ERP系统引入是一个具有创造性的专业项目，需要结合企业需求与企业状况制订总体蓝图和阶段性实施目标，这一点首席信息官应如何把握？

（2）如何设计ERP才能帮助企业进行合理管控，满足企业快速扩张和发展的需求，以及保证系统的可靠性、延展性和稳定性？

企业资源规划（Enterprise Resource Planning，ERP）最初被定义为应用软件，迅速被全世界的商业企业接受，现已发展成为现代企业管理理论之一，也是实施企业流程再造的重要工具之一。本章主要介绍ERP的概念与功能、ERP理论的发展历程、国内外主要ERP产品及其开发商、我国ERP的应用状况和ERP的未来发展趋势。

1.1 ERP的概念、功能与管理思想

20世纪90年代初，管理咨询公司加特纳集团根据当时信息技术（Information Technology，IT）的发展情况和企业对供应链管理的需要，对技术创新背景下的制造业管理信息系统的发展趋势和即将发生的变革做了预测，提出了ERP的概念。

1-1 ERP的概念、功能与管理思想

1.1.1 ERP的概念

可以从管理思想、软件产品、管理系统3个层面理解ERP，具体如下。

① ERP是一整套企业管理系统体系标准，其实质是在MRPⅡ的基础上进一步发展而成的、面向供应链的管理思想。

② ERP是综合应用了客户机/服务器体系、关系数据库结构、面向对象的设计、图形用户界面、第四代语言、网络通信等信息技术成果，以管理企业整体资源的管理思想为灵魂的软件产品。

③ ERP是整合了企业管理理念、业务流程、基础数据、人力、物力、计算机硬件和软件的企业资源管理系统。

1.1.2 ERP的功能

作为企业资源管理系统，ERP包含新的管理理念，给企业带来的不仅是效率的提高，也带

来了管理能力的提升和管理模式的变革，即为实现企业的核心目标而带来的竞争优势。具体而言，ERP 的功能分为基本功能和发展功能，其中，基本功能包括以下 4 个。

1. 管理整个企业供应链的资源

在知识经济时代，企业如果仅靠自己的资源，不可能有效参与市场竞争，还必须把经营过程中的有关各方（如供应商、制造商、分销商、客户等）纳入一个紧密的供应链中，才能有效地安排企业的产、供、销活动，满足企业利用市场资源快速高效地进行生产经营的需求，以进一步提高企业的运营效率和在市场上获得竞争优势。换句话说，现代企业竞争不再是单一企业之间的竞争，而是一个企业供应链与另一个企业供应链之间的竞争。ERP 实现了对整个企业供应链的管理，满足了企业在知识经济时代参与市场竞争的需要。

2. 优化生产工艺

ERP 系统支持对混合型生产方式的管理，主要包含两种管理思想。一种是“精益生产（Lean Production，LP）”思想。它是由麻省理工学院提出的一种企业经营战略体系，即企业按大批量生产方式组织生产时，把客户、分销商、供应商、协作单位纳入生产体系。这样，企业同客户、分销商、供应商和协作单位的关系，已不再是简单的业务往来关系，而是利益共享的合作伙伴关系。这种合作伙伴关系组成了企业的供应链，这便是“精益生产”思想的核心。另一种是“敏捷制造（Agile Manufacturing，AM）”思想。当市场发生变化，企业有特定的市场需求和产品需求时，企业当前的合作伙伴不一定能满足企业新产品开发和生产的要求，这时，企业会组织一个由特定的供应商和销售代理商组成的短期或一次性的供应链，形成“虚拟工厂”，把供应商和协作单位看成供应链的固定组成部分，运用“同步工程”组织生产，从而用最短的时间将新产品投入市场，以保持产品的高质量、多样化和灵活性，这便是“敏捷制造”思想的核心。

3. 实现事先计划与事中控制

ERP 系统中的计划体系主要包括主生产计划、物料需求计划、能力需求计划、采购计划、销售执行计划、利润计划、财务预算和人力资源计划等。这些计划的功能与价值控制功能已完全集成到整个供应链中。一方面，ERP 系统通过定义与事务处理相关的会计核算科目与核算方式，在处理事务的同时能够自动生成会计核算分录，保证了资金流与物流的同步记录和数据一致性，从而可以根据财务现状，追溯资金的来龙去脉，进而追溯所发生的相关业务活动。ERP 系统改变了过去企业资金信息滞后于物料信息的状况，实现了有效的事中控制。另一方面，计划、事务处理、控制与决策都在供应链的业务处理流程中进行，这要求在每个流程业务处理过程中，企业能最大限度地发挥每个人的工作潜能并体现其责任心。流程强调人与人之间的合作精神，以便在企业中充分发挥每个人的主观能动性与潜能，加快企业对市场动态变化的响应速度，实现计划和控制的协同融合。

4. 改善成本效率和财务状况

由于应收账款管理混乱、采购计划安排不合理、业务流程重叠而造成的资金运营效率低下、成本控制能力弱，企业（尤其是中小型企业）普遍存在财务状况较差的问题。ERP 系统不仅可以为企业内不同部门各自的需求提供多层次的财务管理支持，还可以为企业的最高决策层提供一体化财务管理支持，即实现不同业务部门之间财务信息的高度交汇。正是因为 ERP 系统的使用实现了物流、信息流及资金流三者的统一，企业财务状况才可以得到有效改善。具有代表性的就是 ERP 系统中实时生产计划引起的库存管理的优化，能够有效减少企业不必要的库存投资，提高企业的库存周转率，减少因库存而占用的资金，提升资金的使用效率，增加企业利润。

总之，借助 IT 的飞速发展与应用，ERP 系统得以将企业管理功能在计算机软件系统中实现。此外，ERP 系统还引入了更多更新的管理思想并将它们付诸实践。ERP 的发展给企业参与市场竞争带来了以下 3 个方面的好处。

1. 有利于企业可持续发展

21 世纪的现代化企业不仅面临着外部的激烈竞争，还面临着内部需求的严峻挑战。企业不能再单纯依靠加大投入、增加收益的粗放型模式实现经营与发展，而应将侧重点放在如何提高资源利用效率，如何精简企业运作流程的可持续发展模式上。ERP 系统的主要宗旨就是充分协调和运作企业内部的人力资本、物料资源、生产设备以及信息，使各要素能够充分发挥效用，为企业的可持续发展提供重要保障。

2. 有利于学习型组织的形成

实施 ERP 项目的一个重要目的就是使在企业内部每一个节点处产生或存储的信息能够在企业内部和外部之间实时地、准确地传递，这为企业构建学习型组织奠定了技术基础。在 ERP 系统构建的网络化、扁平化组织中，不仅信息传递的渠道更为多样，而且信息在层级之间的耗散比传统的企业架构少，这能够有效保证员工之间的信息共享，营造互相学习交流的浓厚氛围。每个员工对企业的贡献都会因为其网络化而被放大，这能够增强员工的组织认同感，从而帮助其获得一个高效的职业发展平台。

3. 有利于提高客户满意度

以人为本的企业经营理念正在被越来越多的管理者接受，而以人力资本和客户为中心的管理方式也正在受到越来越多企业家的推崇。ERP 系统的应用正是以更好地满足客户需求为目标，试图构建以市场为导向的全新运营模式，其核心思想之一“敏捷制造”——时刻保持产品的高质量、多样化和灵活性的目标就充分说明了这一点。应用 ERP 系统对产品多样化特征明显的企业更为有利，企业可以将整个生产计划详细地落实到从获取订单至物流发货的所有环节。在合理利用企业产能的前提下，ERP 系统能保证企业按时、按量、按质交货，以满足不同类型客户的需求。

1.1.3 ERP 的管理思想

ERP 的核心管理思想就是实现对整个供应链的有效管理，主要体现在以下 3 个方面。

1. 实现供应链协同的管理思想

现代企业的竞争已不再是单一企业之间的竞争，而是企业供应链之间的竞争。供应链协同管理要求供应链中的各节点企业为了提高供应链的整体竞争力而进行协调和努力。各节点企业通过企业协议或联合组织等方式结成一种网络式联合体，在这个协同网络中，供应商、制造商、分销商和客户可动态地共享信息、紧密协作，向着共同的目标前进。要实现协同，各节点企业就要进行供应链的整合，并且应以信息的自由交流、知识创新成果的共享、各节点企业之间的相互信任和协同决策、无缝连接的生产流程，以及共同的战略目标为基础，ERP 系统为针对供应链网络内各职能成员间的合作所进行的管理提供基础支撑。

2. 为促进先进制造引入新的制造理念和管理思想

先进制造不断集成电子信息、计算机、机械、材料及现代管理技术等方面的高新技术成果，并将这些技术综合应用于制造业的产品研发设计、生产制造、在线检测、营销服务和管理的全过程，以实现优质、高效、低耗、清洁、灵活生产，即实现信息化、自动化、智能化、柔性化、生态化生产。ERP 系统为此提供有力支持，引入精益生产、同步工程和敏捷制造等新的制造理念和管理思想，以增强制造业企业的创新发展能力。

3. 体现全面质量管理的理念和思想

全面质量管理是指一个组织以质量为中心，以全员参与为基础，通过使客户满意和本组织所有成员及社会满意而实现长期成功的管理途径。ERP 系统中的计划体系包括主生产计划、物料需求计划、能力需求计划、采购计划、销售执行计划、利润计划、财务预算和人力资源计划等，而 ERP 系统的事务控制包括设计过程、制造过程、辅助过程、使用过程等，企业想要生产满足客户要求的产品，单纯依靠数理统计方法对生产工序进行控制是不够的。ERP 系统从产品设计开始进行全面质量管理，直到产品到达客户手中，使客户满意。这个过程包括市场调查、设计、研发、制造、检验、包装、销售、服务等各个环节，可以实现计划和控制的协同融合，为实现全面质量管理提供支持。

1.2 ERP 理论的发展历程

ERP 是一个庞大的管理信息系统，要理解 ERP 原理，我们必须先了解 ERP 理论发展的几个主要阶段：20 世纪 40 年代的库存控制订货点法阶段、20 世纪 60—70 年代的物料需求计划（Material Requirement Planning，MRP）阶段、20 世纪 80 年代的 MRP Ⅱ阶段、20 世纪 90 年代的 ERP 阶段、21 世纪的下一代企业资源规划（ERP Ⅱ）阶段。

1-2 ERP 理论的发展历程（1）

1.2.1 库存控制订货点法阶段

在计算机出现之前，发出订单和催货是一个库存管理系统在当时所能做的一切。库存管理系统负责发出生产订单和采购订单，但是对物料的真实需求需要根据缺料表来确定。缺料表上所列的是马上要用却没有库存的物料。然后，企业派人根据缺料表进行订货、催货。

库存控制订货点法是在当时的条件下，为改变这种被动的状况而提出的，一种按过去的经验预测未来物料需求的方法。这种方法有多种不同的形式，但都基于“库存补充”原则。“补充”的意思是把库存填满到原来的某个状态。库存补充的原则是保证任何时候仓库里都有一定数量的存货，以便随时取用。当时人们希望通过这种做法来弥补不能确定近期的必要库存和需求时间所造成的缺陷。库存控制订货点法依据对库存补充周期内的需求量的预测，并保留一定的安全库存，来确定订货点。安全库存的设置是为了应对需求的波动。一旦库存低于预先规定的数量，即订货点库存量，企业应立即订货来补充库存。

库存控制订货点法的基本公式如下：

订货点库存量=单位时间内的需求量×订货提前期+安全库存量

如果某种物料的需求量为每周 100 件，订货提前期为 6 周，并保持 2 周的安全库存量，那么，该种物料的订货点库存量的计算公式如下：

$$100\times6+100\times2=800（件）$$

当某种物料的现有库存和已发出的订货量之和低于订货点库存量时，企业就必须再次订货，以保持足够的库存来满足生产需求。库存控制订货点法的处理逻辑如图 1-1 所示。

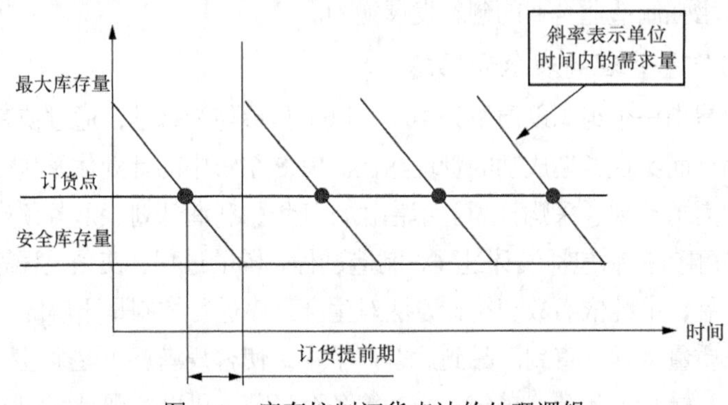

图 1-1　库存控制订货点法的处理逻辑

库存控制订货点法曾引起广泛的关注，讨论它的论文也很多，按这种方法建立的库存模型曾被称为“科学的库存模型”。然而，实际应用库存控制订货点法的效果却事与愿违。其原因在于库存控制订货点法是在某些假设之下，追求数学上完美的方法。以下是库存控制订货点法的 4 个基本假设，我们将逐一进行分析。

1. 对各种物料的需求是相互独立的

库存控制订货点法不考虑物料之间的关系，对每种物料的订货点库存量均独立地确定。因此，库存控制订货点法是面向物料的，而不是面向产品的。但是，制造业有一个很重要的要求，那就是各种物料的数量必须配套，以便能装配成产品。由于库存控制订货点法对各种物料独立地进行预测和订货，这就会导致在装配时各种物料数量不匹配的情况时有发生。因此，虽然单种物料的供货率提高了，但总的供货率却降低了。因为企业对每种物料订货点的预测不可能都很准确，误差积累起来反映在总供货率上将是相当大的。

例如，用 10 个零件装配成一件产品，每个零件的供货率都是 90%，而总供货率却降到 34.8%。一件产品由二三十个甚至更多个零件装配成的情况是常有的。如果这些零件的库存量是根据库存控制订货点法确定的，那么，在装配时不发生零件短缺的情况，仅存在于理想中。

应当注意，上述这种零件短缺的情况并非是预测精度不高引起的，而是库存控制订货点法本身的缺陷造成的。

2. 物料需求是连续发生的

运用库存控制订货点法时，必须认为企业对物料的需求相对均匀，库存消耗稳定。而制造业企业对产品零件的需求恰恰是不均匀、不稳定的，库存消耗是间断的。这往往是由下道工序的批量要求引起的。

我们假定最终产品是活动扳手，零件是扳手柄，原材料是扳手柄毛坯。活动扳手一般不是单件生产的，工厂接到一批订单后会在仓库中取出相应数量的扳手柄批量生产。这样一来，扳手柄的库存量就会突然减少，有时会降到订货点库存量以下。这时就要立即下达扳手柄的生产指令，这样又会引起扳手柄毛坯的库存量大幅减少。如果因此引起扳手柄毛坯库存量也低于订货点库存量，则企业对扳手柄毛坯也要进行采购，块状需求图如图 1-2 所示。

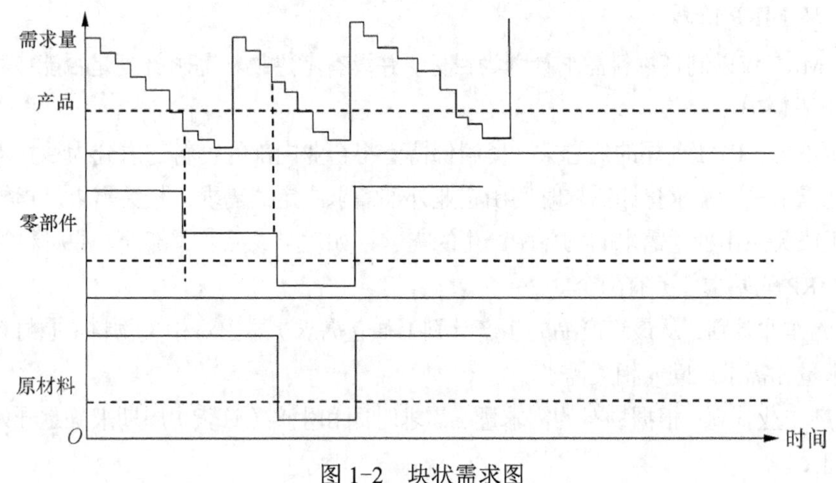

图 1-2　块状需求图

由此可见，即使企业对最终产品的需求是连续的，由于生产过程中的批量需求，企业对零部件和原材料的需求也是不连续的。需求不连续的现象引出了一个如何确定需求时间的问题。一方面，库存控制订货点法是根据以往的平均消耗来间接地确定需求时间的，但是对于不连续的非独立需求来说，这种平均消耗的概念是毫无意义的。事实上，采用库存控制订货点法下达订货需求的时间常常偏早，在实际需求发生之前会有大批存货放在仓库里造成库存积压。而另一方面，又会由于需求不均衡和库存控制订货点本身的缺陷又会造成库存短缺。

3. *存货消耗之后，应被重新填满*

按照这种假设，当物料库存量低于订货点库存量时，企业必须订货，以重新填满库存。但如果需求是间断的，这样做不但没有必要，而且也不合理，因为这样很可能造成库存积压。例如，某件产品一年中只会得到客户的两次订货，那么，制造此产品所需的物料则不必因库存量低于订货点库存量而立即填满。

4. *"何时订货"是一个大问题*

"何时订货"被认为是库存管理的一个大问题。这并不奇怪，因为库存管理正是订货和催货这一过程的自然产物。然而真正需要解决的问题是"何时需要物料"，这个问题解决以后，"何时订货"的问题也就迎刃而解了。库存控制订货点法通过触发订货点来确定订货时间，再通过提前期来确定需求日期，其实是本末倒置的。

综上，库存控制订货点法是围绕一些不成立的假设建立起来的。今天看来，根据库存控制订货点法建立的库存模型是那个时代的理论错误，因此不再具有重要的实用价值。但它提出了许多在新的条件下应当解决的问题，从而引发物料需求计划的出现。

1-3　ERP 理论的发展历程（2）

1.2.2　MRP 阶段

在 MRP 阶段，企业的信息管理系统借助计算机的运算能力及系统对客户订单、在库物料、产品构成进行管理，依据客户订单，按照产品结构清单展开并计算物料需求，从而实现减少库存、优化库存的管理目标。MRP 阶段可细分为开环和闭环两个阶段。

1. 开环 MRP 阶段

最初，MRP 仅以制订物料需求计划为目标，并没有考虑物料需求计划是否能按时完成，因此被称为开环 MRP。

按来源不同，IBM 公司的约瑟夫・奥利佛博士将企业内部的物料需求分为独立需求和相关需求。独立需求是指需求量和需求时间由企业外部需求决定的需求；相关需求是指根据物料之间的结构组成关系由独立需求的物料所产生的需求，如对半成品、零部件、原材料等的需求。

开环 MRP 的基本任务有两个。

① 采购作业计划：从最终产品的生产计划（独立需求）导出对相关物料（原材料、零部件等）的需求量和需求时间（相关需求）。

② 生产作业计划：根据物料的需求量、需求时间和生产（订货）周期来确定开始生产（订货）的时间。

MRP 的基本内容是编制零件的生产计划和采购计划。然而，要正确编制零件生产和采购计划，首先必须落实最终产品（在 MRP 中称为"成品"）的产出计划，即主生产计划（Master Production Schedule，MPS），这是 MRP 的开展依据；其次需要知道产品的零件结构，即物料清单（Bill of Material，BOM），在主生产计划的基础上编制零件计划；最后还需要知道库存信息才能准确计算出零件的采购数量。

因此，MRP 的基本计算依据包含以下 3 个方面。

① 主生产计划：确定每一个具体的最终产品在每一个具体的时间段内的生产数量的计划。

② 物料清单：用规范的数据格式来描述产品结构的文件。

③ 库存信息：保存企业所有产品、零部件、在制品、原材料等信息的数据库。

MRP 的逻辑流程关系如图 1-3 所示。

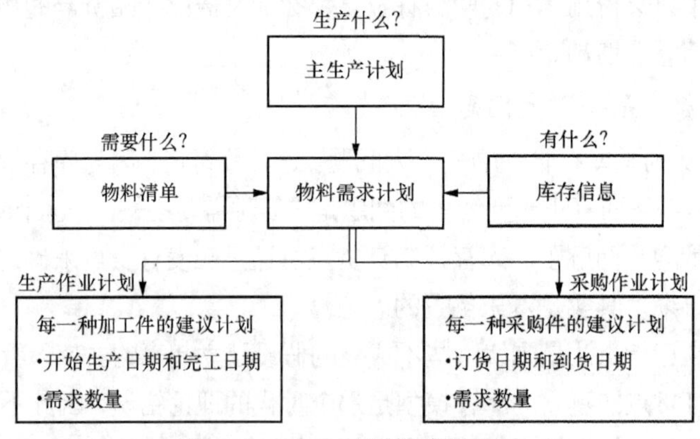

图 1-3 MRP 的逻辑流程关系

2. 闭环 MRP 阶段

20 世纪 60 年代，开环 MRP 能根据有关数据计算出相关物料需求的准确时间与数量，但其缺陷是没有考虑企业现有的生产能力和与采购有关条件的约束。因此，开环 MRP 计算出来的物料需求的准确时间与数量有可能因设备和工时的不足而无法实现，或者因原料的不足而无法实现。同时，开环 MRP 缺乏根据计划实施情况的反馈信息对计划进行调整的功能。

为解决以上问题，MRP 在 20 世纪 70 年代发展为闭环 MRP。闭环 MRP 除了包括物料需求计划外，还包括了能力需求计划、生产作业计划和采购作业计划，形成一个封闭的系统。

闭环 MRP 的正常运行需要有一个切实可行的主生产计划。主生产计划除了能反映市场需求和合同订单外，还必须考虑企业现有的生产能力和与采购有关条件的约束。因此，除了要编制资源需求计划外，企业还要编制能力需求计划（Capacity Requirement Planning，CRP），将各个部门的能力进行平衡。只有在能力与资源不仅均未超出负荷且能满足需求，而且确保即使超出其能力也能有相关措施时，才能开始执行主生产计划。在能力需求计划中，生产通知单是按照对设备产生的负荷而进行评估的；采购通知单与之类似，是检查其对分包商和经销商所产生的工作量。企业执行 MRP 时，要用生产通知单来控制加工的优先级，用采购通知单来控制采购的优先级。这样，MRP 得到了进一步发展，把能力需求计划和执行能力需求计划、执行物料需求计划也包含进来，形成一个环形回路，称为闭环 MRP，其逻辑流程关系如图 1-4 所示。

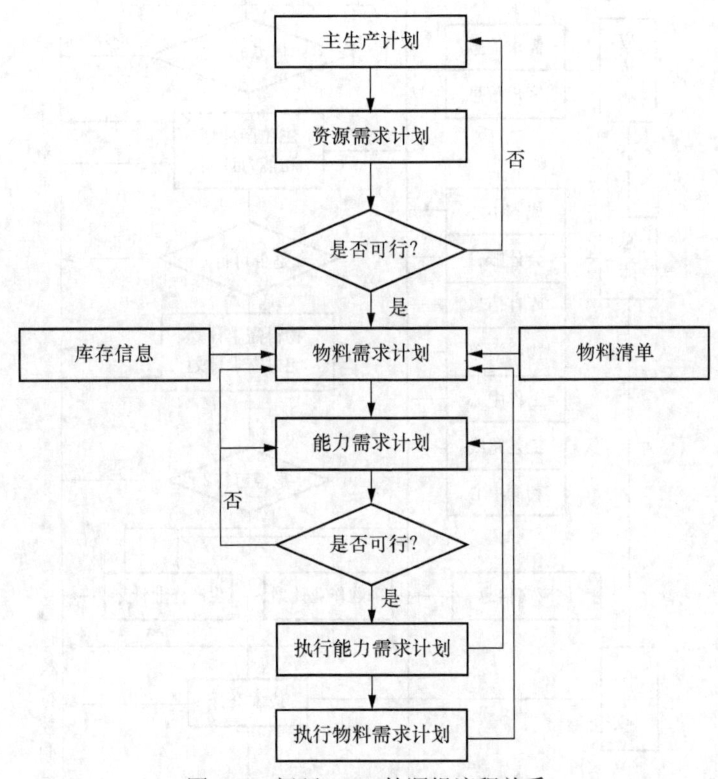

图 1-4　闭环 MRP 的逻辑流程关系

因此，闭环 MRP 成为一个完整的生产计划与控制系统。

1.2.3　MRP Ⅱ 阶段

闭环 MRP 的出现，使生产活动方面的各个子系统得到了统一。但是生产管理只是企业管理的一个方面，企业管理是由人、物和信息等资源，供、产、销等活动组成的综合系统，其中还有动态的、彼此紧密相关的物流、资金流和信息流。于是，在 20 世纪 80 年代，开始集成销售、采购、生产、财务、工程技术、信息等各个子系统，并称该集成系统为制造资源计划（Manufacturing Resource Planning，MRP），为了与物料需求计划（MRP）区分开，记为 MRPⅡ。

1. MRPⅡ的概念

在 MRP 的基础上，MRPⅡ围绕着“在正确的时间制造和销售正确的产品”这一中心，增加了对企业生产中心、加工工时、生产能力等方面的管理，以实现用计算机进行生产排程的功能，同时也将财务的功能囊括进来，在企业中形成以计算机为核心的闭环管理系统。这种管理系统已能动态监测产、供、销的全部过程。MRPⅡ的逻辑流程关系如图 1-5 所示。

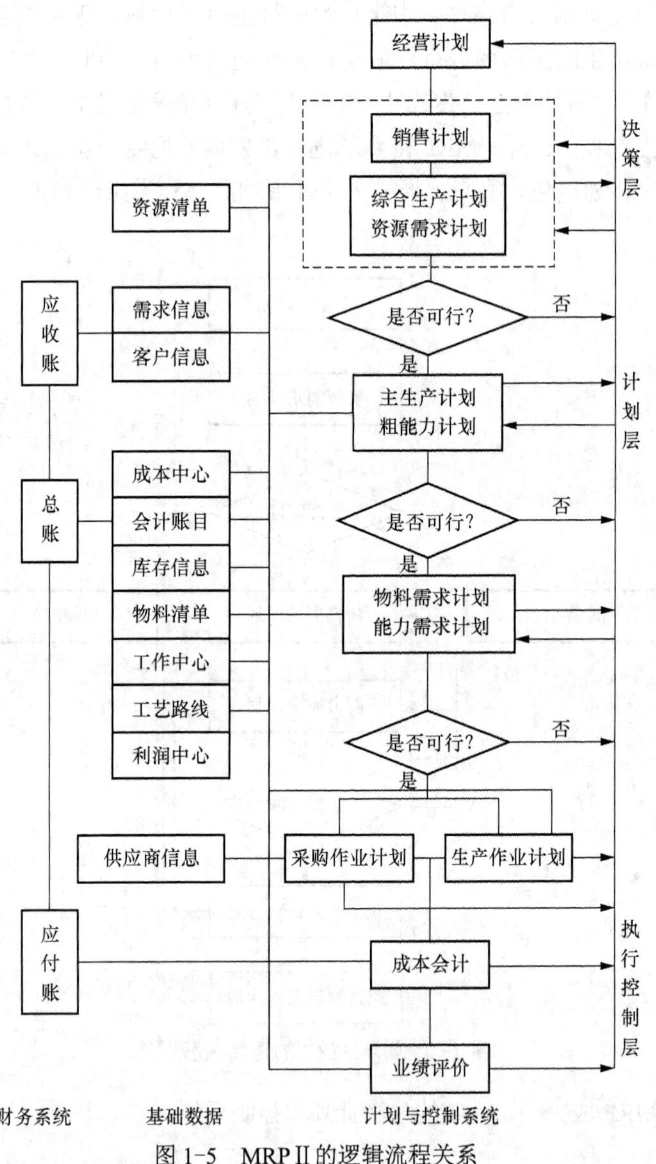

图 1-5　MRPⅡ的逻辑流程关系

2. MRPⅡ的特点

MRPⅡ的特点可以从以下几个方面来说明。MRPⅡ的每一项特点中都含有管理模式的变革和人员素质或行为的变革两方面内容，这些特点是相辅相成的。

（1）计划的一贯性与可行性

MRP Ⅱ是一种计划主导型管理模式，计划从宏观到微观、从战略到技术、由粗到细逐层优化，但始终保证与企业经营战略目标一致。它通常把多级计划管理统一起来，计划编制工作集中在企业级（或集团级）职能部门，车间班组只执行计划、完成调度和反馈信息。计划下达前要反复验证和平衡生产能力，并根据反馈信息及时调整，处理好供需矛盾，保证计划的一贯性、有效性和可执行性。

（2）管理系统性

MRP Ⅱ是一项系统工程，它把企业中所有与生产经营直接相关的工作联结成一个整体。各部门从整体出发做好本职工作，每个员工都知道自己的工作任务同其他工作之间的关系。相关部门只有在“一个计划”下才能成为一个整体，部门间条块分割、各行其是的局面应被团队协作所取代。

（3）数据共享性

MRP Ⅱ是一种制造型企业管理信息系统，企业各部门都依据同一数据信息进行管理，任何一类数据的变动都要及时被反映给所有部门，以做到数据共享。在统一的数据库支持下，企业各部门按照规范化的处理程序进行管理和决策，改变了过去那种信息不通、情况不明、盲目决策、相互矛盾的情况。

（4）动态应变性

MRP Ⅱ是一个闭环系统，它能跟踪、控制和反馈瞬息万变的实际情况，管理人员可随时根据企业内外环境的变化迅速做出反应，及时调整决策，保证生产的正常进行。它可以及时掌握各种动态信息，保持较短的生产周期，因而有较强的应变能力。

（5）模拟预见性

MRP Ⅱ具有模拟功能，它能根据不同的决策方案模拟出各种未来会出现的结果，可以预见在相当长的计划期内可能发生的问题，事先采取措施消除隐患，而不是等问题出现了再花更多的精力去处理。这将使管理人员从忙碌的事务堆里解脱出来，致力于实质性的分析研究，提供多个可行方案供领导决策。

（6）物流、资金流的统一

MRP Ⅱ包含了成本会计和财务功能，可以由生产活动直接产生财务数据，把实物形态的物料流动直接转换为价值形态的资金流动，保证生产活动和财务数据一致。财务部门及时得到资金信息用于控制成本，通过资金流动状况反映物料库存和企业经营情况，分析企业的经济效益，参与决策，指导和控制企业的经营与生产活动。

以上几个方面的特点表明，MRP Ⅱ是一个比较完整的生产经营管理计划体系，是提高制造型企业整体效益的有效管理模式。

3. MRP Ⅱ的缺陷

① MRP Ⅱ是主要面向企业内部业务的管理系统，不能满足市场竞争全球化、管理整个供应链的需求。

② MRP Ⅱ系统主要是按管理功能开发设计的，不能按业务流程的变化进行灵活调整。

③ MRP Ⅱ的一些假定（批量、提前期）不灵活。

④ 物料需求计划/能力需求计划运算效率低，不能满足实时应答的需求。

1.2.4 ERP 阶段

从 20 世纪 80 年代末到 20 世纪 90 年代初，随着 MRP Ⅱ的普遍应用，以及市场竞争的日趋激烈，制造业发生了翻天覆地的变化：制造业的外部环境变化为全球化、供应链制造；制造企业需要重新定义同供应商、分销商的关系以快速响应变化；能迅速产出质量最优、成本最低的产品的企业才能在市场中生存；制造业需要更具灵活性、多样化，需要实时、能动地实现监控、管理和优化，需要重组设计和业务解决方案，实现业务与流程同步。传统的 MRP Ⅱ系统所包含的功能已不能满足上述变化的要求，因此 ERP 应运而生。

ERP 对传统的 MRP Ⅱ系统来讲是一次大的飞跃。它着眼于供应链上各个环节的信息管理，能满足具有多种生产类型的企业的需要，扩大了系统的应用范围：除财务、分销和生产管理以外，还集成了企业的其他功能，如人力资源、质量管理、决策支持等多种功能，并服务国际互联网（Internet）、企业内部网（Intranet）和企业外部网（Extranet）、电子商务等。ERP 与 MRP Ⅱ的主要区别体现在以下几个方面。

1. 在资源管理范围方面的区别

MRP Ⅱ侧重于对企业内部人、财、物等资源的管理，ERP 在 MRP Ⅱ的基础上扩大了管理范围，它把客户需求和企业内部的制造活动，以及供应商的制造资源整合在一起，形成了企业的一条完整的供应链，并对供应链上所有环节，如订单、采购、库存、计划、生产制造、质量控制、运输、分销、服务与维护、财务管理、人事管理、实验室管理、项目管理、配方管理等进行有效管理。

2. 在生产方式管理方面的区别

MRP Ⅱ将企业按照典型的生产方式进行分类管理，如重复制造、按批量生产、按订单生产、按订单装配、按库存生产等，对每一种类型都有一套管理标准。而在 20 世纪 80 年代末至 20 世纪 90 年代初，为了紧跟市场的变化，多品种、小批量生产及看板式生产等成了企业主要采用的生产方式，企业由单一的生产方式向混合型生产方式发展，ERP 能很好地管理混合型制造环境，满足企业的多元化经营需求。

3. 在管理功能方面的区别

ERP 除了具有 MRP Ⅱ具有的制造、分销、财务管理功能，还增加了支持整个供应链上物料流通体系中供、产、销各个环节之间的运输管理和仓库管理的功能，支持生产保障体系的质量管理、实验室管理、设备维修管理和备品备件管理，支持对工作流（业务处理流程）的管理。

4. 在事务处理控制方面的区别

MRP Ⅱ是通过计划的及时滚动来控制整个生产过程的，它的实时性较差，一般只能实现事中控制。而 ERP 支持在线分析处理（Online Analytical Processing，OLAP）、售后服务（即质量反馈），强调企业的事前控制能力，它可以通过集成设计、制造、销售、运输等来并行地进行各种相关作业的管理，增强了企业对质量、适应变化、客户满意、绩效等关键问题的实时分析能力。

此外，在 MRP Ⅱ中，财务系统只是一个信息的归集者，它的功能是将供、产、销中的数量信息转变为价值信息，是物流的价值反映。而 ERP 则将财务计划和价值控制功能集成到了整条供应链上。

5. 在跨国（或地区）经营事务处理方面的区别

企业的发展使企业内部各个组织单元之间、企业与外部的业务单元之间的协调变得越来越多、越来越重要，ERP 具有完整的组织架构，可以支持跨国（或地区）经营多国家（或地区）、多工厂、多语种、多币制的应用需求。

6. 在计算机信息处理技术方面的区别

随着 IT 的飞速发展、网络通信技术的应用，ERP 实现了对整条供应链信息的集成管理。ERP 采用客户/服务器体系结构和分布式数据处理技术，服务国际互联网、企业内部网、企业外部网、电子商务、电子数据交换（Electronic Data Interchange，EDI）。此外，还能实现在不同平台上的互操作。

在接下来的章节里将详细介绍 ERP 的相关内容。

1.2.5 ERP Ⅱ阶段

在 ERP 概念提出 10 年之后的 2000 年，管理咨询公司加特纳集团在原有的 ERP 的基础上对其进行了内涵的扩展，提出了一个全新的概念——ERP Ⅱ。这一概念具体是指通过支持和优化企业内部和企业之间的协同运作和财务过程，以创造客户和股东价值的一种商务战略和一套面向具体行业领域的应用系统。ERP Ⅱ把管理对象扩展到了企业之间的管理任务、管理模型、管理算法和管理数据，使得企业之间的管理模式呈现继承、复用的特点。为了区别于 ERP 对企业内部管理的关注，加特纳集团在描述 ERP Ⅱ时引入了“协同商务（Collaborative Commerce，C-Commerce）”的概念，即企业内部人员、企业与业务伙伴、企业与客户之间的电子化业务的交互过程。

加特纳集团指出，虽然近年来 ERP 仍然呈现高速增长的势头，并为越来越多的企业所重视和应用，但是新一代的 ERP Ⅱ已经在 SAP、Oracle 等企业的产品中运用。ERP Ⅱ产品在设计方面出现了一些新的特征：一方面，企业发展路径本身由过去纵向、高度集成、注重内部功能优化的大而全模式向更灵活、更专注于核心竞争力的实体模式转化，这就要求企业能够在整条供应链和价值网络中优化其组织结构；另一方面，企业在国际互联网上的电子商务应用也由过去单一的销售、采购行为转向从消费者到生产者、从供应商到生产者之间的协同商务全过程。实际上，与 ERP 相比，ERP Ⅱ定义了一种新的商业战略，对企业提出了更高的要求，它不再局限于企业内部各种资源的优化，而是把包括供货商、渠道商、分销商、客户和股东在内的外部资源作为独立的交易实体进行处理，从而实现客户和股东价值的优化。但是 ERP Ⅱ仍然继承了 ERP 的管理模式，如在供应链管理、客户关系管理、价值链管理方面都沿用了 ERP 在物料管理、销售管理、财务管理中的任务、模型、算法与数据。因此，所谓 ERP Ⅱ，其核心是企业从过去主要强调内部运作转向企业之间的外部协作，即协同商务。

1.3 国内外主要 ERP 产品及其开发商

近年来，我国企业开发的通用型 ERP 产品的市场规模与日俱增，参与 ERP 产品市场竞争的既包括 SAP、Oracle、Infor 等国际厂商，也有用友、金蝶、浪潮等国内厂商。国外的 ERP 产品大致可分为两类：一类是欧洲的 ERP 产品，这类产品基于欧洲企业内部的精细化管理，注重财务核算和管理会计分析；另一类是美国的 ERP 产品，这类产品基于美国企业的集中生产制造，注重对产品的制造和物流的管理。

国内的 ERP 产品，主要有两个方面的来源。一是厂商在国外的 ERP 产品基础上结合国内企业实际情况直接开发的 ERP 产品，如神州数码的 ERP 产品、天心天思 ERP 产品。二是财务软件厂商在面临市场发展势头下降时，为寻找新的增长点而转型开发的 ERP 产品；这些产品强调进、销、存，在账务处理和财务分析方面优势明显，比较有名的如用友、金蝶等的 ERP 产品。下面就介绍一下国内外的主要 ERP 产品。

1.3.1 国内主要 ERP 产品及其开发商

最近几年，随着我国经济的发展、IT 的成熟，我国的 ERP 开发商呈现良好的发展势头。国内的大型 ERP 企业管理软件商也开始通过借鉴国外软件公司规范的实施方法，总结企业本身的实施经验和教训，从而设计出具有自身特色的 ERP 项目实施方法，如用友的八步实施法、金蝶的“金手指”六步实施法、博科的“立体解析实施法”等，为国内 ERP 项目的实施确立了比较好的规范，同时也培养了一大批 ERP 项目实施领域的资深人才，为真正把实施方法落到实处提供了保障。下面就介绍目前国内主要的 ERP 产品及其开发商。

1. 用友（UFERP）

用友网络科技股份有限公司（以下简称“用友”）创立于 1988 年，其业务以财务软件系统开发为主，总部设在北京中关村科技园区，是我国目前最大的财务及企业管理软件开发商之一，也是我国目前最大的独立软件厂商之一。用友 UFERP 包括五大子系统：供应链系统、人力资源系统、决策支持系统、生产制造系统、财务系统。用友 UFERP 适用于大型、集团型企业分布式、体系化的管理模式，并能满足企业的跨国、跨地区应用需求。

该软件特点主要包括：实现集团财务体系化管理，解决远程监控问题；建立集团投资中心，加强资金管理；树立成本中心、利润中心概念，强调预算管理与费用控制，全面提供从核算到管理再到决策 3 个层次的内容；以客户关系管理（Customer Relationship Management，CRM）为核心内容，通过供应商看板管理加强企业与供应商的联系，降低采购与库存成本，通过分销资源计划（Distribution Requirements Planning，DRP）优化、畅通销售渠道，最大限度地减少产品积压，实现整个供应链的增值；突破传统静态人事档案管理的局限，强调员工能力优化与绩效考核管理，建立学习型组织，完善知识管理；利用数据仓库技术和在线分析处理工具为企业决策人提供强有力的分析依据。

2. 金蝶（K/3 ERP）

金蝶国际软件集团有限公司（以下简称“金蝶”）于 1993 年在深圳成立，是我国目前最大的独立软件开发商之一，也是我国最大的提供企业管理软件及电子商务应用解决方案公司之一。K/3 是金蝶于 1999 年 4 月推出的 ERP 产品。

K/3 系统主要由三大子系统组成：K/3 财务管理系统、K/3 工业管理系统、K/3 商贸管理系统。三大子系统包括供应链管理、客户关系管理、价值链管理、知识管理 4 个功能管理系统，涉及供应市场、消费市场、资本市场、知识市场 4 个企业外部环境的信息管理。K/3 可细分为 22 个应用模块及 10 个具有网络功能的应用模块。其中，K/3 财务管理系统突出面向中、大型企业和集团型企业用户的应用功能；K/3 工业管理系统适用于不同规模的工业企业的控制与管理；K/3 商贸管理系统则针对商业企业。

K/3 系统抓住企业物流和资金流两条主线，集成对企业物流、资金流、信息流的业务管理和财务管理，优化企业内部管理和控制的职能，帮助企业实现基础化的管理，提出和推行完善的“数据—信息—决策—控制”的企业管理解决方案。同时，K/3 系统支持基于国际互联网的 Web 应用和基于浏览器的软件应用，能满足企业电子商务发展的需要。

3. 神州数码 ERP

神州数码管理系统有限公司（以下简称“神州数码”）于 2001 年 12 月在上海正式注册。

神州数码作为国内最大的 IT 分销服务及系统集成商之一，集十几年贴近国情、专注行业、IT 应用服务之大成，历“联想”持续快速发展、苦练内功、e 化管理创新之实践面对国内 ERP 管理软件及咨询服务市场，神州数码管理系统有限公司在经营、管理、研发、服务、市场、渠道、人才、知识创新及项目管理等诸多方面进行创新，推出易助 ERP 产品，持续为广大国内企业提供“中国人自己的 ERP、CRM、OA、EC”等管理软件及服务。

以服务为主业，以产品为依托是神州数码管理系统有限公司的经营之道。面向我国制造及流通行业，神州数码管理系统有限公司利用多年实践所积累的行业经验，结合国情，满足客户需求。一方面，神州数码管理系统有限公司为广大企业提供现代化的管理软件、解决方案、系统集成、管理咨询、IT 规划咨询，以及相关的专业化培训和实施服务；另一方面，神州数码管理系统有限公司专门设立产品研发中心和运控中心，在持续引入国际一流协同商务解决方案的同时，加快本土化产品与服务的研究开发，发展适用于我国市场特色的 ERP 及电子商务服务。神州数码管理系统有限公司通过提供专业化、标准化和高水准的企业管理软件、解决方案及咨询服务，帮助我国广大的制造及流通企业，快速且持续地提高管理水平、经营绩效水平，增强综合竞争力，成为我国最大、最有影响力的企业 ERP 及电子商务服务的提供者之一。神州数码管理系统有限公司的服务面向电子、手机通信、五金、汽车、石油、化工、制药、食品、烟草、皮革等行业。其产品有适用于大型企业的易拓 ERP、适用于大中型企业的易飞 ERP、适用于中小型企业的易助 ERP，还有适用于小型企业的企明星。

4. 天心天思 ERP

广东天心天思软件有限公司（以下简称“天心天思”）的产品与服务以企业经营管理系统为核心，主要产品有 Sunlike ERP、Online ERP、Cloud ERP、PDM、经理人 ERP，以及基于 SOA 架构的开发和应用平台 Just Design，形成了一个企业“e”化的完整信息管理系统。

天心天思根据企业成长路线和多年的市场实践经验，研发出了完整的企业管理产品组合，包括面向不同规模成熟型企业用户的 ERP 产品系列，如 Sunlike-ERP、Online-ERP、企业家 ERP 和经理人 ERP；面向初创型和成长型用户的 T 系列管理软件产品，如财务管理软件 T6、精细生产管理软件 T8；面向连锁专卖用户的分销产品系列；PDM 产品数据管理系统；企业移动商务管理软件 T-boss；企业微电商管理软件；天心天思智慧云 ERP 软件等，能够全面满足各类企业在不同发展阶段的各项管理需求。

1.3.2 国外主要 ERP 产品及其开发商

国外的 ERP 产品很多，下面介绍目前我国应用的主要国外 ERP 产品及其开发商。

1. SAP

SAP 公司是 ERP 思想的倡导者，成立于 1972 年，总部设在德国南部的沃尔多夫市。SAP 公司的主打产品 R/3 是用于分布式客户机/服务器环境的标准 ERP 软件，主要功能模块包括销售和分销、物料管理、生产计划、质量管理、工厂维修、人力资源、工业方案、办公室和通信、项目系统、资产管理、控制、财务会计。R/3 适用的服务器平台为 NetWare、NTServer、OS400、UNIX；适用的数据库平台为 Informix、MS SQLServer、Oracle 等；支持的生产经营类型为按订单生产、批量生产、合同生产、离散型制造、复杂设计生产、按库存生产、流程型生产。SAP 公司推出了电子商务套件，主要针对 28 个行业提供融合了"行业最佳业务实践"的行业解决方案，包括钢铁、冶金、造纸、服装纺织、建筑材料、矿业、航空与国防、汽车、银行、化工、消费品（包括服装、食品、饮料等）、工程建筑、金融服务、医疗卫生、高等教育、高科技、工业设备、保险、媒体、石油天然气、制药、专业服务、公用事业、零售、服务供应商（又细分为 5 类）、电信、公用事业等。SAP 公司的产品针对每个行业都有该行业解决方案图，充分满足了各行业处理特殊业务的要求。R/3 的功能涵盖了企业管理业务的各个方面，这些功能模块服务于各个不同的企业管理领域。在每个管理领域中，R/3 又提供了进一步细分的单一功能子模块，如财务会计模块包括总账、应收账、应付账、财务控制、金融投资、报表合并、基金管理等子模块。SAP 公司提供的是有效、标准而又全面的 ERP 软件，同时软件模块化结构保证了数据单独处理的特殊方案需求。目前，世界 500 强企业中有一半以上使用的是 SAP 公司的产品。而 R/3 因功能比较丰富，各模块之间的关联性非常强，所以不仅价格偏高，而且实施难度也高于其他同类软件。R/3 适用于那些管理基础较好、经营规模较大的企业。普通企业选择 R/3 时，要充分考虑产品的性价比和实施难度。

2. Oracle（PeopleSoft/JDE）

Oracle 公司成立于 1977 年，总部设在美国。公司创始人拉里·埃里森最初创建的是一家数据库公司，后来该公司的数据库产品成为十分普及的 ERP 数据库。到 20 世纪 80 年代后期，公司开发出了自己的 ERP 应用软件。自从收购了 PeopleSoft（PeopleSoft 之前收购了 ERP 市场排名第三的 JDE 公司）公司后，Oracle 公司一跃登上 ERP 市场的亚军宝座。Oracle 公司的主打管理软件产品 Oracle Applications R11i 是目前全面集成的电子商务套件之一，能够使企业经营的各个方面实现全面电子商务化。Oracle 公司管理软件产品的主要功能模块包括销售订单管理系统、工程数据管理、物料清单管理、主生产计划、物料需求计划、能力需求管理、车间生产管理、库存管理、采购管理、成本管理、财务管理、人力资源管理、预警系统等。Oracle 公司产品适用的服务器平台为 DEC OpenVMS、NT、UNIX；适用的数据库平台为 Oracle；支持的生产经营类型为按订单生产、批量生产、流程型生产、合同生产、离散型制造、复杂设计生产、混合型生产、按订单生产、按库存生产；其用户主要分布在航空航天、汽车、化工、电器设备、电子、食品饮料等行业。Oracle 公司凭借"世界领先的数据库开发商"这一优势地位，建立起构架在自身数据库平台之上的企业管理软件，其核心优势就在于它的集成性和完整性。用户完全可以从 Oracle 公司获得所需要的所有企业管理应用功能，这些功能集成在一个技术体系中。而如果用户想从其他软件开发商处完整获得与 Oracle 公司所提供的相同的功能，很可能需要从多家开发商处分别购买不同的产品，这些产品分属于不同开发商的技术体系，实施理念、流程也各不相同，会影响各个产品之间的协同性。对于集成性要求较高的企业，Oracle 公司的产品无疑是理想的选择。但企业如果对开放性要求较高，Oracle 公司的产品显然不是最佳选择。

3. Infor（SSA/Baan）

Baan 公司成立于 1978 年，总部设在荷兰，是一个为项目型、流程型以及离散型产业供应链提供 ERP 系统和咨询服务的公司。目前所推的 Baan 解决方案支持企业一系列的业务，其中的功能模块包括制造、财务、分销、服务和维护业务。此外，Baan 公司还提供了 Orgware——一套组织工具和软件工具，它能帮助企业减少实施时间和成本，并能帮助企业实现对系统的不断改进。Baan 公司的产品适用的服务器平台为 NT、OS/400、UNIX、IBMS 390；适用的数据库平台为 IBM DB2、Informix、MS SQLServer、Oracle；支持的生产类型为按订单设计、复杂设计生产；用户主要分布在航空航天、汽车、化工、工业制造等行业。Baan 公司将 Orgware 作为企业建模工具，以保证企业能灵活运用软件。Orgware 强大的功能既能满足企业现在的需求，也能满足企业将来的需求。Orgware 输入企业本身的业务处理流程，以标准的企业模型为参考，很快地配置系统来满足企业的需要和特殊要求。这样，企业的 Baan 应用系统的模型就被确定下来了。

业务流程重组（Business Process Reengineering，BPR）往往是影响 ERP 项目实施的重要因素，Baan 公司的动态建模思想和技术不仅有利于保障企业成功实施 ERP 项目，而且便于企业今后根据管理需要重新构建业务框架。业务流程重组有困难，或者预计将来业务流程会发生改变的企业，选择 Baan 公司的产品有利于其成功运用 ERP 系统。运用 Orgware 的过程主要包括 3 个阶段：系统选型、系统实施和系统优化。运用 Orgware 的系统选型阶段基本和运用其他软件没有大的区别；系统实施阶段主要包括企业与系统的映射、确定企业模型和系统运行 3 个步骤，分别起到映射、引导和过滤的作用，目的是让系统按照企业的流程上线成功；最后一个阶段是系统优化阶段，主要包括优化运行、优化控制和获得更大的效益 3 个步骤，分别起到运行、控制和策略的作用。2003 年，SSA 全球科技公司耗资 1.35 亿美元收购了 Baan 公司，使 Baan 公司成为其旗下的全资子公司。通过收购，SSA 全球科技公司能够提供包括物流、供应链管理、客户关系管理、企业绩效管理和企业一体化运营等内容的更加全面的扩展型解决方案。2006 年，Infor 公司收购了 SSA 全球科技公司，成为全球第三大企业级应用软件及服务提供商。

4. Sage（Sage Accpac ERP）

Sage 公司是全球著名的提供管理软件解决方案的公司。在我国，Sage 公司致力于以世界级的优秀软件方案帮助我国成长型企业开展先进企业管理活动。Sage 公司的产品在我国已有数十年的使用历史和超过 1500 家的企业用户。Sage 公司的管理解决方案提供了 ERP、CRM、HR 等系统，涉及电子商务、项目管理等领域，并且针对不同行业的特殊需求提供了行业解决方案。

Sage Accpac ERP 是 Sage 公司推出的专门面对中小型企业用户的 ERP 系统，特别适用于在多个地点运营的企业。其多币种模块不仅能支持增值税和消费税管理，还能满足当地的财务要求。Sage Accpac ERP 不仅能为企业当前的业务提供显著的竞争优势，还能为企业提供投资保护。强调“全球化品牌+本土化方案”的 Sage 公司，在产品本地化方面也做了努力，以使其产品更贴近我国中小型企业的特点。

5. Epicor

Epicor 软件公司是一家提供商业软件解决方案的公司，面向制造、分销、零售和服务等多个行业，服务于中端市场和全球 1000 强企业旗下的业务部门，拥有超过 40 年的行业经验。

Epicor 软件公司的新一代企业应用程序为企业带来了改变游戏规则的机会。Epicor 软件公司的产品为人们当今工作方式而设计，为商业而建造，并为变化做好了准备。Epicor 软件公司的产品为企业铺就了畅通的商务之路，为企业去除了限制生产率提高的技术障碍、集成障碍和可访问性障碍，取而代之的是企业前所未有的协作成果。Epicor 软件公司运用独特可配置的全球 ERP 平台 Epicor True SOA™和较强的功能性，重新升级了企业应用软件的体验。在技术改进方面，Epicor 公司通过深入的商业观察，提供具有可适应性和协作性的商业架构，为企业持续的绩效提升提供支撑。

1.3.3 基于云平台的 ERP 服务

云计算是数据管理技术不断演化的结果，它继承了网格计算、虚拟化、效用计算、并行计算、分布式计算等技术，解决了并行计算、均衡负载、宕机切换等超高性能服务器集群问题，提升了数据加密传输、加密存储、实时备份、容灾备份等性能。云计算是未来企业，尤其是中小型企业信息化应用的必然趋势，是企业减少硬件投资、降低维护成本、保证数据安全的重要手段，正逐步被运用到电子政务、物流供应链管理、铁路信息管理、电力系统数据采集、高校教学资源计划及课程实践、图书馆信息处理、企业供应链管理等领域。

企业实施 ERP 项目，需要充足的资金购买软件和硬件设备，还要有专门的技术人员进行流程优化设计，且项目系统的运行、维护和安全保障也需要专业人员，这 3 个方面是阻碍企业，特别是中小型企业（资金更加紧张）发展的瓶颈。云计算平台的出现为企业信息化进程提供了一种便捷的通道，企业通过国际互联网，只要交付少量的服务费，即可成功实施 ERP 项目。这样就像在本地使用一样方便，免去了昂贵的投资和维护成本，所以云计算平台是众多企业提升自身信息化程度的理想选择。

基于云计算的 ERP 系统通常包括功能规划、体系结构规划和数据库系统规划等内容。

ERP 系统用于实现企业人、财、物、信息、时间和空间等资源的综合平衡和优化管理，协调各管理部门，围绕市场开展业务活动，通过提高管理水平达到增强企业的核心竞争力和提高经济效益的目的。ERP 系统的主要功能包括财务管理、供应链管理、生产制造管理、人力资源管理、成本管理、客户关系管理、决策支持体系管理等。另外，基于云计算的 ERP 系统还包括功能初始化模块、数据备份模块。依靠云计算平台，这些功能模块都可以在本地客户端上操作，而计算过程和计算结果保存在远程数据中心上。考虑到数据对企业管理的重要性，企业可以建立本地镜像数据库服务器，使原始数据和部分最终数据在备份到云端的同时也备份到本地服务器中。

相比传统的 ERP 系统，基于云计算的 ERP 系统的体系结构更加简单实用，各种应用服务器和数据中心均安装在 CSP 端[①]（云端），企业通过将自己的内部网络或者移动终端接入国际互联网访问 CSP 端的公共云或者私有云，经过安全认证后进入系统运行界面。

数据库是 ERP 系统的重要组成部分，负责保存系统中的基础数据、中间数据和统计数据。数据库中的数据也是成本分析和决策支持的依据。常用的数据库有 MS SQL Server、My SQL、Oracle、DB2、Sybase 等，它们各有优点。基于云计算的 ERP 系统在选择数据库时必须遵循 3 个原则：支持分布式协同计算；由于信息化系统的数据量极大、实时性强，数据库往往会成为 ERP 系统的瓶颈之一，因此数据库需要采用高性能查询方式，以实现快速查询；具有良好的安全和备份机制。比较理想的数据库是 Oracle 或 DB2，它们可以储存海量数据，检索灵活、速度快、稳健性好，在云端和客户端均可使用，能够实现支持数据的远程访问和云存储。

1.4　我国 ERP 的应用状况

1-4　我国 ERP 的应用状况

自 20 世纪 80 年代我国引进第一套 MRP Ⅱ 软件以来，目前在我国使用的 ERP 软件有上千套之多，其应用效果在各个行业中的差距很大。据不完全统计，只有 10%～20%的 ERP 软件能按计划成功使用；有 30%～40%的 ERP 软件没有实现集成或只实现了部分集成；实施失败的项目大约有 50%。实施成功的大多是外资企业。从国内外 ERP 软件的市场占有率来看，国外软件在高端市场中占据了优势，而国内软件则在广大的中小型企业中具有优势。国外 ERP 软件以 SAP、Oracle 生产的软件为代表，其优势在于管理思想成熟、行业最佳实践经验丰富、符合国际规则、应用功能齐全、软件设计合理，但缺点是价格昂贵、实施周期长。国内 ERP 软件以用友、金蝶生产的软件为代表，其优势在于成本低、符合国内企业应用习惯、服务支持能力强等，缺点是管理思想不成熟、产品功能不全、技术漏洞多。回顾并展望我国的 MRP Ⅱ/ERP 应用和发展过程，其大致可划分为起步阶段（20 世纪 80 年代初到 20 世纪 90 年代末）、发展阶段（20 世纪 90 年代末至 2004 年）、成熟阶段（2005 年到 2009 年左右）和转型与新起点（2010 年及以后）4 个阶段。

1.4.1　起步阶段

1978 年后，我国由计划经济向市场经济转型，此时我国的企业还缺乏市场竞争意识，由于管理理念的滞后及管理人员的匮乏，企业的生产管理问题重重。产品交货周期长、库存资金占用严重、设备利用率低成为制约我国制造型企业提高生产率的痼疾。面对如此困顿的局面，机械工业部旗下的部分企业作为试点单位开始尝试使用 MRP Ⅱ 系统（MRP Ⅱ 系统为 ERP 的前身），部分企业开始开发相应的财务软件，力图通过信息化方式来改善企业的经营管理状况。1979 年，我国大量企业引进 MRP Ⅱ 系统，典型的案例包括国家开发投资集团有限公司在长春一汽试点开发的财务软件；同年沈阳鼓风机厂引进 IBM 的管理系统 COPICS；1981 年，

① CSP 指的是内容安全策略，为了缓解很大一部分潜在的跨站脚本问题，浏览器的扩展程序系统引入了内容安全策略（CSP）的一般概念。这将引入一些相当严格的策略，会使扩展程序在默认情况下更加安全。

沈阳第一机床厂从德国工程师协会引进MRP Ⅱ系统，接着北京第一机床厂、中国第一汽车制造厂、广州标致汽车公司也先后购买了应用软件系统。但当时所引进的国外软件大多是在大中型计算机上运行的，是相对封闭的专用系统，开放性、通用性差，设备庞大，操作复杂，投资巨大，系统性能提升困难。而且软件生产商没有完成软件的汉化工作，又缺少相应的配套技术支持与服务。

到了1990年，ERP的概念第一次被提出。ERP开始被人们更多地提及，MRP Ⅱ则逐步淡出了人们的视野。虽然这一时期已经有部分国外软件开发商进入我国市场，但市场上可供选择的ERP产品仍然非常少，而且实施ERP项目的投资巨大，只有少数大型国有企业和中外合资企业才有能力实施ERP系统。这也是ERP系统最初未能在我国得到广泛应用的主要原因。

不过，随着相关政策的扶持及信息技术的不断发展，ERP系统的功能不断丰富，处理能力也不断提升，ERP系统的实施和应用不再局限于机械行业，而逐渐扩展到航天航空、电子与家电、制药、化工等众多行业。特别是ERP系统实施成本的大幅下降及使企业显著受益的能力，更多的企业开始应用ERP系统，其中大多数的ERP系统用户都获得了或多或少的收益，从而用事实说明了ERP系统的有效性。但在这个阶段，企业更多关注的是自己核心业务流程的信息化和标准化。ERP系统按部门需求进行系统设计的特征明显，未能实现企业整体的整合，而且企业所应用系统主要为财务管理系统和进、销、存货系统。这些系统标准化有余而特征性不足，没有按照不同行业运营方式的不同特点进行适应性修改。

1.4.2 发展阶段

国内ERP产品于1997年出现在市场上。在国内ERP产品的开发方面，一些曾从事开发企业财务电算化软件的主流厂商发挥了重要的作用。这些公司在原本拥有大量财务电算化用户的条件下，根据用户管理水平提升的水平逐渐把原先的财务软件转型为ERP产品。用户对于这些公司的黏性使这些用户继续购买这些公司的ERP产品，并且这些公司用它们的ERP产品帮助这些用户增强竞争力也是顺理成章的事情。

尽管外界对ERP一致看好，但是不少专家和管理者提出了自己的担心。1998年，时任联想集团总裁的柳传志提出了“上ERP有可能是‘找死’，不上ERP就是‘等死’”的观点；同时“三个三分之一”的观点也开始在业界流传，即“国外的MRP Ⅱ软件三分之一可以用，三分之一修改之后可以用，三分之一不能用”。我国企业在这个时期进行了一系列ERP中国化的探索，其中不仅包括ERP开发商开发适合我国企业的ERP系统，其他企业也从业务流程重组的角度，对ERP产品与行业运营特征进行进一步的整合。

2000年以来，我国企业进一步加快了信息化与现代化的发展步伐。科学技术部提出的“制造业信息化工程”、国家经济贸易委员会提出的“企业信息化”行动更是带动和掀起了我国企业应用ERP系统的高潮。巨大的市场需求在刺激企业应用ERP系统需求的同时，也促进了我国ERP软件产业的迅速发展。应用ERP系统的热潮逐步席卷全国各地，特别是在制造业信息化工程中，ERP系统的应用发挥着积极的推动作用。

与此同时，计算机技术也有了很大的发展，如客户机/服务器体系结构和计算机网络技术的推出和普及、软件系统在UNIX小型机/工作站上及微机平台上的扩展、软件开发趋势的通用性和开放性都使得ERP系统的应用向更深、更广的方向发展。在ERP软件市场上，一些国外的软件公司对它们的软件进行了汉化，在开放性和通用性方面也做了许多改善。这些国外ERP软件在我国的应用也促进了我国ERP软件产业的进一步发展。

1.4.3 成熟阶段

2005年以来，由于ERP的大规模应用、前期成功样本的广告效应、技术的乘数效应以及价格的降低，ERP在我国市场中已经进入了一个成熟期。在这一阶段，企业管理的信息化程度普遍得到提高。凭借着产品易学易用、成本低、实施速度快、成功率高的优势，国内ERP开发商占据了市场主导地位，并由此带动了整个产业链的发展。此时的ERP已经成为企业提高经营效率的利器。具体来说，就是企业将ERP等先进管理理论和信息技术的应用与企业生产经营业务模式和业务流程的重组相融合，通过有效应用ERP来全面推动企业管理创新，增强企业竞争力。

此时用户的信息化需求也进入了一个新的阶段：不再是以部门级的需求为主，而是以企业级的需求为主。这一需求促成了行业化的ERP产品与MES、DCS、PDM等产品的集成，ERP产品与此同时也形成了较为完善的二次开发平台。借助二次开发平台，客户可以完成其所需要的深度行业化或个性化的产品设计。有些行业化的ERP产品还配备了专门的行业实施顾问与咨询人员，为用户提供完整的行业化服务。

1.4.4 转型与新起点

随着ERP系统的进一步发展，用户开始要求ERP系统能够提供决策支持、数据仓库等功能模块，这促使ERP系统进行新的转型。目前，国内还处于由ERP转向“后ERP”的初期阶段。所谓的ERP向“后ERP”的转变是指对现有的基础ERP系统进行深化。大部分企业仅仅做了商业智能、客户关系管理等系统的集成，还没有完全形成一个大规模的信息系统的集成和深化。

2011年，政府发布了《关于加快推进信息化与工业化深度融合的若干意见》，提出在重点行业骨干企业推进产供销、经营管理与生产控制、业务与财务全流程的无缝衔接和综合集成，建设统一集成的管理信息平台，实现产品开发、生产制造、经营管理等过程的信息共享和业务协同。这标志着ERP产业未来的发展方向，以适应产业竞争格局的新变化，以增强产业链协同能力为重点，推动产品全生命周期管理、客户关系管理、供应链管理系统的普及和深化，实现产业链上下游企业的信息共享和业务协作。这不仅是ERP产业未来转型的方向，同时也为其发展提供了强有力的政策支持。2011年以来，在企业管理信息化的浪潮下，我国多数大型制造型企业均已实施云ERP项目，ERP在国内的渗透率不断提高，而传统ERP渗透率的增速下降。其主要原因是传统ERP的实施成本较高，且耗费大量人力资源，多数中型企业没有时间和精力付诸实践，所以会首选云ERP。

当前，“互联网+”及“智慧工厂”等相关概念的提出，使更多企业意识到ERP的重要性及必要性。企业对ERP软件的需求发生改变，如从“产品购买”向“解决方案”过渡。政策的助推使得“技术—软件—管理”形成了ERP新的闭环。新一代技术可以使ERP更加有效地提高企业管理水平，进而衍生新的管理思想与手段，新的管理思想又可以助力技术的进一步发展。

1.4.5 数字经济时代下的ERP新特点

目前，在云计算、大数据、物联网、人工智能、区块链等新一代技术的支撑下，数字经济快速发展，企业的产品与服务、商业模式、管理运营都在发生剧烈的数字化转型和变革。在数字经济时代，也就是后 ERP 时代，ERP 不再是一个单纯的工具，不再止步于“资源”或“计划”，而成为一种战略，并逐渐延伸至更广泛的方面。数字经济时代下的 ERP 新特点主要包括以下几个方面。

（1）数据驱动

数据是数字经济时代的原材料，各种经济活动都将源源不断地产生数据，越来越多的组织也将数据当作一种资产。如何获取、管理和应用这些数据对 ERP 项目的成功实施至关重要。虽然流程管理依然很重要，但是在数字经济时代也需将侧重点转移至如何进一步利用数据提高企业效益和增强企业核心竞争力上。

（2）智能化管理

ERP 系统集成 AI 体验，借助先进的人工智能和数据挖掘技术，打造企业数字时代的“智脑”，全方位感知、洞察、学习、处理每个环节的情况，以便实时对各种需求进行准确预测和智能响应，让决策更符合企业发展需要。

（3）与云计算相结合

基于云计算的 ERP 系统一方面能够减少企业在硬件方面的投资，企业只需要从平台服务商那里租用部署 ERP 所需要的硬件和网络资源，这大大减少了企业的投资费用；另一方面，云平台大多是由一些著名互联网公司搭建的，它们拥有出色的硬件环境、技术手段以及技术人才，为云平台的安全稳定提供了可靠的保障，将用户的数据进行备份，对其隐私数据进行保护。

（4）多端登录

数字经济时代下的 ERP 实现了在 PC 端、手机端、平板端、TV 端登录不受限制，多端同步管理，把每个终端变成企业神经网络的一部分，随时随地、源源不断地连接、采集、上传和共享各自的环节信息，实现企业与员工、客户、设备的零距离“对话”。各种智能终端数据的同步，让企业真正做到全面、准确、动态地获取数据信息，不断消除掌控客户需求时的盲点。

（5）动态可重构性

数字化转型是一个长期过程，各个企业需要解决的问题和所需的信息化建设方案都不尽相同。为了适应企业的过程重组和业务变化，人们越来越多地强调 ERP 系统的动态可重构性。因此，ERP 系统动态建模工具、ERP 系统快速配置工具、ERP 系统界面封装技术、软构件技术等均被采用。ERP 系统也引入了新的模块化软件、业务应用程序接口、逐个更新模块以增强系统等概念。ERP 系统的功能组件被分割成更细的构件以便进行系统的动态重构。

（6）安全与合规

在数字经济时代，企业的信息安全特别是数据安全已成为每个企业重点关注的因素之一，基本上所有的 ERP 开发商都面对客户对安全与合规的需求。越来越多的 ERP 开发商响应相关政策，在产品中加入与安全性和合规性相关的适配性。

1.5 ERP 的未来发展趋势

正如前文所讲到的，由于 ERP 代表了当代先进的企业管理模式与技术，并能够提高企业整体管理效率，增强其市场竞争力，近年来ERP在国内外得到了广泛推广和应用。随着企业间的竞争逐步加强，管理需求的增多，数字技术、先进制造技术的不断发展，企业对于ERP的需求日益增加，进一步促进了ERP向新一代ERP发展。许多ERP开发商都在推进技术转型，SAP公司提出了“下一代ERP”，用友和金蝶也分别提出了“YonBIP”和“EBC”。虽然有了新的提法，但其本质仍是数字经济时代升级换代的ERP。

推动ERP发展的因素有多种：全球化市场的发展与多企业合作经营生产方式的出现，使得ERP将支持异地企业运营、异种语言操作和异种货币交易；企业过程重组及协作方式的变化，使得ERP将支持基于全球范围的可重构过程的供应链及供应网络结构；制造商需要应对新生产与经营方式的灵活性与敏捷性，使得ERP也越来越灵活地适应多种生产制造方式的管理模式；越来越多的流程工业企业应用ERP也从另一个方面促进了ERP的发展。计算机新技术的不断出现将会为ERP提供越来越灵活与具有强功能的软硬件平台，多层分布式结构、面向对象技术、中间件技术与国际互联网的发展使得ERP的功能与性能迅速提高。市场对ERP的巨大需求大大刺激了ERP软件产业的快速发展。

ERP的未来发展方向和趋势如下。

1. ERP与客户关系管理的进一步整合

ERP将更加面向市场和面向终端客户，通过基于知识的市场预测、订单处理与生产调度、基于约束调度功能等进一步增强企业在全球化市场环境下的优化能力；进一步与客户关系管理整合，实现市场、销售、服务的一体化，使客户关系管理的前台客户服务与ERP后台处理过程集成，为客户提供个性化服务，使企业的顾客满意度更高。

2. ERP与产品数据管理的进一步整合

产品数据管理将企业中产品设计和制造全过程的各种信息、产品不同设计阶段的数据和文档集合在同一环境中。近年来，ERP开发商纷纷在ERP系统中纳入了产品数据管理功能或实现与产品数据管理系统的集成，增加了对设计数据、过程、文档的应用和管理，减少了ERP庞大的数据管理和数据准备工作量，并进一步加强了企业管理系统与计算机辅助设计（Computer Aided Design，CAD）、计算机辅助制造（Computer Aided Manufacturing，CAM）系统的集成，进一步提高了企业的系统集成度和整体效率。

3. ERP与电子商务、供应链管理、协同商务的进一步整合

ERP将面向协同商务，支持企业与贸易共同体的业务伙伴、客户之间的协作，支持数字化的业务交互过程。ERP供应链管理功能将进一步加强，并通过电子商务进行企业供需协作，如汽车行业要求ERP的销售和采购模块支持用电子商务或电子数据交换来实现客户或供应商之间的电子订货和销售开单过程。ERP将支持企业面向全球化市场环境，建立供应商、制造商与分销商间基于价值链共享的新伙伴关系，并使企业在协同商务中做到过程优化、计划准确、管理协调。

4. ERP与工作流管理系统的进一步整合

全面的工作流规则保证与时间相关的业务信息能够自动地在正确的时间传送到指定的地点。ERP的工作流管理功能将进一步增强，通过工作流实现企业的人员、财务、制造与分销间的集成，并能支持企业经营过程的重组，也使ERP的功能可以扩展到办公自动化和业务流

程控制方面。

5. 云ERP的规范化发展

当前，云ERP飞速发展，中小型企业在考虑建设ERP系统时，多数会首先考虑云ERP。在现行架构下，ERP一般涉及大量的企业内部数据及商业机密，因此保障企业核心机密的私有性对于云ERP的发展来说至关重要且极具挑战性，往往涉及制度、法律、模型安全设计等多个方面。因此，企业要想充分发挥云ERP的优势，还需要规范云ERP产业的发展，加强数据安全保障与网络通信安全建设。

本章习题

一、填空题

1. ERP是一整套企业管理系统体系标准，其实质是在MRPⅡ基础上进一步发展而成的面向________________的管理思想。

2. 作为企业资源管理系统，ERP包含新的管理理念，给企业带来的不仅是效率的提高，也体现为管理能力和管理模式的__________，即为实现企业的核心目标而带来的__________。

3. ERP系统支持对混合型生产方式的管理，其主要包含两种管理思想：一种是____________________思想；另一种是____________________思想。

二、判断题

1. ERP既可运用于离散型企业，又可运用于流程型企业；但不支持国际范围内的企业应用。（　　）

2. ERP系统能够完成企业的物流、信息流以及资金流三者管理的统一，为企业生产、管理、决策等服务。（　　）

3. ERP系统能够为企业的供应链网络内各职能成员间合作进行的管理提供基础支撑。（　　）

三、选择题

1. 下列哪项不是ERP的功能？（　　）

A. 管理整条供应链资源　　B. 提高生产工艺和水平

C. 使企业间的业务信息交流畅通　　D. 改善成本效率和财务状况

2. 下列哪一项不是库存控制订货点法的基本假设？（　　）

A. 对各种物料的需求是相互独立的　　B. 物料需求是不连续发生的

C. 库存消耗之后，应被重新填满　　D. “何时订货”是一个大问题

3. 下列哪一项不是MRP的基本依据？（　　）

A. 主生产计划　　B. 物料清单　　C. 库存信息　　D. 客户订单

四、简答题

1. ERP的发展经历了哪些阶段？每一个阶段的具体特征是什么？

2. 数字经济时代下的ERP新特点是什么？

第2章　ERP的基本原理

【学习目标】

- ✧ 掌握 ERP 的基本原理及基本概念。
- ✧ 了解 ERP 系统中各模块的关联。
- ✧ 熟悉 MRP 原理及发展历程。

导入案例

ERP软件的选择

一提起 ERP 的应用，不少中小企业管理者都会大倒苦水：“花了大笔资金，管理效率没怎么提高，倒是多出一些莫须有的环节来，用起来还麻烦，但不用还不行。”“有些管理环节做得太粗糙了，本来我们想通过应用 ERP 来加强的部分却没有加强。”“我们用 ERP 不就是为了简单高效吗？为什么效果不是很明显呢？”

尽管我国的 ERP 市场在不断发展中逐渐走向成熟，但在终端用户中，关于 ERP 依然存在着许多不同的声音。对中小企业来说，如何选择一款合适的 ERP 软件似乎已成为一个很难破解的难题，而摆在国内外开发商面前的难题则是软件产品如何才能赢得用户的认可。

其实，开发商在改进软件产品的同时，应该关注中小企业的市场现状。目前许多中小企业在管理软件的应用上正面临着升级换代，原有的进、存、销管理软件已经不能满足其发展的需要。但它们对于功能齐全的高端 ERP 软件又抱有不同的心态，一是认为价格过高，二是不少前车之鉴让它们心有余悸，不敢轻易应用。归根结底，企业需要的是与自己现行发展状况相吻合的软件产品，这样才能精进管理、提高效率，达到原本使用 ERP 软件的目的。

ERP 软件开发商应以用户为中心进行软件的研发和改良，功能多而全的软件产品可能会使大集团、大企业应用得如鱼得水，功能简而精的则更适用于中小企业。ERP 的一些必需功能应充分考虑用户特性，将重要部分做细，保证管理的有效性；只用一步就能实现的功能也就没有必要机械地非要分几步走，软件应灵活易用。当然，这里的“简而精”一定要和企业自身发展状况相关联，并非功能少的软件就是好软件。

那么，中小企业判定 ERP 软件是否合适的依据是什么？其实只要看两点就足够了，一是看软件功能与企业管理现状和未来发展目标相比，是否有多余的或不符合企业应用的方面、是否与企业的应用相吻合并具有持续发展的空间；二是看软件的细节设置是否恰当，操作方法是否人性化、软件是否灵活易用，而且对于开发商的后续服务也要有所了解和考量。因此，大部分急需通过 ERP 软件增强自身竞争力的中小企业不妨放心大胆地选择“与时俱进”的产品。要知道 ERP 软件只有贴合自身情况又灵活易用，才能有效推动企业的发展。

讨论

（1）目前 ERP 软件的实施环境如何？

（2）企业依据什么来判定 ERP 软件是否适合自己？

ERP 是建立在信息技术的基础上，利用现代企业的先进管理思想，为企业提供决策、计划、控制、经营业绩评估等能力的全方位、系统化的管理平台。虽然市场上的 ERP 软件众多，使用的软件开发技术和数据库管理系统各异，但总体架构类似。ERP 软件一般包括 3 个方面的内容：生产控制（计划制造），物流管理（分销、采购、库存管理），财务管理（会计核算、财务管理）。其中，企业内部管理中的库存管理功能是很多 ERP 软件的重点；企业外部管理是以供应链为核心的价值链管理。本章以企业组织产品生产的物料流动过程为例，介绍 ERP 的基本原理。

2.1 ERP 概述

2-1 ERP 概述

ERP 能够对企业的各种资源进行整合、集成管理。简要地说，ERP 就是对企业的三大流——物流、资金流、信息流进行全面一体化管理的管理信息系统。概括地说，ERP 是建立在信息技术的基础上、利用现代企业的先进管理思想，全面集成企业的所有资源信息，为企业提供决策、计划、控制、经营业绩评估等能力的全方位和系统化的管理平台。它不仅是管理信息系统，更是一种管理理论、管理思想，它利用企业的所有资源（包括内部资源与外部资源），为企业制造产品或提供服务创造最优的解决方案，最终实现企业的经营目标。因为这种管理思想必须依附于软件系统的运行，所以通常把 ERP 当成软件。

2.1.1 ERP 的管理理念

随着现代管理思想和方法的提出和发展，如 JIT、全面质量管理（Total Quality Management，TQM）、优化生产技术（Optimized Production Technology，OPT）、分销资源计划（Distribution Resource Planning，DRP）、制造执行管理系统（Manufacturing Execution System，MES）等，MRP Ⅱ在逐步吸取和融合其他先进思想来完善和发展自身理论之后，于 20 世纪 90 年代进入了 ERP 阶段。

ERP 除了继承 MRP Ⅱ的基本思想外，还大大扩充了管理模块，如工厂管理、质量管理、设备管理、运输管理等。它不仅汇集了离散型生产和流程型生产的特点，扩大了管理范围，使企业更加灵活或更具柔性地开展业务活动；而且实时响应市场需求、融合多种管理思想，进一步提高了企业的管理水平，增强了企业的竞争力，所以 ERP 不是对 MRP Ⅱ的否定，而是继承与发展。MRP Ⅱ的核心是物流，主线是计划，物流中同时存在资金流、信息流。ERP 的主线也是计划，但其管理重心已转移到财务上，在企业的整个经营运作过程中，财务成本控制的理念贯穿了 ERP 整个流程。总之，ERP 极大地扩展了管理业务的范围及深度，包括质量、设备、分销、运输、多工厂管理、数据采集接口等多方面的管理业务。ERP 的管理范围涉及企业所有的供需过程，是对供应链的全面管理，企业运作的供应链如图 2-1 所示。

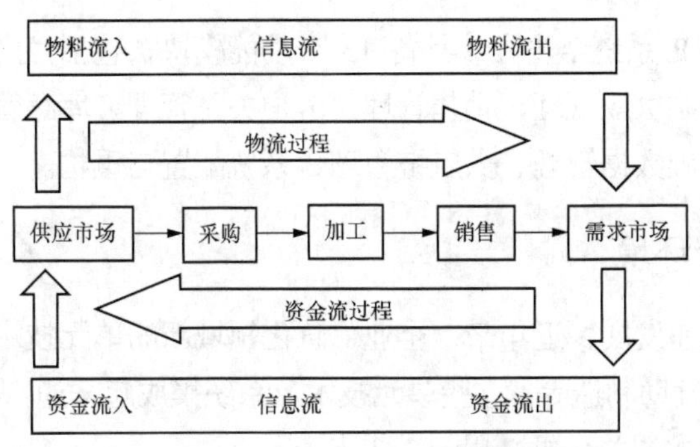

图 2-1　企业运作的供应链

2.1.2　ERP 的功能结构

2003 年 6 月 4 日，信息产业部（现为工业和信息化部）发布了《企业信息化技术规范第 1 部分：企业资源规划（ERP）系统规范》，该标准于 2003 年 10 月 1 日起正式实施。该标准制定了有关 ERP 系统的比较详细的功能技术要求，给出了 20 个功能模块的功能描述、评比标准、重要程度。这 20 个功能模块分别是环境与用户界面、系统整合、系统管理、基本信息、库存管理、采购管理、营销管理、BOM 管理、车间任务管理、工艺管理、MRP、成本管理、人力资源管理、质量管理、经营决策、总账管理、自动分录、应收管理、应付管理、固定资产管理。

除此标准以外，我国还有很多权威机构对 ERP 系统的功能提出了自己的看法，如国家制造业信息化培训中心——ERP 认证培训管理办公室提出了制造业信息化建设的具体要求，认为 ERP 系统应该具有 5 个功能域、23 个功能模块，功能域观点的功能模块框架如表 2-1 所示。

表 2-1　功能域观点的功能模块框架

生产管理	采购管理	销售管理	库存管理	财务管理
基础数据 MPS MRP 生产订单管理	采购计划管理 供应商信息管理 采购订单管理	销售计划管理 销售合同管理 销售客户管理	入库管理 出库管理 盘点与结转 库存分析	总账管理 应收账管理 应付账管理 成本核算
生产作业管理 生产工序管理			库存查询	固定资产管理 财务报表

有关计算机/现代集成制造系统领域的研究成果认为，ERP 系统应该包括 18 个功能模块，如图 2-2 所示。

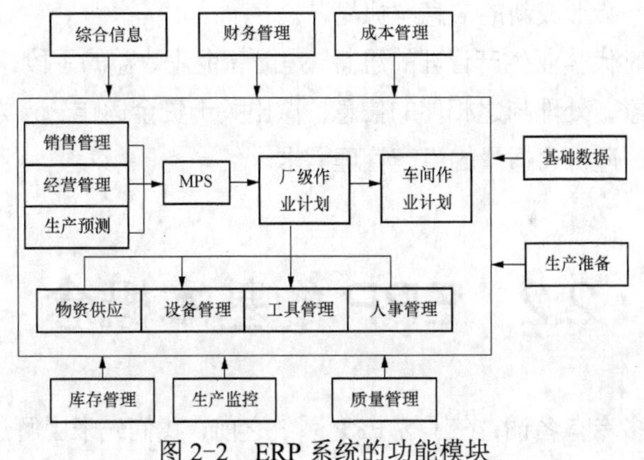

图 2-2　ERP 系统的功能模块

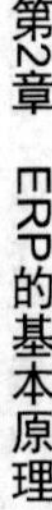

也有学者提出，ERP 系统至少应该具备 13 个功能模块，包括生产计划与控制、成本计划与控制、财务管理、采购供应管理、销售管理、客户关系管理、库存管理、质量管理、人力资源管理、设备管理、基础数据管理、供应链管理、系统配置与重构。

2.1.3 ERP 的运行环境

随着信息技术的迅速发展，近年来，企业信息化领域新的单元技术和产品不断涌现，如计算机辅助设计、计算机辅助制造等。这些单元技术及系统集成起来通常称为计算机/现代集成制造系统，ERP 与单元技术的关系可以用图 2-3 来表示。

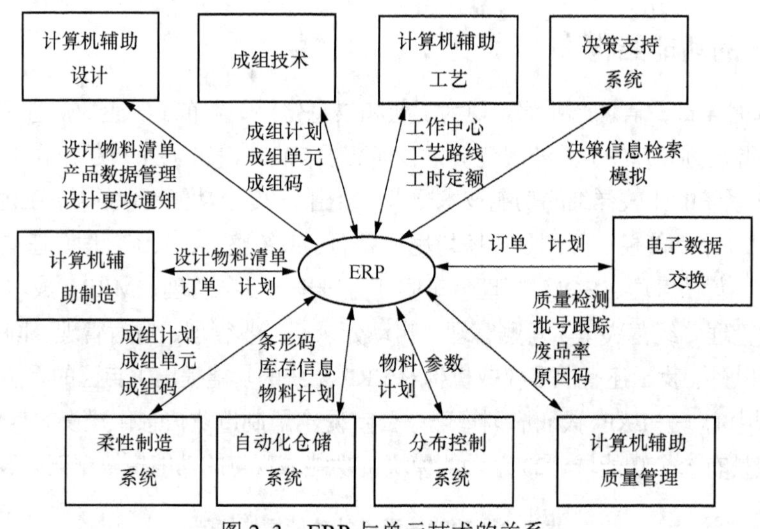

图 2-3 ERP 与单元技术的关系

在各种单元技术中，ERP 系统与计算机辅助设计、计算机辅助工艺、计算机辅助制造系统的信息和数据交换最为频繁，其中涉及 ERP 系统运行过程中最基本的数据，如描述产品结构的物料清单要通过产品数据管理系统从计算机辅助设计系统中转换过来，设计更改信息要通过计算机辅助设计系统及时输入 ERP 系统，有关工作中心、工艺路线、工时定额等信息来自计算机辅助工艺。在新产品较多、设计更改频繁的情况下，为了迅速响应各类变化，这种信息和数据交换最为重要。

ERP 在企业中主要对生产的计划与控制起作用，它需要与其他单元技术集成，才能全面增强企业的竞争力，而不会形成新的信息“孤岛”。

ERP 反映了信息时代企业生产管理的思想，是提高企业效益的手段，它通过软件平台实现。ERP 以物料流动为线索，处理与之相伴的信息，做出关于资金运作、人力调配的决策，满足企业适时、适地、适质、适价、适量的生产管理需求。

2.2 ERP 的基本概念

ERP 理论中有很多专有名词，在了解 ERP 系统之前，我们先来了解这些基本概念。了解与熟悉 ERP 系统需要从这些基本概念入手，这些基本概念涉及企业中的业务或管理基础数据，对于 ERP 系统来说都是重要的初始数据。这些基本概念包括物料、物料清单、虚拟件、物料编码、工件、工时、时段、时区、工厂日历、工作中心、计划展望期、提前期、工艺路线、独立需求、相关需求、生产优化法则等。

2.2.1 物料及其相关概念

1. 物料

在生产型企业中，物料（零部件）经过各个生产环节，最后形成目标产品。在这个过程中，对于物料数量的变化、在各个生产环节付出的资源代价，企业能够经过计算确定最佳平衡方案，物料是考察生产过程的基础对象。所谓物料，就是生产过程中一切可以物化的资源，包括原材料、半成品、成品，需要计量考核的废品、次品，生产过程中消耗的水、电、气等。在 ERP 系统中，每一种物料都要有名称、编码、计量单位、规格型号、生产特性、物流特性等。

2. 物料清单

（1）物料清单概述

物料清单是从单件产品的角度考察生产所消耗的物料（零部件）的组成结构，因此，物料清单是产品结构的技术描述文件。它表明了组件、部件、零件和原材料之间的结构关系，以及每一层级中的每一个组装件所需要的下属各部件（零件）的数量。物料清单是一种树状结构，称为产品结构树。A 产品的物料清单如图 2-4 所示。

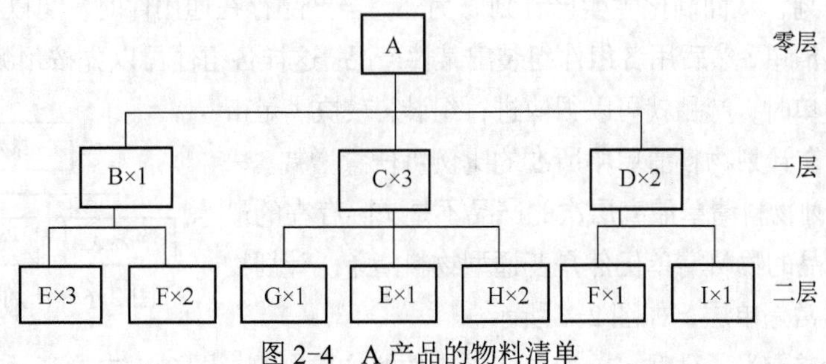

图 2-4　A 产品的物料清单

图 2-4 表示 A 产品由 1 个部件 B、3 个部件 C、2 个部件 D 组成，部件 B 又由 3 个零件 E、2 个零件 F 组成，其他依此类推。物料清单表明了组装成品所需的组件、部件、零件和原材料之间的结构关系，以及每一个组装件的用量。物料清单即物料的结构清单，在 ERP 系统中起着非常重要的作用，物料清单与其他数据的关系如图 2-5 所示。

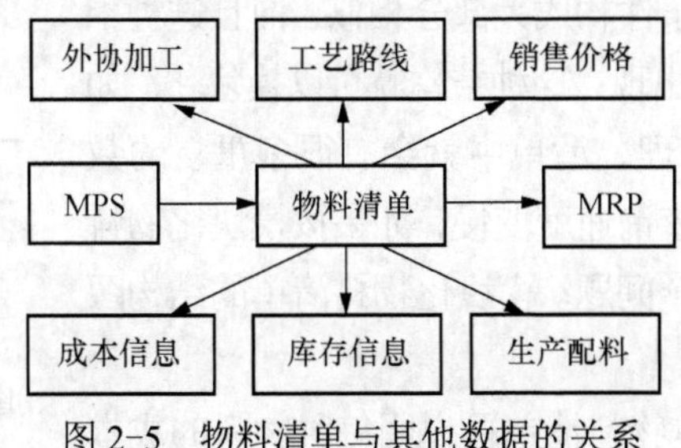

图 2-5　物料清单与其他数据的关系

（2）物料清单的作用

① 物料清单是生成 MRP 所需的基本信息，是连接 MPS 与 MRP 的桥梁。

② 物品工艺路线是根据物料清单生产成品的总工艺路线。

③ 在 JIT 管理中，利用物料清单反冲物料库存必不可少，而且要求完全准确。

④ 物料清单为采购外协加工提供依据。

⑤ 物料清单为生产线配料提供依据。

⑥ 成本数据根据物料清单计算。

⑦ 物料清单提供销售价格的制定依据。

另外，企业对于物料清单还必须有相应的加密要求，需设置权限到对字段进行控制。

值得注意的是，每个企业或每件产品对物料清单的描述不尽相同，企业需根据不同的产品组织形式、产品数量的多少、管理要求等确定物料清单。在物料清单管理中常常用到虚拟件的概念。

（3）物料清单的类型

① 普通型物料清单。此类物料清单比较常见，主要反映物料的实际结构，有时会考虑计划用的非产品结构物料。普通型物料清单文件包括单位代码、父件代码、物料清单序号、物品代码、工序号等。

② 计划物料清单。计划物料清单由普通型物料清单组成，用于对产品结构的预测，尤其是由不同产品组合而成的产品系列。使用计划物料清单有时是为了满足市场销售的需要，有时是为了简化预测计划，从而简化主生产计划。另外，当产品存在通用件时，可以把各个通用件定义为普通型物料清单，然后用各组件组装出某件产品。这样各组件可以先按预测计划进行生产，下达计划物料清单时，产品就可以很快进行组装，较快满足市场需求。各产品在计划物料清单中所占的比例可任意增减。一般来说，位于计划物料清单最高层次的产品不是实际存在的最终产品，最终产品的物料清单仍然是普通型物料清单。计划物料清单的结构通常是单层，如图 2-6 所示。

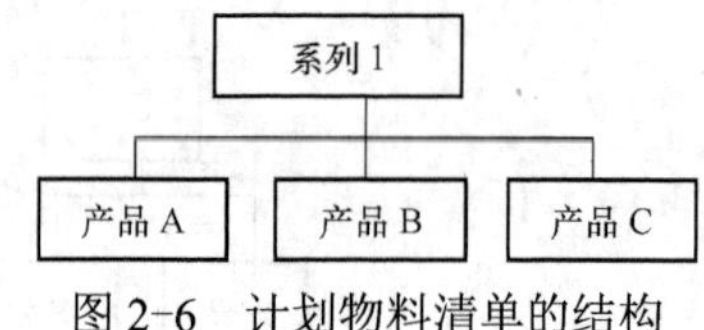

图 2-6　计划物料清单的结构

计划物料清单定义子件时，一般先定义子件的构成比例，图 2-6 中的产品 A 占 40%，产品 B 占 30%，产品 C 占 30%。计划物料清单文件包括单位代码、父件代码、物料清单序号、物品代码。

③ 模块化物料清单。该清单可对通用型的产品组件进行模块化管理，这就要求 ERP 系统中的物料清单要支持模块化管理。在产品结构中，有的子件构成大部分相似，而且这种相似的结构也会在其他产品中出现，这种结构就可以模块化。如果按普通型物料清单进行管理，清单中就会有很多重复的数据，从而导致数据库变大、查询速度变慢；如果按模块化物料清单进行管理，就能解决这个问题。模块化物料清单的结构图 2-7 所示。

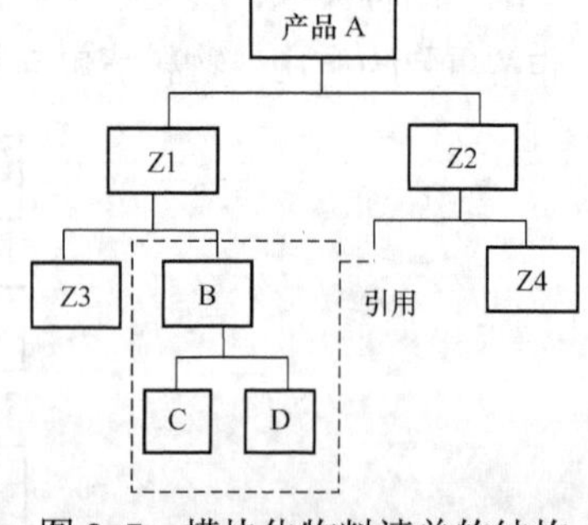

图 2-7　模块化物料清单的结构

④ 成本物料清单。成本物料清单可说明每种物料的成本构成，如材料费、人工费、间接费用等，都属于物料的标准成本。成本物料清单的结构类似于

普通物料清单，如表 2-2 所示。

表 2-2　成本物料清单的结构

层次	父件代码	子件	子件名称	计量单位	数量	材料费/元	人工费/元	间接费用/元	合计/元	本层累计/元
0		CP01	圆珠笔	支	1	-	0.05	0.01	0.06	0.30
1	P01	M01	笔帽	个	1	0.02	-	0.01	0.03	0.03
1	P01	T01	笔套	个	1	0.05	-	0.01	0.06	0.06
1	P01	X01	笔芯	支	1	-	0.02	0.01	0.03	0.15
2	X01	XY02	笔芯油	毫升	1	0.02	-	0.01	0.03	0.03
2	X01	XT03	笔芯头	个	1	0.05	-	0.01	0.06	0.06
2	X01	XG04	笔芯杆	个	1	0.02		0.01	0.03	0.03

3. 虚拟件

虚拟件不是产品特定的组成部分，是 ERP 系统为了方便管理而将一些组件（零部件）视为一个管理单元，如组合采购、组合存储、组合发料。这样在处理业务时，ERP 系统只用对虚拟件进行操作，就可以自动生成实际的业务单据，甚至还能查到库存量与金额，但存货核算时只能使用实际的物料。

虚拟件简化了产品结构的管理。如果 A 产品的物料清单结构如图 2-8 中的左图所示，那么子件 B、C 的定义中会重复引用物料 D、E、F，使数据库变大；如果采用图 2-8 中右图的定义方式，先增加一个虚拟件性质的物料 K，再在子件 B、C 中引用物料 K，就能达到简化物料清单的目的。重复子件的数量越多，这种方式的优越性就越明显。

虚拟件也方便了企业的部门绩效考核。在实际工作中，企业常常将某车间、某工段或班组涉及的物料构建为一个或几个虚拟件，通过考核虚拟件的成本和内部核算利润来进行部门绩效考核。

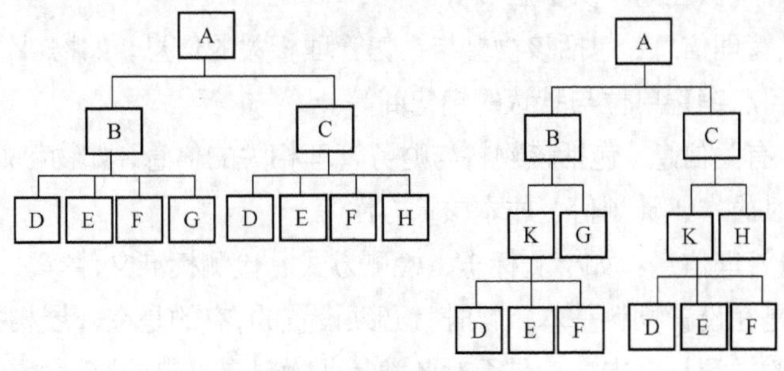

图 2-8　虚拟件的作用

虚拟件不存在任何提前期，在开展对虚拟件的物料需求计划时，只需根据虚拟件的物料清单，计算下一级子件的计划需求量，而虚拟件对计划的需求时间毫无影响。

4. 物料编码

（1）物料编码概述

明确了物料清单后，就需要进行物料编码，这样才可以使用 ERP 系统。物料编码（Item Number 或 Part Number）有时也叫物料代码或物料号，是使用计算机管理物料的依据。对 ERP 系统运行的所有物料进行编码是 ERP 最基础的工作之一。从物料清单的结构来看，其中的每个节点、叶子都有自己的编码，且在同一个 ERP 系统中是唯一的。

一般来说，对物料进行编码时，如果国家、行业、集团单位有明确规定的编码要求，则必须遵循上级的编码要求，这样才符合报表上报与汇总的要求，也方便ERP系统与供应链等信息系统的集成。物料编码可以采用数字、英文字母或二者混合的形式，同时要考虑结合条形码管理的要求。物料编码要便于使用者识别，利于数据查询、汇总。物料编码可以按规律编制，如0开头的是原材料，1开头的是在制品，2开头的是成品；也可以采用流水号进行编码。

企业要运用ERP系统，必须进行全面的物料编码，并且需要编码准确无误。首先建立物料清单，接着建立物料清单数据库表。将物料清单数据库表中的代码字段设置为主关键字，保证编码的唯一性。

（2）物料编码的管理

企业的物料编码一旦确定，一般不允许更改与删除，即使删除也要先把有关业务结清，并将删除的物料编码转入历史资料库，方便以后查阅，同时还要删除系统中所有库、表中的该编码。物料编码保存在物料编码主文件中，存储各种物料的基本属性和业务数据。物料编码文件是进行主生产计划、物料需求计划运算的最基本文件。各种ERP系统的物料编码主文件的内容不尽相同，通常包含以下信息。

① 物料技术资料信息：包括该物料与设计及工艺等相关的技术资料，如物料名称、品种规格、型号、单位、默认工艺路线、单位质量、单位体积等。

② 物料的库存信息：包括该物料与库存管理相关的信息，如物品来源、库存单位、ABC码、库存类别、批量规则、批量周期、盘点周期、最大库存量、安全库存量等。

③ 物料计划管理信息：包括该物料与计划相关的信息，在制订主生产计划与物料需求计划时，首先读取物料的该类设置信息，如计划属性、生产周期、提前期等。

④ 物料的采购管理信息：包括该物料与采购管理相关的信息，如上次订货日期、物品日耗费量、订货点数量、主供应商、次供应商等。

⑤ 物料的销售管理信息：包括该物料与销售管理相关的信息，如物料销售类型、销售收入科目、销售成本科目、销售单位与默认的销售商等。

⑥ 物料的财务有关信息：包括该物料与财务管理相关的信息，如物料财务类别、增值税代码、标准成本、实时成本、计划价、成本核算方法等。

⑦ 物料的质量管理信息：如检测标志、检测方式、检测标准文件等。

以上信息有的是在设置物料基本资料时就必须设置的，有的是在开展相关业务时需要编辑、设置的。物料编码的内涵是否丰富、是否对各类行业物料有一定包容性，在一定程度上可以反映ERP系统生存能力的强弱。

2.2.2 业务计量

ERP的管理特性包括两个：一是快捷，企业调整生产计划需要进行几天、几小时的人工工作，计算机往往只要几分钟就能完成；二是精细，对于每一项生产数据，ERP都能够精准计算出来。企业使用ERP时涉及两个基础的业务计量：工件和工时。

工件就是某考核单位（个人、班组、车间等）单位时间内完成的生产任务。离散型企业的工件计量单位一般是台、套、个、只、件等；流程型企业的工件计量单位一般是吨、立方米、桶、瓶、米等。

工时是企业员工生产某一个计量单位产品所花费的工作时间。工时通常以小时计算，也可以精确到以秒计算。

在确定生产工艺路线、计算生产能力时，采用工件、工时进行业务计量便于管理部门使用图表进行管理。

2.2.3 与时间有关的概念

1. 时段（Time Period）

时段就是时间的段落、间隔、跨度，是在生产管理中使用的有关时间的单位，可以是月、季、年或天。时段可用于说明某个期间的计划量、产出量、需求量，并以固定间隔进行汇总；对比计划；区分计划需求的优先级。时段划分得越细，就越能体现各计划需求的优先级。

2. 时区（Time Zone）与时界（Time Fence）

时区是一段时间，如产品从计划、采购到产出的每个阶段都需要一个周期（即需要不同的提前期），这就是时区。时界是一个特殊的时间点，常用的时区、时界如下。

① 时区 1：产品从投入加工到装配完成的时间跨度。

② 时区 2：产品的累计提前期以内、时区 1 以外的部分。

③ 时区 3：产品的总提前期内、时区 2 以外的部分。

④ 需求时界（Demand Time Fence，DTF）：时区 1 和时区 2 的分界点。

⑤ 计划时界（Planning Time Fence，PTF）：时区 2 与时区 3 的分界点。

⑥ 计划确认时界（Firm Planning Time Fence，FTF）：对应图 2-9 的某时刻，要早于计划时界。

时区与时界如图 2-9 所示。

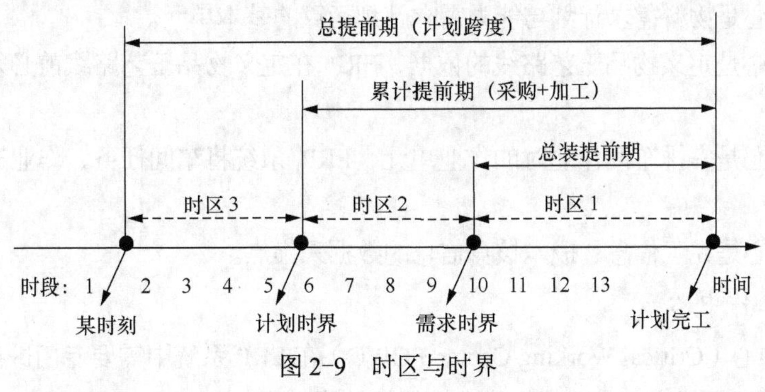

图 2-9 时区与时界

时区和时界对计划的影响如表 2-3 所示。

表 2-3 时区、时界对计划的影响

时区	需求依据	订单状况	计划变动代价	计划变动条件
时区 1	实际合同	下达与执行	很难变动	已经开始装配，尽量避免变动，任何更改均由领导决定
时区 2	合同与预测	确认与下达	代价大，只能人工调整	计划员可更改完工日期，数量更改由领导决定
时区 3	预测为主	计划	允许变动，无代价	计划员可通过系统更改

3. 工厂日历

工厂日历也叫工作日历，包含各个生产车间、相关部门的工作日历。日历中标明了生产日期、休息日期、设备检修日，这样在进行物料需求计划和主生产计划运算时就可以避开休息日。不同的分厂、车间、工作中心因为生产任务不同、加工工艺不同而受不同的条件约束，所以可能会设置不同的工作日历。ERP 系统可以灵活处理工作日历，当然这会增加系统的计算量。

2.2.4 工作中心

1. 工作中心概述

工作中心（Working Center，WC）是生成加工单元的统称，是产品生产过程中的一个必经环节。工作中心既是产品形态、功能、价值发生改变的场所，也是企业成本消耗的场所。对于离散型企业，工作中心是由若干台功能相同的设备、若干工作人员、一个小组或一个工段、一个成组加工单元或一个装配场地等组成的；对于流程型企业，工作中心是一套生产装置、一段反应过程，甚至一个实际的车间也可作为一个工作中心，这样能够大大简化管理流程。

工作中心是 ERP 系统中各项功能的实现场所，是进行物料需求计划、能力需求计划运算的基本资料。物料需求计划中必须说明物料的需求与产出是在哪个工作中心，能力是指那个工作中心的能力。同时工作中心也是成本核算时成本发生的基本单元和车间生产作业核实投入与产出情况的基本单元。一个车间可以分成若干工作中心，也可以是一个工作中心，甚者一条生产线就是一个工作中心。

企业进行内部成本核算、绩效考核、现场管理时，执行对象就是工作中心；工作中心发生了生产业务，生产业务消耗了成本，因此，工作中心也可以定义为成本中心。

2. 工作中心的作用

① 工作中心是物料需求计划与能力需求计划运算的基本单元。

② 工作中心是定义物品工艺路线的依据，ERP 在定义物品工艺路线前必须先定义好相关工作中心数据。

③ 工作中心是安排车间作业时的作业单元，ERP 系统将车间任务、作业进度安排到各个工作中心。

④ 工作中心是完工信息、成本核算信息的数据采集点。

3. 关键工作中心

关键工作中心（Critical Working Center，CWC）在 ERP 系统中需要专门进行标示。关键工作中心有时也称瓶颈工序，是运行粗能力计划的计算对象。

约束理论（Theory of Constraints，TOC）指出，关键、瓶颈资源决定产量。从这个角度可以帮助理解 ERP 系统的主生产计划为什么只进行粗能力计划的计算。关键工作中心一般有以下特点。

① 经常加班，满负荷工作。

② 操作技术要求高，要求工人操作技术水平较高，短期内无法自由增加工人数量。

③ 使用专用设备，而且设备昂贵。

④ 受其他条件的限制，短期内不能随便增加负荷、产量。

关键工作中心会随着加工工艺、生产条件、产品类型、生产产量等条件的变化而变化，不是一成不变的，它和重要设备不是一回事。

2.2.5 计划展望期、提前期

1. 计划展望期

计划展望期是主生产计划所覆盖的时间范围，即整个计划的时间跨度。此跨度之后，又是下一个计划的时间范围。计划展望期应比物料（零部件）的加工生产的总提前期长。

计划展望期是在产品各自的物料主文件中定义的，不同产品分别设置不同的计划展望期。计划展望期是企业管理部门关注的任务，而下述的提前期则是企业生产部门要具体落实的事情。

2. 提前期

提前期是指某一物料项目从开始设计、采购、加工生产到生产完工所需的时间，一般分为采购提前期、生产加工提前期、装配提前期等。提前期的概念主要是针对需求提出的，如采购部门要在某日向生产部门提供某种采购物料，则采购部门应该在此日期之前就下达采购订单，这当中提前的时间段就是提前期。提前期是生成主生产计划、物料需求计划的重要数据。提前期的计算以时间为单位，包括任务排队时间、准备时间、加工生产时间、等待时间、工序之间的传输时间，它们构成了物料（零部件）加工生产的生产周期。

提前期可以分为以下 6 种。

① 生产准备提前期：从生产计划开始到生产准备完成的时间段。

② 采购提前期：采购订单下达到物料完工入库的全部时间。

③ 生产加工提前期：生产加工投入开始到生产完工入库的全部时间。

④ 装配提前期：生产加工投入开始到装配完工的全部时间。

⑤ 累计提前期：采购提前期、生产加工提前期、装配提前期的总和。

⑥ 总提前期：指产品的整个生产周期，包括生产准备提前期、采购提前期、生产加工提前期、装配提前期等的总和。

流程型企业与离散型企业的计划提前期、提前期的含义及处理方法基本相同，流程型企业的提前期中不含有装配提前期，累计提前期中也不包含装配提前期。另外，服务型企业根据企业业务流程的不同，对有的业务按照流程型企业的处理方法进行管理，对有的业务按照离散型企业的处理方法进行管理。

2.2.6 工艺路线

1. 工艺路线概述

工艺路线主要说明了物料实际加工和装配的工序顺序、每道工序使用的工作中心、各项时间定额（如准备时间、加工时间、传送时间），以及外协工序的时间和费用。

2. 工艺路线的作用

① 用于能力需求计划的分析计算与平衡各个工作中心的能力。工艺路线文件说明了物料实际加工和装配所消耗各个工作中心的工时定额，用于工作中心的能力运算。

② 用于计算物料清单中的有关物料的提前期，即根据工艺路线文件的准备时间、加工时间

和传送时间计算提前期。

③ 用于下达车间作业计划，即根据加工顺序、各种提前期进行车间作业安排。

④ 用于计算加工成本，即根据工艺路线文件的工时定额（外协费用）及工作中心的成本费用数据计算标准成本。

⑤ 根据工艺文件、物料清单、生产车间、生产线完工情况生成各个工序的加工进度整体情况，对在制品进行跟踪和监控。

3. 工艺路线的制订方法

ERP 系统的工艺路线是可以根据传统的工艺卡片来制订的，但其又有很多自身的特点。

① 根据工艺卡片确定工序顺序、工序名称，并确定对应的工作中心、对应各工作中心工序的工时定额。工时定额是计算提前期、工序能力、成本数据的主要依据，数据来自历史统计资料。工艺路线由工艺部门、生产部门、工业分析部门共同制订。

② 表 2-4 所示的工艺路线报表中的工序单位标准时间是在一定时期、一定的工艺条件下制定的。这个数据就是我们传统上说的物品工时定额，是单位人员或单位设备完成该工序所需的加工时间，不一定等于完成该工序所占用工作中心的时间。另外，工序单位标准时间的制定要根据工作中心能力确定，要考虑分散作业和流水作业的不同。

分散作业：工序工时定额，工序单位标准时间就是占用工作中心的时间。

流水作业：流水线人数或设备数越多，工作中心的加工时间就越短，工序单位标准时间等于该工序占用工作中心的时间除以流水线人数或设备数。

表 2-4 工艺路线报表

工序号	工序名	工作中心	工序单位标准时间/小时			占工作中心时间/小时			传送时间/小时	人工数/人		设备数/台	外协费/元
			准备时间	加工时间	设备台时	准备时间	加工时间	设备台时		服务	加工		
1	下料	下料班	0.01	0.02	0.02	0.01	0.02	0.02	0.01	1	1	1	–
2	冲大旋钮孔	冲床 1	0.02	0.01	0.01	0.02	0.01	0.01	0.01	–	1	1	–
3	冲 6 孔	冲床 2	0.02	0.03	0.03	0.02	0.03	0.03	0.01	–	1	1	–
4	磨光	钳工班	0.01	0.05	0.05	0.01	0.05	0.05	0.01	–	1	–	–
5	电镀	电镀班	0.05	0.05	0.05	0.05	0.05	0.05	0.01	–	1	–	–

③ 每道工序对应一个工作中心，也可以多道工序对应同一个工作中心。

④ 要考虑可替代工艺路线，这样有利于平衡、调整生产计划及物料需求计划。

⑤ 由于工艺路线文件是管理文件，制订工艺路线时还要考虑非生产加工工序，如运输。

⑥ 外协加工必须在工艺路线中体现，因为它会影响总提前期和成本。

⑦ 有时在加工中会出现两种以上物品一起加工的情况，如两个半圆一起加工，这两个半圆称为配件。

ERP 系统最先在离散型企业中得到应用，逐步推广到流程型企业，现在已经在服务型企业中广泛应用。因此，工艺路线的概念也被拓展了。服务型企业的“工艺路线”就是服务流程及服务标准，在 ERP 系统中的处理方法与离散型企业、流程型企业的处理方法相同。

2.2.7 独立需求与相关需求

物料清单中的某一项物料，当其数量改变时，其他物料的数量不受其影响，则该物料的需求就是独立需求（即当发生独立项物料的需求时，与其他物料的需求无关）。独立需求的数据来源是订单和预测，主要包括产成品需求、维修件的需求。

当对一种物料的需求与对其他物料或最终产品的需求有关时，这种需求称为非独立需求，又称相关需求。相关需求是计算出来的而不是根据订单或预测出来的。

对于具体的物料项目，有时可能既有独立需求又有非独立需求。

独立需求与相关需求在计划排程过程中尤为重要，企业销售订单和市场预测往往是动态变化的，因此需求计划需要立刻做出相应的变化调整。利用人工处理独立需求、相关需求的数据很难做到及时、准确；利用 ERP 系统可以自如应对瞬息万变的市场，做出合适的需求决策。

2.2.8 生产优化法则

生产优化法则是指对生产的全部工序进行平均化，调整作业负荷，以使各作业时间尽可能相近的技术手段和方法，是企业生产设计及作业标准化中的重要方法。ERP 系统不仅替代了许多繁杂的人工劳动，还精准计算了每个工作中心的能力与负荷、成本与利润，更重要的是平衡了企业生产各个环节的能力，使企业能够及时、优质、低成本地完成订单。

2.3 销售与预测

任何企业都有其长远的规划和目标，这是一个企业发展的蓝图。企业根据长远规划确定其经营规划和生产大纲，在经营规划和生产大纲的指导下，企业根据销售预测数据和销售订单数据，来制订企业的生产计划。企业一般根据销售与预测来安排和组织生产，因此销售计划是 ERP 的第一个计划层次，属于决策层。销售与预测的正确与否关乎企业的生死存亡。

2-2 销售与预测

2.3.1 销售与预测业务概述

企业的一切行动计划都是围绕着与其相关的销售订单、市场预测进行的，没有订单、没有预测，即产品没有销路，生产也就没有意义。从根本上看，企业的销售过程就是企业资本利润化的过程。企业以市场需求为引领，只有在有了订单、预测之后，才能高效率、协调地开展各项生产活动，按时、按量、按质地将产品交付给客户。ERP 系统提供的销售预测、销售计划、销售合同（订单）是主生产计划的需求来源。销售管理子系统帮助企业的销售人员完成客户档案及信用管理、产品销售价格管理、销售订单（合同）管理、销售提货、服务管理及发票管理等一系列销售事务，为企业的销售人员提供客户的信用信息、产品订货情况、销售情况、获利情况，决定企业的生产经营活动。

企业非常重视销售工作，以获得较多的订单。销售活动是一项经常性的工作，甚至每天都有一笔或多笔订单，这样企业的主生产计划应该处于动态的调整之中，物料需求计划也要随之动态地发生变化。对于 ERP 系统来说，最有价值的工作就是能够及时、准确地反映出各生产环节必须完成的工作任务。尤其在柔性制造行业中，ERP 系统发挥着显著的作用。

有些企业的产品具有季节性的特征，它的消费群体分散，企业销售网络很难全面覆盖，企业为了平稳供应市场、保持市场份额和自身影响力，就要做市场预测。

在 ERP 系统中，预测管理如同销售管理一样，甚至有的论述中将预测管理直接包含在销售管理之中，本书中的销售管理，除特别说明以外都包含了预测管理的内容。预测是根据市场需求信息，对于过去的和现在的销售数据进行分析，结合市场调查统计结果，对未来的市场情况和发展趋势做出推测，指导今后的销售活动和企业生产活动。预测的频次不应过高，一般一个月、3 个月或半年、一年做一次预测，在安排主生产计划时，计划提前期需考虑的稍早些。特别重要的是，处理预测数据时涉及主生产计划、物料需求计划及成本、利润计算，因此 ERP 系统要具有模拟运算的功能。预测是企业制订销售计划和生产计划的重要依据。

运用 ERP 系统可以便捷地进行销售信息汇总统计与市场分析，包括各种产品的订货情况、销售情况、收款情况、发货情况、销售计划完成情况、销售盈利情况等，可以从地区、销售人员、销售方式等多个角度进行统计与分析，使企业对瞬息万变的市场及时做出反应。

销售管理的业务流程如图 2-10 所示。

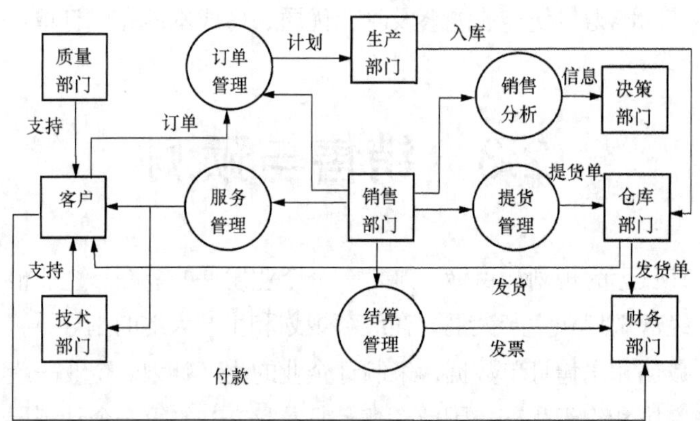

图 2-10　销售管理的业务流程

2.3.2　企业类型

ERP 系统是集企业的物流、资金流和信息流于一体的工作平台，目的是对订单、预测做出快速、准确的反应，高效协调企业各种资源，以及时交付产品。企业的生产特点各不相同，ERP 系统具有固化业务流程的特性。因此，ERP 系统按照生产工序的特点将企业分为 3 类。

（1）离散型企业

离散型企业即生产工序可以做适当调整的生产企业，如汽车生产厂家，其各个汽车零部件的生产先后顺序不必固定不变，先生产什么后生产什么或先组装什么后组装什么等可以做一定程度的调整。离散型企业使用 ERP 系统可以充分协调各环节资源、优化生产流程、控制产品交货节奏。

（2）流程型企业

流程型企业的生产过程是指从原材料投入开始至最终产品产出的过程，不能人为地更改生产工序的企业。例如，石油化工生产企业，其原油进入反应器之后，根据设定的工艺路线，自动地进行一系列化学的、物理的变化，直至生产出最终产品，每个工序（反应过程）是确定的且无法调整先后顺序。化工企业、造纸企业、钢铁企业等都属于流程型企业。流程型企业使用

ERP 系统更多地在于对过程、技术标准与参数和上游的供应、下游的销售以及财务进行管理。

（3）混合型企业

混合型企业既具有离散型企业的特点又具有流程型企业的特点。混合型企业一般包括两种。一种是那些生产过程较长的，工艺路线几乎没有变化，甚至有的还含有外协加工的企业。对于那些服务流程较长的企业，有的服务可以设置成关键节点，如在银行业务过程中，可以将一个营业部（一个内部部门）看成一个关键节点，其内部业务的工序能够做一些变动，而它与上级部门的往来、审核等业务必须按流程进行，不可以变动工序。工序可变动的单元可以用离散型企业的管理方式，而工序不能变动的单元则用流程型企业的管理方式，总体上就是混合型管理。另一种是集团企业。集团企业一般具有多种产品生产业务，既有离散型的产品生产业务，又有流程型的产品生产业务，如某集团公司不仅生产拖拉机、农用汽车，也生产油漆、农药等。

不同类型的企业、不同的业务流程，使用 ERP 的重点、使用方法各不相同。目前，ERP 应用朝着混合型企业领域推进，大型服务业企业、销售业企业，如银行、证券公司、咨询公司等企业和超市商场等正在运用 ERP 系统进行数据仓库、数据挖掘、风险控制、绩效评估等工作。只要明确了企业生产类型，就能够正确设置 ERP 系统业务流程。

2.3.3 销售计划管理

销售管理中的首要内容是做销售计划，销售计划属于 ERP 的第一个计划层次。销售计划是根据市场信息，考虑企业自身情况，如生产能力、资金能力所制定的产品生产大纲。如果销售管理子系统链接了分销资源计划子系统，则销售计划源于分销资源计划子系统。计划的层次关系如图 2-11 所示。

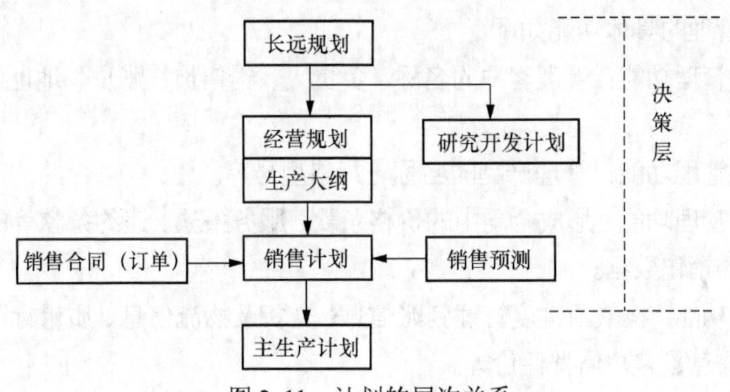

图 2-11 计划的层次关系

ERP 提供的销售预测、销售计划、销售合同（订单）是主生产计划的需求来源。销售管理子系统帮助企业的销售人员完成客户档案及信用管理、产品销售价格管理、销售订单（合同）管理、销售提货、服务管理及发票管理等一系列销售事务，为企业的销售人员提供客户的信用信息、产品订货情况、销售情况、获利情况，指导企业的生产经营活动。

销售计划分为两种：主动性销售计划和被动性销售计划。

主动性销售计划下，企业销售部门不需要考虑企业的生产能力，不停地销售产品、获取订单。这里的销售实际上是预销售，企业在获得订单后才开始安排生产，订单源源不断地增加，生产安排便不断地延展。企业有了订单，就需要如期地完成生产，动态地开展销售计划管理工作。

被动性销售计划就是企业销售部门根据企业一年、一个季度、一个月或某时间段的生产能力（即产品数量）编制销售计划，其重点在于按期落实销售计划。被动性销售计划的优点是生产管理比较平稳，成本控制水平较高；缺点是适应市场的能力较差，发展劲头不足。被动性销售计划适合中小型企业使用。

销售管理子系统与库存管理、成本管理、财务管理等子系统有着紧密联系。简单地说，销售的产品从成品库中发出，销售成本及利润由成本会计核算，应收账款由应收账管理结算，订单为生产提供各类产品的计划数据。销售管理子系统与其他子系统的关系如图 2-12 所示。

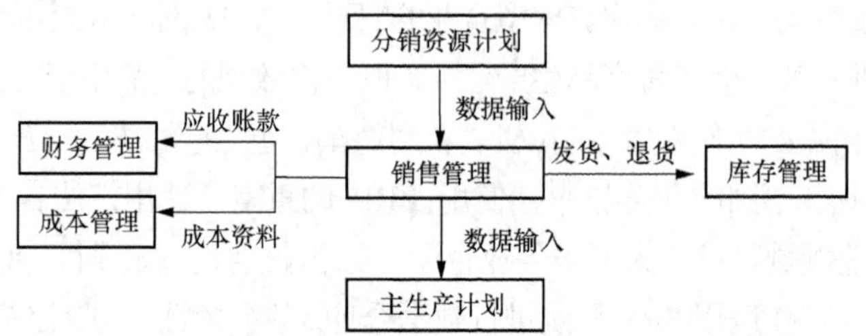

图 2-12　销售管理子系统与其他子系统的关系

一个面向全球的企业必定是采用主动性销售计划的企业，主动性销售计划具有开发客户的能力，具有竞争性，可以提高企业的管理水平，增强其服务能力。

2.3.4　订单与合同管理

销售部门获得订单，都是以合同形式与客户建立合作关系的，合同上明确了本企业要为客户提供的产品、规格型号、数量、单价、总价、服务条款、付款条件等要素。

订单与合同管理的具体功能如下。

① 客户资料管理功能：管理客户的名称、负责人、销售员、账户、地址、电话、资质、信誉等信息。

② 产品目录管理功能：管理产品的名称、规格型号等。

③ 合同模板管理功能：形成合同中的价格条款、服务条款、违约条款等的标准格式，使用时只需填写相关的销售数据。

④ 合同管理功能：按款项进度管理到账信息、交货及物流信息、质量标准信息、商务往来信息、合同纠纷信息、客户信誉评价等。

在 ERP 系统中，订单与合同管理具有与财务管理、库存管理、物流管理集成的能力。合同一旦签订，其涉及的产品数据将自动导入主生产计划。

2.3.5　价格管理

市场经济条件下，市场需求与供给关系处于动态平衡的过程之中，最受影响的是产品价格。企业要跟踪市场的产品价格，以便及时调整产品价格，制定灵活的价格策略。利用 ERP 系统可以对每一件产品建立价格管理系统。具体的管理内容包括产品名称、规格型号（性能指标）、市场平均价格、最高价格、最低价格、本企业内部价格、供应商价格、零售商价格、主要竞争对手价格、主要影响价格因素（市场产品数量、产品质量、竞争性）、给客户的让利策略等。

ERP 系统能够及时提供可视化图形，直观地反映产品价格走势。

2.3.6 分销管理

分销管理是企业将产品推向市场的重要方式。企业无论生产什么，目的都是使产品进入客户手中。渠道销售是成熟的分销管理模式，目前在日用消费品、汽车、家用电器及配件、建材等现货生产行业应用较广。企业实施分销管理可以科学地利用和调配分销网络中的资金、物流、信息、分销商场地、分销商人员等要素，为企业产品销售提供销售服务，使企业在销售环节获得更大的经济效益和更好的商业信誉。

分销管理的内容包括分销商的名称、地址、商誉、仓储地、经销员、物流信息、控制量、结算价格、货款结算方式等。分销管理具有与库存管理、财务管理、物流管理等集成的能力。

另外，在进行分销管理时，需要制定不同的销售类别，如直销、代销、代理、特许专卖等，再赋予其相应的销售数量、价格、区域等权限。

如果企业对于分销销售的依赖度较高，就应该将分销销售作为订单或预测处理，提出物料需求计划，形成主生产计划。

2.3.7 线上与线下销售

在信息时代，企业销售活动不仅会在实体店内开展，还会在网上运用电子商务手段开展，所以 ERP 系统也相应地建立了自动化销售子系统。随着 ERP 系统技术的升级、应用规模的扩大，ERP 系统逐步成为一个企业信息化工作平台，在此基础上能够开发出更多的应用系统。企业销售类似于开淘宝店，客户在网上联系、下单、付款，企业物流配货、发货。这个过程中，系统能够自动对客户的资料、购买历史、商誉等信息进行收集及评价，确定企业是否与该客户发生交易，客户下单及付款的数据将自动导入 ERP 系统，系统进行相应的数据处理，符合要求后系统自动通知物流配货、发货。

线上交易是一种低成本、高效率、广覆盖的市场推广形式，它可以节约经营场地租金、减少销售人力成本支出、不受时空限制，是很受各界欢迎的贸易形式。同时，线上交易也要求企业更好地打造企业门户网站，为客户展示新产品、提供技术支持和服务。

在用线上交易满足不同客户个性化需求的前提下，企业也要适当开设线下实体店，注重客户体验。在 ERP 平台上，实体交易的操作方法基本与线上交易相同，只是实体交易的 ERP 应用操作要在企业实体交易场所由销售人员、客户现场操作完成。

2.4 主生产计划

在 20 世纪 90 年代以前，ERP 系统大多只包含生产制造系统和财务金融系统；到 20 世纪 90 年代，才出现了客户关系管理系统、供应链管理系统、分销管理系统以及物流管理系统等。

2-3 主生产计划

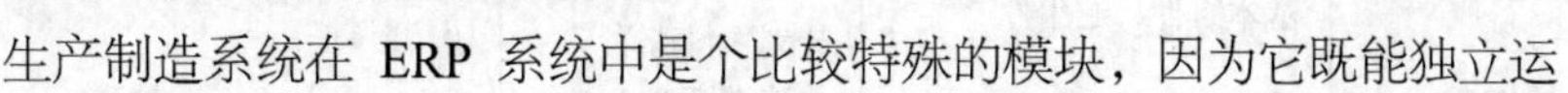

生产制造系统在 ERP 系统中是个比较特殊的模块，因为它既能独立运

行，又能和其他子系统整合。生产管理的核心概念是从投入（各种资源）到产出（产品或服务）的转变过程，包括物理上的转变（原料变为产品）和价值上的转变（提供客户所需产品或服务）。于是生产过程可以定义为企业通过人、财、物等各种资源的消耗和使用来为客户提供产品或服务的过程。

生产制造系统联系上游的供应商和下游的客户，并指导整个企业的生产模式。好的生产制造系统应该具有应对多种生产运作模式的能力，同时满足各种生产方式和业务操作的需要。为了能够为客户提供个性化产品，适应产品和市场的变化，生产制造系统提供了修改生产模型和计划的机会，多数 ERP 开发商不会将业务局限于一种制造模型，而是考虑将各种计划结合起来。

2.4.1 主生产计划理论

制造业涉及的物料计划主要有 3 种：综合计划（对销售计划与生产规划的综合考虑，也叫生产大纲）、主生产计划、物料需求计划。综合计划是根据企业的生产能力和需求预测，对未来较长时间内的产出内容、数量、投资等做出的决策，也就是对较长时期内需求和资源的平衡做出的设想。

主生产计划（Master Production Schedule，MPS）是确定每件具体产品在每个具体时间段的生产计划。主生产计划的对象一般是最终产品（销售产品），有时也可能是组件。企业根据主生产计划下达装配计划。ERP 系统计划的真正运行就是从主生产计划开始的。主生产计划的确定过程伴随着粗能力计划的运行，也就是要对关键资源进行平衡。此外，企业的物料需求计划、车间作业计划、采购计划等均来源于主生产计划，也就是先由主生产计划驱动物料需求计划，再生成车间作业计划与采购计划。所以主生产计划在 ERP 系统的计划中起着承上启下的作用，完成从宏观计划到微观计划的过渡与连接，同时也是联系客户与销售部门的桥梁。但如果产品的生产周期很长，它的重要性就不那么突出了，一些大型设备，如轮船、飞机，往往是一年做一次主生产计划的安排。主生产计划主要包括 6 项数据：客户订单、预测、备品备件、厂际间的需求、客户选择件和附加件、计划维修件。

2.4.2 主生产计划的计划对象与方法

主生产计划的计划对象与方法如表 2-5 所示。

表 2-5 主生产计划的计划对象与方法

销售环境	计划对象	计划方法	说明
现货生产 （Make to Stock，MTS）	独立需求类型的物料	单层主生产计划 制造物料清单 计划物料清单	可与分销资源计划接口
订货生产 （Make to Order，MTO） 工程生产 （Engineer to Order，ETO）	独立需求类型的物料	单层主生产计划 制造物料清单	在工程生产环境下会用到网络计划技术
订货生产 （Make to Order，MTO） 订货组装 （Assemble to Order，ATO）	基本组件、通用件	多层主生产计划 制造物料清单 计划物料清单 总装进度 PAS	

2.4.3 MPS 的计算量

（1）批量规则（Lot-Sizing Rules，LSR）

批量规则是指物料计划下达数量时所使用的规则。批量规则主要分为两种：静态批量规则和动态批量规则。使用前者时每一批的批量都相同，使用后者时允许每批的批量不同。常见的批量规则有以下 7 种。

① 最大批量：计划下达数量不能超过此数据。

② 最小批量：计划下达数量不能低于此数据。

③ 固定批量：每次的订货量为一个固定值。

④ 直接批量：完全根据计划需求量决定订货量。

⑤ 固定周期批量：每次订货的间隔相同，但批量数未必相同。

⑥ 周期批量：根据经济订货批量计算订货间隔和决定每年订货次数，间隔期内的订货批量随需求量而变动。

⑦ 倍数批量：按批量的整数倍下达订货量。

（2）批量周期

批量周期指订货的周期，通常以天为单位。

（3）批量

批量指物品按批量订货时的数量。

（4）毛需求量（Gross Requirements，GR）

毛需求量是预测量和订单量中的较大量。

（5）计划接收量（Scheduled Receipts，SR）

计划接收量是源于对前期下达订单的执行，计划在某个时间到达的物料数量。

（6）预计可用库存量（Projected Available Balance，PAB）

其计算公式为：预计可用库存量=前时段末的可用库存量+本时段计划接收量+计划产出量-本时段毛需求量。

（7）净需求量（Net Requirements，NR）

其计算公式为：净需求量=本时段毛需求量-前时段末的可用库存量-本时段计划接收量+安全库存量。

（8）计划产出量（Planned Order Receipts，POR）

计划产出量是指如果需求不能满足，系统根据批量规则计算出的需要的供应数量，这只是建议数量。

（9）计划投入量（Planned Order Releases，POR）

计划投入量是指根据计划产出量、产品提前期、物品合格率计算出的投入数量。

（10）可供销售量（Available to Promise，ATP）

某个时段产品的产出数量可能大于订单、合同约定的产品数量，多余的产品的数量就是可供销售量。

（11）装配提前期

装配提前期是指配件齐备后装配产品所需的时间。

2.4.4 主生产计划的计算流程

主生产计划的制订由主生产计划员负责。主生产计划员必须熟悉产品结构、工艺流程、企业的生产资源、计划理论知识。主生产计划的计算流程如图 2-13 所示。

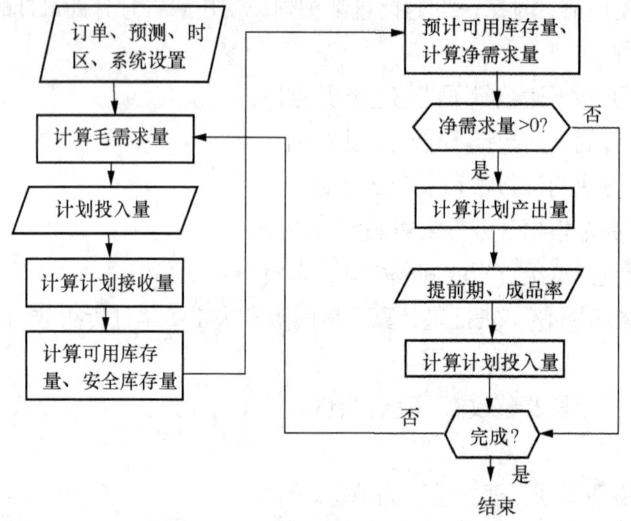

图 2-13 主生产计划的计算流程

（1）计算毛需求量。

在时段 1，毛需求量等于订单量；在时段 2，毛需求量等于订单量与预测量中的较大值；在时区 3，毛需求量等于订单量。

（2）计算计划接收量如表 2-6 所示。

表 2-6 计算计划接收量

类别	时段	1	2	3	4	5	6	7	8	9	10
	过去	04/01	04/08	04/15	04/22	04/29	05/06	05/13	05/20	05/27	06/03
预测量		15	30	10	30	18	30	32	25	30	20
订单量		20	25	20	25	20	16	35	20	28	25
毛需求量		20	30	20	30	20	30	35	25	30	20
计划接收量		10									
预计可用库存量	16										

（3）计算预计可用库存量如表 2-7 所示。

表 2-7 计算预计可用库存量

类别	时段	1	2	3	4	5	6	7	8	9	10
	过去	04/01	04/08	04/15	04/22	04/29	05/06	05/13	05/20	05/27	06/03
预测量		15	30	10	30	18	30	32	25	30	20
订单量		20	25	20	25	20	16	35	20	28	25
毛需求量		20	30	20	30	20	30	35	25	30	20
计划接收量		10									
预计可用库存量	16	6	-24	-44	-74	-94	-124	-159	-184	-214	-234

（4）计算计划产出量如表 2-8 所示。

表 2-8　计算计划产出量

类别	时段	1	2	3	4	5	6	7	8	9	10
	过去	04/01	04/08	04/15	04/22	04/29	05/06	05/13	05/20	05/27	06/03
预测量		15	30	10	30	18	30	32	25	30	20
订单量		20	25	20	25	20	16	35	20	28	25
毛需求量		20	30	20	30	20	30	35	25	30	20
计划接收量		10									
预计可用库存量	16	6	−24	−44	−74	−94	−124	−159	−184	−214	−234
		6	11	11	11	11	11	6	11	11	11
净需求量			24	14	24	14	24	29	24	24	14
计划产出量			30	20	30	20	30	30	30	30	20
计划投入量											
可供销售量											

（5）计算计划投入量、可供销售量如表 2-9 所示。

表 2-9　计算计划投入量、可供销售量

类别	时段	1	2	3	4	5	6	7	8	9	10
	过去	04-01	04-08	04-15	04-22	04-29	05-06	05-13	05-20	05-27	06-03
预测量		15	30	10	30	18	30	32	25	30	20
订单量		20	25	20	25	20	16	35	20	28	25
毛需求量		20	30	20	30	20	30	35	25	30	20
计划接收量		10									
预计可用库存量	16	6	11	11	11	11	11	6	11	11	11
净需求量			24	14	24	14	24	29	24	24	14
计划产出量			30	20	30	20	30	30	30	30	20
计划投入量		30	20	30	20	30	30	30	30	20	
可供销售量		6	5	0	5	0	14	−5	10	2	

（6）主生产计划的生成。

ERP 系统中主生产计划的生成过程是个反复运算的过程，只要企业的订单、预测发生变化，主生产计划会随之变化。常见的主生产计划报表如表 2-10 所示。

表 2-10　主生产计划报表

物料代码		A009		计划员		LH		计划日期		2015/06/23	
物料名称		VCD333									
型号/规格		XS-1						计量单位		台	
可用库存量		10		安全库存量		5		提前期		7 天	
批量规则		静态批量		批量		10		批量周期			
需求时界		3		计划时界		7					
类别	时段	1	2	3	4	5	6	7	8	9	10
	过去	04-01	04-08	04-15	04-22	04-29	05-06	05-13	05-20	05-27	06-03
预测量		15	30	10	30	18	30	32	25	30	20
订单量		20	25	20	25	20	16	35	20	28	25
毛需求量		20	30	20	30	20	30	35	25	30	20
计划接收量		10									

续表

类别	时段	1	2	3	4	5	6	7	8	9	10
	过去	04-01	04-08	04-15	04-22	04-29	05-06	05-13	05-20	05-27	06-03
预计可用库存量	16	6	11	11	11	11	11	6	11	11	11
净需求量			24	14	24	14	24	29	24	24	14
计划产出量			30	20	30	20	30	30	30	30	20
计划投入量		30	20	30	20	30	30	30	30	20	
可供销售量		6	5	0	5	0	14	-5	10	2	

2.4.5 主生产计划的确认

企业制订了初步的主生产计划后要进行粗能力平衡，然后提出主生产计划，再经过审核批准，保证主生产计划符合企业的经营规划。主生产计划的确认分为以下 3 个步骤。

1. 分析初步的主生产计划

这是指分析生产规划和主生产计划之间的所有差别。主生产计划中产品大类的总数应约等于相应时期内销售计划的数量，否则就要调整主生产计划，以保证其与销售计划尽量一致。

2. 向负责部门提交分析结果

主生产计划的审核工作由企业高层领导负责，市场销售、工程技术、生产制造、财务、物料、采购等部门共同参加。

3. 批准主生产计划并下达有关部门

有关部门包括生产制造、物料、采购、工程技术、市场销售、财务等部门。

2.4.6 粗能力计划的实施过程

主生产计划和物料需求计划在制订之后都要进行能力的校验，一般而言，前者对应的是粗能力计划（Rough-Cut Capacity Planning，RCCP），后者对应的是能力需求计划（Capacity Requirement Planning，CRP）。粗能力计划是对关键工作中心的能力进行运算而产生的一种能力需求计划，它的计划对象只是"关键工作中心"的能力。有关"关键工作中心"的内容见 2.2.4 节。

粗能力计划的思想源于约束理论。约束理论认为，产量是由关键瓶颈资源决定的，即瓶颈资源，也就是关键资源决定了企业的产能，只依靠增强非关键资源的能力来提高企业的产能是不可能的，所以进行能力分析时，重点要放在关键工作中心上。未实施过粗能力计划的主生产计划是不实用的。

粗能力计划的实施过程主要分为 3 步，具体如下。

1. 找出关键工作中心

如果各工序之间是单纯的串行或平行关系，那么其中效率最低的就是关键工序，对应的工作中心就是关键工作中心。如果各工序之间既有串行又有平行关系，就要使用关键路径求解。

2. 计算关键工作中心各时段的负荷

这是指进一步确定关键工作中心各具体时段的负荷，找出超负荷时段。

3. 平衡超负荷的方法

有以下两种方法可以用于平衡超负荷。

① 改变负荷：重新制订主生产计划，延长交货期、减少订货量甚至取消客户订单。

② 改变能力：更改工艺路线、加班、组织外协、增加人员及设备。

2.5 能力需求计划

能力需求计划（Capacity Requirement Planning，CRP）是在物料需求计划确认及下达之前，用来检验整个主生产计划/物料需求计划的可行性的计划。能力需求计划利用工作中心数据中所定义的能力，将物料需求计划产生的车间能力需求分配到各个工作中心资源上，在检查了物料和能力可行的基础上调整主生产计划，并最终将主生产计划下达给车间，车间则按此计划进行生产。

2.5.1 能力需求计划的处理流程

闭环 MRP 的基本目标是满足用户和市场的需求。因此在编制生产计划时，闭环 MRP 总是先不考虑能力约束而优先保证计划需求，然后再进行能力计划，经过多次反复运算，调整落实后才转入下个阶段。传统的能力需求计划的处理流程就是把物料需求计划订单换算成能力需求数量，生成能力需求报表，传统的能力需求计划的处理流程如图 2-14 所示。

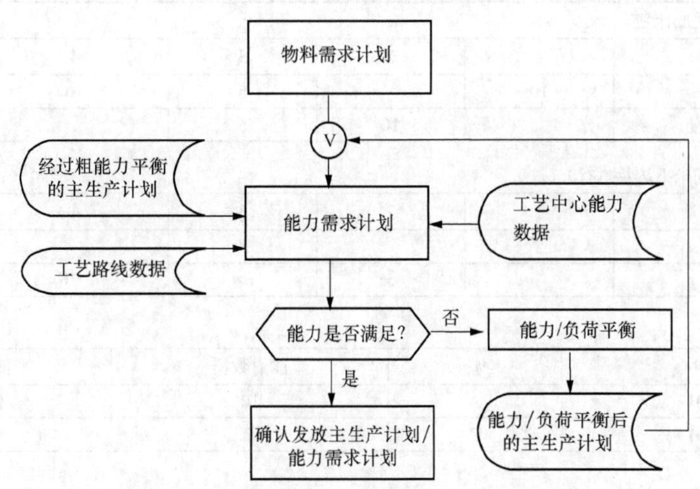

图 2-14 传统的能力需求计划的处理流程

其实，在计划时段中经常出现能力需求超负荷或低负荷的情况，经典的闭环 MRP 通常通过报表形式向计划人员报告此情况，但是并不进行能力/负荷的自动平衡，能力负荷的平衡由计划人员完成。

2.5.2 能力需求计划的分类

ERP 系统的能力需求计划分为无限能力需求计划和有限能力需求计划两种，有的 ERP 系统能同时提供两种计划供用户选择。

无限能力需求计划是指在做需求计划时不考虑生产能力的限制，面对各个工作中心的能力和负荷进行计算，形成能力/负荷报告。当负荷>能力时，就要对超负荷的工作中心进行能力/负荷平衡。这种计划实现起来相对简单，是目前多数国内 ERP 系统采用的计划。

有限能力需求计划认为工作中心的能力是有限的，计划的安排应按照一定的规则进行，所以先将能力分配给优先级高的物料；如果负荷已达上限，优先级低的物料将被推迟加工。在这种形式中，能力需求计划和主生产计划通常结合得非常紧密，能力需求计划甚至不需要单独在界面中输出，用户在系统中直接看到的就是调整后的主生产计划，因而用户会感觉不到能力需求计划的存在。

2.5.3 无限能力需求计划的编制

1. 计算方法

考虑能力需求计划的计算方式时，要把物料需求计划的物料需求量转化为负荷时间，即把对物料的需求转换为对能力的需求。工作中心加工物品的负荷计算公式为：负荷=物料产量×标准工时。

编制无限能力需求计划的具体做法是，将物料需求计划各时段内要加工的所有物料通过工艺路线文件得出需要用到的各工作中心的负荷，再与额定能力进行比较，得到按时段划分的工作中心的能力/负荷报告。无限能力需求计划计算模型如表 2-11 所示。

表 2-11 无限能力需求计划计算模型

已下达及执行的主生产计划

周	1	2	3	4	5
物料 A	10		5	10	
物料 B		10	6		5

当前主生产计划（尚未下达及执行）

周	1	2	3	4	5
物料 A	5		10		
物料 B		5		10	

工艺路线

工作中心	物料	能力数据	能力单位
WC01	A	10	件/小时
WC01	B	5	件/小时

工作中心能力数据

工作中心	能力数据	能力单位
WC01	10	件/小时
WC01	5	件/小时

工作中心日历：（略）

工作中心能力/负荷

周	1	2	3	4	5
已下达负荷	100	50	80	100	25
计划负荷	50	25	100	50	
总负荷	150	75	180	150	25
能力	100	100	100	100	100
余/欠能力	−50	25	−80	−50	75
累计余/欠能力	−50	−25	−105	−155	−80

2. 平衡与输出

无限能力需求计划中有两个要素：负荷和能力。解决负荷过小或超负荷问题的方法有 3 种：调整能力、调整负荷、同时调整两者。

调整能力的方法主要有：加班、增加人员和设备、提高工作效率、更改工作路线、增加外协处理。调整负荷的方法主要有：调整生产批量、推迟交货期、撤销订单。

对表 2-11 中的负荷/能力的不平衡问题可以进行如下调整。

① 如果第 1 周需求计划日期不能改变，则调整能力，如加班 50 小时。

② 如果第 3 周需求的物料需求提前到第 2 周加工，则第 3 周需加班 55 小时。

③ 第 4 周的物料推后加工。

无限能力需求计划存在一些问题，系统将市场需求的不均衡不加缓冲地直接加到生产系统上，往往导致生产计划的可行性不好。例如，一周内某个工作日严重超负荷生产，而其他工作日完全不安排生产。虽然无限能力需求计划也强调能力/负荷平衡，但这个过程需要人工不断地调整主生产计划，反复执行主生产计划和能力需求计划进行模拟，最后才能得到可行方案。这一过程非常费时，在生产繁忙、计划周期短、变化频繁的情况下，无限能力需求计划往往很不实用。

2.5.4 先进排程系统

为了克服无限能力需求计划的缺点，后来发展出了有限能力需求计划，并且有限能力需求计划逐渐成为近年来 ERP 系统的发展方向。实现有限能力需求计划的一种形式是先进排程系统（Advanced Planning and Scheduling，APS）。先进排程系统能产生现在与将来的、满足各种规则及需求约束的、可视化的详细计划。先进排程系统产生的计划能对延迟订单进行控制，基于行动管理能力和各种约束进行控制，这些约束包括资源工时、物料、加工顺序、自定义约束条件，它能管理整个资源，更重要的是它能考虑到生产过程中所有的因素，对意外做出快速响应。

1. 先进排程系统的编制方法

常用的先进排程系统的编排方法有顺排法和倒排法两种。

顺排法就是从当前时刻（或计划开始时刻）开始，将各工具计划按时间顺序向后排程。假设现在是 6 月 13 日，我们接到两个订单（C001 和 C002），各订购 100 套方桌，交货期分别为 6 月 16 日和 6 月 17 日。为简单易懂，假定所有设计的采购物料都不短缺，且目前所有工作中心资源均未被占用或被计划。下面采用先进排程系统顺排法安排生产计划，总共分为 12 步。

① 将所有任务按优先级排序形成任务队列。排序时有多种规则可以选用，如可以按完成日期、到达日期、加工时间等进行排序，假设现在按交货期排序，所以任务队列的顺序是 C001—C002。

② 取第一个任务 C001。

③ 计算各工序占用对应工作中心的工作时间的跨度，如表 2-12 所示。

表 2-12 各工序占用对应工作中心的工作时间的跨度

代码	工序名称	工作中心	效率 /（件 / 时）	加工数量 / 件	占用时间 / 小时
1	总装	Shop1	10	100	10
2	加工桌面	Shop4	50	400	8
3	装配桌面	Shop2	10	100	10

续表

代码	工序名称	工作中心	效率 /（件 / 时）	加工数量 / 件	占用时间 / 小时
4	加工面板	Shop3	20	100	5
5	加工面框	Shop4	30	100	3.33

计算公式：占用对应工作中心时间=加工数量/效率

④ 确定关键路径，关键路径图如图 2-15 所示，其余的就是非关键路径。

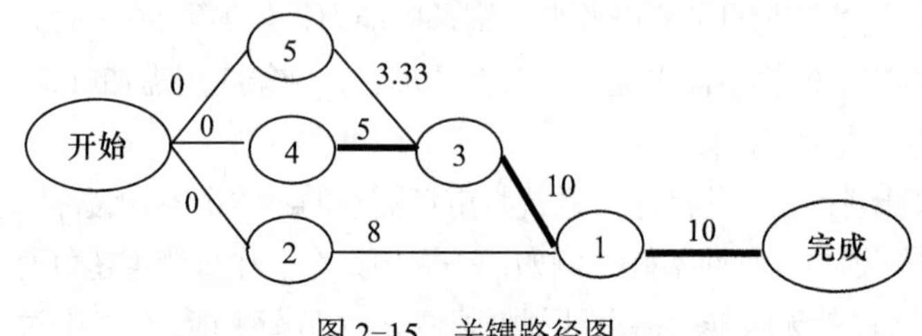

图 2-15　关键路径图

关键路径是 4—3—1，如果路径图的节点很多，求解关键路径会比较麻烦，所幸 ERP 系统会自动完成这项工作。如果有多条关键路径，可以任选一条。如果关键路径之间没有竞争关系，使用不同的工作中心，资源占用情况相同，则选择哪条都一样。如果这些条件都不满足，则选择不同的关键路径会有不同的排程结果，但如果差异不明显也能接受。

⑤ 取第一个关键工序（即 4 号工序），加工面板。

⑥ 确定当前工序最早可开始时间。在顺排法中，工序最早可开始时间就是当前时间，如果所需物料短缺，就应该加上物料的提前期。如果是加工件短缺就加上生产加工提前期，如果是采购件短缺就加上采购提前期。由于 4 号工序不需要加工件，采购件也不短缺，所以最早可开始时间就是当前（6 月 13 日的上午 9 点）。

⑦ 确定资源可用。确定该工序对应的工作中心在这个时段是否可用，目前 Shop3 工作中心空闲，所以可用。

⑧ 确定工序计划开始时间和计划结束时间。如果工作中心空闲，那么工序的计划开始时间和结束时间就是最早开始时间和结束时间；如果工作中心被占用，那么工序的计划开始时间就要往后推。现在 4 号工序的计划开始时间是 6 月 13 日的上午 9 点，计划结束时间是 6 月 13 日的下午 2 点。如果当天结束不了，就推到下个工作日接着算。

⑨ 设置工作中心对应时段的状态为占用。这样其他任务就不能再在这个时段使用这个工作中心。

⑩ 转向紧后关键工序。为关键路径上的紧后关键工序安排时间，这个过程循环进行，直到将当前任务的所有关键工序都安排好。

⑪ 转向非关键工序。关键工序排程结束后，当前任务的时间跨度就确定了，非关键工序的安排在时间上可以有一定的灵活性，即只要在紧前工序结束以后开始、在紧后工序开始以前结束即可，这样就有两种排程方式，分别以前面的两个时间点为限将非关键工序往后排或往前排。我们采取第一种方式，关键工序排程 1 如图 2-16 所示。

⑫ 转向队列中的下个任务。现在转向任务 C002，同样是先安排关键工序，再安排非关键工序，但是注意 4 号工序要使用的工作中心 Shop3 在 6 月 13 日的下午 2 点之前是占用状态，

下午 2 点之后才能开始为 C002 的 4 号工序服务，同理，其他工序使用 Shop2、Shop1 的时间也要推后，关键工序排程 2 如图 2-17 所示。

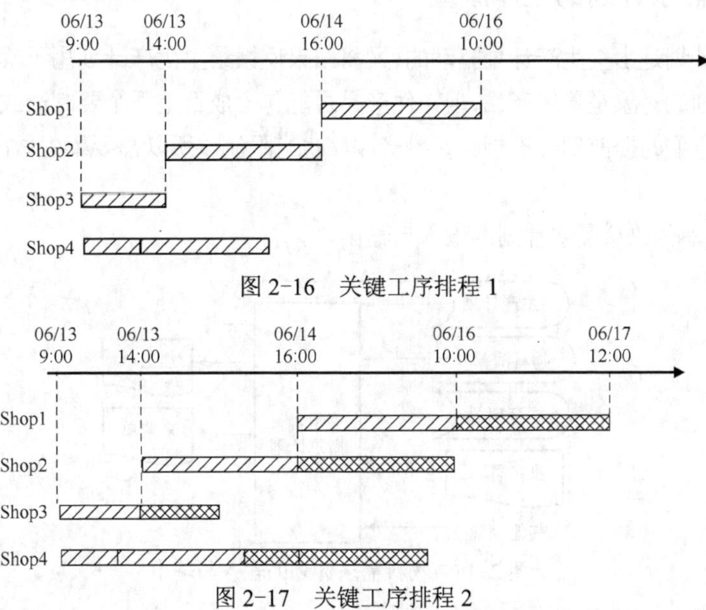

图 2-16　关键工序排程 1

图 2-17　关键工序排程 2

在当前任务的累计提前期不能满足交货期的情况下，顺排法会通过推迟部分或全部工序的加工来解决问题，虽然不希望延迟交货，但是当资源无法满足交货期时只能如此。

以上是顺排法的工作流程，如果采用倒排法则正好相反，从交货期指定的完成时间开始，将各工序计划倒推向前排，如如果任务 C001 的交货期为 6 月 21 日，那么系统会从 6 月 20 日的最后时刻向前排，即 1 号工序的开始时间应该是 6 月 19 日的下午 3 点，3 号工序的开始时间应该是 6 月 18 日的下午 1 点，以此类推。倒排法的特点是，在满足交货期的情况下，工序计划开始时间尽可能推迟，这是为了符合 JIT 思想。但存在一个问题，如果交货期无法满足，会导致某些工序的开始时间排到当前时刻之前，这显然是不可行的。

2. 先进排程系统的特点

与传统的主生产计划、物料需求计划、能力需求计划相比，先进排程系统使系统中闭环的 MRP 发生了一些变化，最显著的就是将主生产计划、粗能力计划、能力需求计划等的处理集成到了一起，因此在流程中就很难区分出明显的能力需求处理过程。

另外，与传统的主生产计划相比，先进排程系统对工作中心、工艺路线中的效率数据的准确性相当敏感，个别数据不准确，会导致某些任务占用工作中心的时间变多或变少，从而影响其他任务的完成，最糟糕的情况是引起连锁反应，影响全盘计划。所以在先进排程系统中要高度重视基础数据的准确性。

2.6　物料需求计划

ERP 的应用就是从物料需求计划逐步扩展开来的。实际上，物料需求计划始终是整个 ERP

的基础和核心，闭环 MRP 的核心，还包括能力需求计划。

2.6.1 物料需求计划的工作原理

物料需求计划是由主生产计划驱动的，又将结果反馈给主生产计划用于确定是否需要调整。

主生产计划的对象是最终产品，但一件产品可能包含成百上千个要制造或外购来的零部件、原材料，而且它们的提前期各不相同，投产顺序也有限制，所以需要事先做出计划，以保证均衡生产。

图 2-18 所示为物料需求计划的输入与输出。

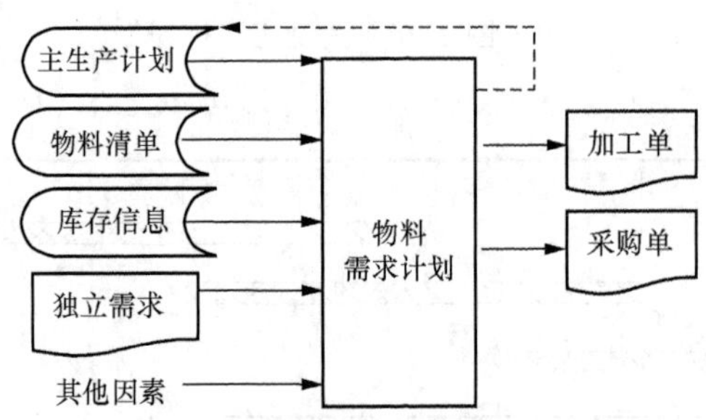

图 2-18 物料需求计划的输入与输出

物料需求计划的计算依据主要有 4 项。

① 要生产什么，生产多少（主生产计划，独立需求）。

② 生产要用到什么（物料清单）。

③ 已经有什么（库存信息、即将到货信息以及即将产出信息）。

④ 其他因素（有些独立需求可能未在主生产计划中体现，如维修件、备件、试验件等）。

物料需求计划的输出结果主要有 2 项。

① 还缺什么，缺多少（据此可生成自制物料的加工单或外购物料的采购单）。

② 这些物料的投入时间如何安排（据此可确定加工单的开工/完工期和采购单的发放/交货期）。

我们以 X 产品为例，将主生产计划展开为物料需求计划，假设生产 1 件 X 产品需要用到 1 个 A 物料，生产 1 个 A 物料需要用到 2 个 C 物料，生产 1 个 C 物料要用到 1 个 O 物料，X 产品、A 物料、C 物料的提前期为 1 个时段，O 物料的提前期为 2 个时段；X 产品、A 物料、C 物料的批量规则采用直接批量，O 物料采用倍数批量，批量基数为 40。

物料需求计划是将主生产计划根据物料清单逐层展开的，每一层物料的需求输出（即计划投入量）作为下一层物料的毛需求量的输入，层内计算方法和主生产计划相同。实际上，物料需求计划中的每一层都相当于一个完整的主生产计划。如果在物料清单中设置了物料的损耗率，那么对应物料的毛需求量还应加上相应的损耗。因此，X 产品的物料需求计划的展开模型如图 2-19 所示。

计算机进行推算的过程具体如下。从物料清单中的 0 层开始逐层进行，在层内首先将本层所有物料按一定规则排序，然后依次处理，对每个子件按照“毛需求量=母件计划产量×子件用量”进行计算，0 层的物料由于没有母件，其毛需求量就是订单需求量及其他独立需求量。这里存在一个问题，有的物料不是只出现在一个物料清单中，即使在同一个物料清单中，有的物料也会多次出现，所以其会被多次计算。要将多次计算的结果进行合并也不容易。为了解决这个问题，需要引进低层码的概念。低层码指的是物料在物料清单中的层数，如果在多层上出现以最低层为准（即层数的最大值），这个数值一般存放在每个物料的主文件中。现在计算物料需求计划的流程和前面相比有一点变动，在物料清单中多次出现的物料归属到最低层（而不是像之前那样位于多个层次就计算多次），而且我们分别根据不同的母件计算其用量，再根据时段进行汇总。

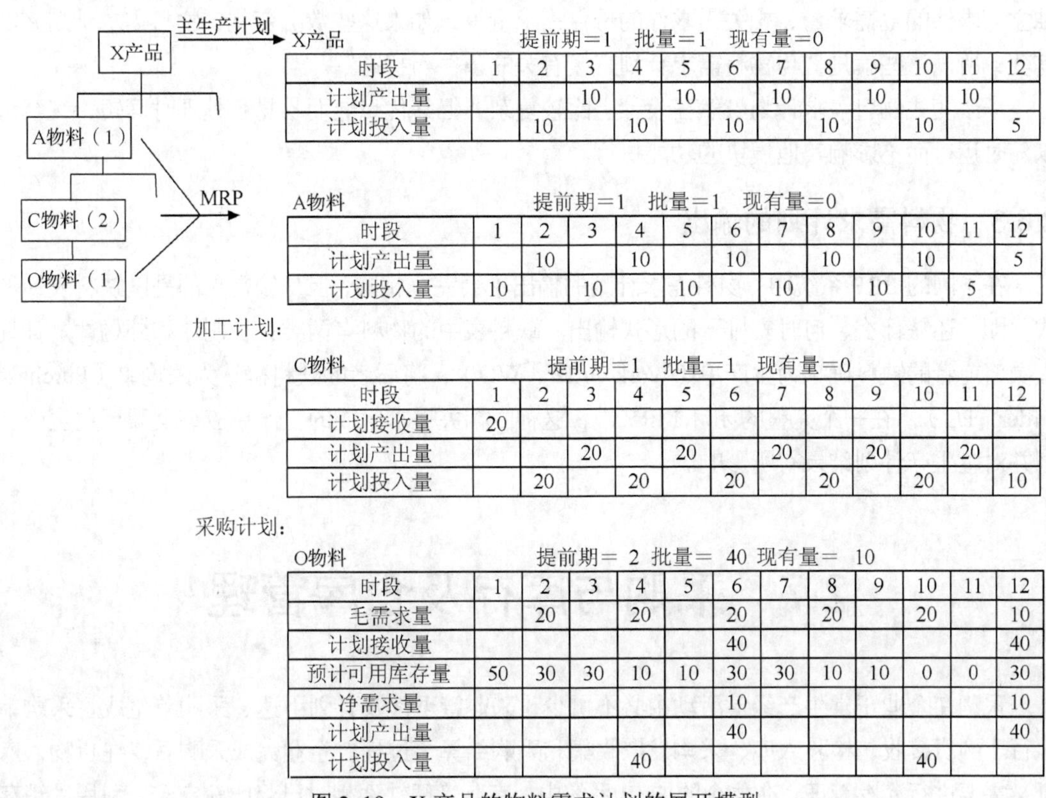

X产品　提前期＝1　批量＝1　现有量＝0

时段	1	2	3	4	5	6	7	8	9	10	11	12
计划产出量			10		10		10		10		10	
计划投入量		10		10		10		10		10		5

A物料　提前期＝1　批量＝1　现有量＝0

时段	1	2	3	4	5	6	7	8	9	10	11	12
计划产出量		10		10		10		10		10		5
计划投入量	10		10		10		10		10		5	

加工计划:

C物料　提前期＝1　批量＝1　现有量＝0

时段	1	2	3	4	5	6	7	8	9	10	11	12
计划接收量	20											
计划产出量			20		20		20		20		20	
计划投入量		20		20		20		20		20		10

采购计划:

O物料　提前期＝ 2 批量＝ 40 现有量＝ 10

时段	1	2	3	4	5	6	7	8	9	10	11	12
毛需求量		20		20		20		20		20		10
计划接收量						40						40
预计可用库存量	50	30	30	10	10	30	30	10	10	0	0	30
净需求量						10						10
计划产出量						40						40
计划投入量				40						40		

图 2-19　X 产品的物料需求计划的展开模型

2.6.2　物料需求计划的生成方式

物料需求计划有两种生成方式：再生式和净改变式。有的 ERP 系统同时提供这两种方式，供用户选择。

1. 再生式物料需求计划

再生式物料需求计划生成后会对库存信息重新计算,并覆盖原来计算的物料需求计划数据,生成全新的物料需求计划。由于企业物料一般比较多，运行一次再生式物料需求计划耗时太长，所以再生式物料需求计划一般是周期运行的，如每周一次。但由于 ERP 系统生成全新的物料需求计划相对简单，很多企业都采取这种方式。

2. 净改变式物料需求计划

在现代制造业中，内外环境变化很快，所以物料需求计划的周期应该缩短。再生式物料需求计划会对所有物料的需求都重新计算，从时间上来看是不经济的。实际上，企业在一段时间内通常只有一小部分物料的条件或状态（如主生产计划、工艺路线、库存等）会发生改变，所以在进行物料需求计划运算时，只要针对这部分物料进行重算就可以了，这就是净改变式物料需求计划。

使用净改变式物料需求计划要求在每次运行物料需求计划之后，要记录所有物料此时与物料需求计划直接有关的条件与状态。如果这些条件或状态发生变化，表示物料需求计划必定会发生变化。那么哪些是“与物料需求计划直接有关的条件与状态”呢？物料需求计划计算时用到的输入数据包括当前可用库存量、安全库存量、提前期、批量规则、批量、相对母件用量、独立需求件的毛需求量、相关需求件的母件需求量等，如果这些数据变化，物料需求计划必定有变，所以这些就是“与物料需求计划直接有关的条件与状态”。

净改变式物料需求计划虽然在设计上比较复杂，但其优点显而易见：处理时间短，甚至可以随时运行而不影响其他模块的功能执行。

2.6.3 物料需求计划的输出

在不同的 ERP 系统中，物料需求计划的输出不会完全相同，但是较常见的是以缺料表的形式，即“还缺什么、何时安排”的形式输出。缺料表中的物料有两类：自制件和外构件。计划人员将前者的缺料确认为生产单（Work Order，WO），将后者的缺料确认为采购单（Purchase Order，PO）。在一个完整的闭环 MRP 中，这种由相关需求组成的生产单应该反馈至主生产计划并对主生产计划结果有所影响。

2.7 采购与库存及仓库管理

采购在企业正常生产经营活动中必不可少，采购管理涉及计划下达、采购单生成、采购单执行、到货接收、检验入库、采购发票收集和采购结算全过程。企业完成采购后，在货物入库时又需要进行库存管理。在如今的 ERP 系统中，库存管理软件相对已经比较完善，利用进销存系统可对货物进行管理。而仓库管理不仅是对货物的常规库存管理，更重要的还是对仓库和配送中心全资源的调控，通过整合资源，达到仓储布局最优化的目的。

2.7.1 采购管理

采购管理是 ERP 系统中基于物料需求计划，与财务管理、库存管理进行的系统集成。采购管理对于企业来说具有重要的作用和意义，一是保证生产活动的正常进行，只有及时采购物料，生产系统才能够平稳有序进行；二是在保证产品质量的前提下，只有采购到合格的物料才可能生产出合格的产品；三是控制成本，原材料成本一般占产品成本的 30%～80%，有的比例甚至更高，采购的价格会直接影响产品的成本。采购过量或过早将会造成库存积压，这就意味着库存成本的增加和资金占用的增加。因此采购管理是一项重要的基础性工作。

1．招标与供应商管理

招标是企业采购的重要形式，企业应建立公平的、具有竞争性的、性价比高的采购机制。

ERP 系统中建立了供应商数据库，其中录入了供应商名称、物料名称、供应商资质星级、供应商商业信誉等信息。ERP 系统中还设置了若干招标文件模板，当企业有物料需求时，通过信息平台、采购渠道向供应商发送招标文件。系统能够自动接收供应商的报价，提供基于 ERP 系统的专家议标、评标，还能自动制作中标通知书并发布。

2. 采购业务的作业程序

（1）接受物料需求或采购指示

物料需求的主要部分来自生产计划的需求，采购部门必须按照生产部门对物料规格、数量、时间和质量等的要求采购物料。如果是外协加工的物料，要由生产技术部门或生产部门和采购部门共同协商确定物料需求，但主要还是由采购部门确定外加工的方案，因为采购部门对市场的加工能力、供应情况更加了解。此外，物料需求中有部分不是来自生产部门，而是来自库存部门，如采用库存控制订货点法控制物料，其库存量降到一定水平（订货点）之下时，库存部门就会提出采购请求。

（2）选择供应商

供应商位于企业供需链的供应端，所以供应商资源也是企业的资源之一。采购部门掌握的供应商越多，企业的供应来源就越丰富。由于供应商的数量和质量是两回事，尤其在 JIT 生产方式下，企业就更要求供应商在需要的时刻按照需要的数量提供优质的产品，从而让合作关系更稳定、更可靠。在考虑选择供应商的时候一般有 3 个考察要素：价格、质量、交货期。

传统企业与供应商之间是一种短期、松散、互为竞争对手的关系，这种关系容易导致价格波动、质量不稳定、供货期不可靠等现象出现。现代的管理思想已经趋向于建立企业与供应商之间的合作伙伴关系，把建立和发展与供应商的关系作为企业经营战略的重要部分。企业应与供应商共同分析成本与质量因素，并向供应商提供技术支持。在 ISO9000 质量保证与管理体系中，企业必须对供应商进行评估，并向供应商提出全面的质量与技术要求，帮助供应商进行质量改善。

但是企业对供应商过度依赖容易产生供应商缺乏竞争力的现象，从而会增加企业风险。因此一般企业对每种物料至少应确定两家供应商，同时根据自身特点和企业环境制定合作策略。

（3）下达订单

企业根据物料需求计划制订采购计划之后，就可以根据采购计划选择供应商、下达采购订单。采购人员要把对物料的质量、数量、交货时间的要求明确地下达给供应商。虽然企业的质量管理人员、技术人员、生产人员、计划人员都会对采购工作给予支持，但是采购人员还是应当熟悉与企业所需材料相关的技术要求和制造工艺知识，同时具有采购方面的专业知识。

（4）业务跟踪

采购订单发出后，为了保证订单按期、按质、按量交货，采购人员应当对采购订单进行跟踪检查，控制采购进度。采购工作周期是从业务洽谈开始至采购合同签订结束的时间段。实际采购过程中，企业各个部门的工作都需要与采购工作相协调，采购人员需要及早介入销售阶段，了解可能形成的订单的情况，及时做好采购业务洽谈的准备工作。在采购合同签订后，采购人员也需要及时跟踪供应商物料准备、装货、发运、质检、商检、物流、验收、入库、付货款等一系列工作过程。因此，ERP 系统的订单管理功能中要具有供采购人员查询的功能；采购管理系统中也要跟踪上述流程的管理功能。

（5）验收货物

供应商交货之后，采购部门要协助库存部门与检验部门对交付的货物进行验收，按需收货，不能延期也不能提前，以平衡库存。

另外，采购管理中的费用管理包括了人工成本（采购人员工资、福利、奖励等）、管理费（办公费、差旅费、通信费、业务招待费等），因此在 ERP 系统中，采购管理系统功能里需要设置费用管理明细，与财务系统衔接，这样既便于采购部门控制费用开支，又便于财务部门及时进行成本核算。

3. 货款与费用管理

完成货款的支付工作是采购管理的收尾工作。货款支付的依据是合同条款，一般分为预付款（或叫作订金）、分批次款项、尾款，与之相对应的是物料交付的进度。ERP 系统中具有每一份采购合同的付款明细、到货明细的数据。办理付款的是财务部门，而发出付款指令的是采购部门，当采购部门接到库存部门验货入库的信息后，会依据付款合同给财务部门下达付款指令。

4. 采购管理子系统与其他业务子系统的关系

采购管理子系统和物料需求计划、库存、应付账管理、成本管理等子系统关系密切，它们之间的交互内容如下。

① 由物料需求计划、库存管理的需求产生采购需求（请购）信息。

② 货物验收后直接按分配的库位自动入库。

③ 物料的采购成本计算和账款结算工作由成本与应付账子系统完成。

采购管理子系统与其他业务子系统的关系如图 2-20 所示。

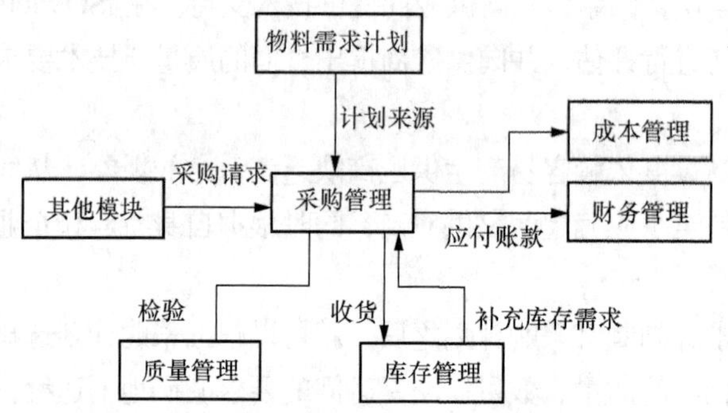

图 2-20　采购管理子系统与其他业务子系统的关系

2.7.2　库存管理

美国生产与库存控制学会对于库存的定义是“以支持生产、维护、操作和客户服务为目的而存储的各种物料，包括原材料、在制品、维修件、生产消耗、成品、备件等”。库存管理工作包括物料的存储、收发、使用、计划与控制等。库存管理包含两大块业务：一是采购物料入库与出库管理；二是在制品、成品的入库与出库管理，有的企业还包括次品、废品的出入库管理。本节主要讲述采购物料的入库与出库管理。

1. 入库管理

采购订单的来料入库过程包括根据采购订单接受物料、安排检验、办理入库手续、开入库单（收货单）、分配材料库存货位，同时还要监督来料是否与订单相符。有些 ERP 系统将来料收货、入库并入采购子系统，并由采购部门负责收料。

其他情况下的来料收货、入库的处理流程与采购订单来料收货、入库不同，因为这类材料入库不需要采购订单，经过检验合格后就可以安排入库。

不管哪类来料入库都要进行验货，主要是检查其数量和质量。库存部门依据权威部门的检测报告、计量报告验货；检验通过后根据 ERP 系统事先设置的货位存放。

入库业务还包括生产完工入库、生产剩余物料入库与销售退货入库，分别按照不同的流程处理，各种入库方式都可以通过自定义来实现。完工的产品有成品与半成品，完工入库后要计算生产成本，数据转入财务管理子系统；销售退货有不同的处理方式，如扣减货款、换货等处理，相关数据转入财务管理子系统。

ERP 系统的入库管理功能与采购管理、财务管理具有很好的集成性，采购或财务等人员将验收单或购货发票录入后，ERP 系统会自动产生记账凭证（记入材料采购、应收款、库存材料科目等）。

2. 出库管理

依据物料需求计划清单，生产单位发出的请领需求经过计划管理部门人员的审核同意后，ERP 系统自动通知库房管理员发货。

物料出库有生产领料、非生产领料、销售提货等形式。生产领料按车间订单与分工序用料，并根据物料清单与工艺路线自动生成工序领料单。非生产领料有多种形式，企业可以在系统中自由定义。销售提货按销售订单或合同生成出货单据，并自动生成销售订单与合同的出货单。生成的出货单可以追溯相应资料，如单据、订单、生产加工单、原材料信息等。这些过程都可以给财务管理子系统传递相关数据并生成财务记账凭证。

有些情况下还会涉及特殊物料发料，如印刷企业的纸张，这个过程涉及物料的发料排版及余料管理等功能，属于行业性的特殊要求。如果库存管理子系统中没有提供相应的功能，就要考虑软件的二次开发。

3. 库存管理的作用

库存管理是企业物料管理的核心，是指企业为了生产、销售等经营管理的需要而对计划存储、流通的有关物品进行相应的管理，如对存储的物品进行接收、发放、存储保管等一系列的管理活动。库存管理主要有以下 4 个作用。

（1）维持销售产品的稳定

对于销售预测型企业来说，因为企业预先并不知道市场的确切需求，只是按照对市场需求的预测进行生产，所以企业必须保持一定数量的库存，其目的是应对市场的变化。但随着供应链管理的形成，这种库存会逐渐减少或消失。

（2）维持生产的稳定

当企业按照销售订单、销售预测安排生产计划，并制订采购计划，下达采购订单时，由于采购物料存在提前期，这个提前期是在统计数据或供应商生产稳定的前提下制订的，实际存在一定的风险，企业可能会延迟交货，影响正常生产。为了降低这种风险，企业就会增加原材料的库存。

（3）平衡企业物流

在企业采购原材料、生产用料、在制品、销售产品的环节中，平衡库存起着重要的作用。

企业对采购的原材料会根据自身的库存能力，协调来料入库；同时针对生产部门的领料情况考虑库存能力、生产线物流情况来平衡物料发放，并协调在制品的库存管理；另外，对销售产品的库存也视情况协调各分支仓库的调度与出货速度。

（4）平衡流通资金的占用

由于原材料、在制品、成品的库存是占用企业流通资金的主要内容，企业对库存量的控制实际上也是进行流通资金的平衡。例如，加大订货批量以降低企业的订货费用，保持一定量的在制品库存与原材料库来减少生产交换次数，但这些都需要寻找最佳控制点。

这些是库存管理有益的一面，但客观地说，任何企业都不希望存在任何形式的库存，无论是原材料库存、在制品库存还是成品库存，企业会想方设法降低库存。库存主要有以下 3 个弊端。

① 占用大量资金。

② 增加产品成本与管理成本。库存材料的成本是计入产品成本的，而库存设备、管理人员的成本属于企业的管理成本。

③ 掩盖众多管理问题。计划不周、采购不力、生产不均衡、产品质量不稳定、销售不力等问题都会被库存管理所掩盖。

库存管理系统在功能上与财务管理系统集成度高。验收入库后，库存管理系统就会自动通知财务管理系统进行库存物资的账务处理；出库后，库存管理系统也会自动通知财务管理系统进行账务处理、实施成本核算。ERP 系统自动实现了财务账数据与库存账数据的同步，省去了人工对账等琐碎之事。

4. 库存管理子系统与其他业务子系统的关系

库存管理子系统通过对库存物料的入库、出库、移动、盘点等操作，对库存物料进行全面的控制和管理，帮助企业的仓库管理人员管理库存物料。库存管理子系统从级别、类别、货位、批次、单件、ABC 分类等不同角度来管理库存物料的数量、成本、资金占用情况，以便企业可以及时了解和控制库存业务各方面的准确数据。库存管理子系统与采购管理、销售管理、成本管理、总账管理等子系统之间有密切的关系。库存管理子系统与其他业务子系统的关系如图 2-21 所示。

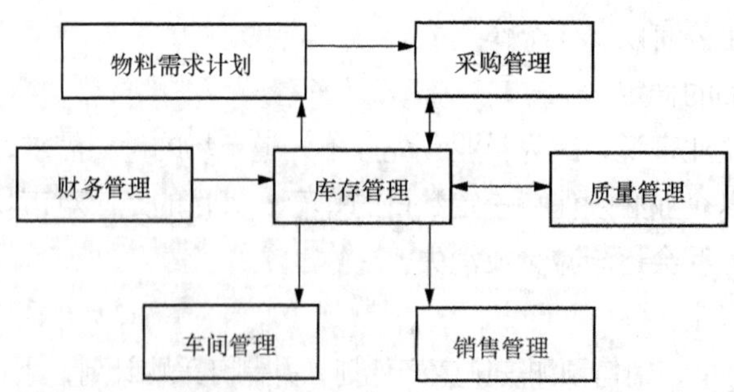

图 2-21 库存管理子系统与其他业务子系统的关系

2.7.3 仓库管理

根据生产规模、产品特点的不同，有的企业将仓库管理的功能纳入库存管理，也有企业将仓库管理的功能设置为一个独立的模块。本书将仓库管理作为一个独立的模块进行阐述。

ERP 系统涉及的仓库管理一般有以下 3 个方面的内容。

1. *物料移动*

物料的移动是指库存之间（即同一法人单位内部，如分厂之间、分公司之间）的物料调拨。移动物料可以要求（如长途运输后）或不要求检验，通过系统参数来控制，并且可以根据系统参数要求生成凭证（如果财务的材料明细账中还分仓库核算）。

2. *库存盘点*

企业进行库存管理不仅要关注物料的保管状态,还要适时地通过盘库工作核查物料的数量。因为在日常的物料出入库、移库工作中会遇到一些物料的毁损、污染、遗失，甚至多发少发或多收少收等现象，也要防止被盗、私拿私用等状况的发生，所以要进行定期或不定期的库存盘点工作。库存盘点是对库存物料进行清查，是对每一种库存物料进行数量清点、质量检查、盘点登记表的库存管理过程，目的主要是清查库存实物与账面数量是否相符、库存的质量状态。

库存盘点中，实物数量与账面数量有出入的，要调整账面数量，并且按照相应的管理处理流程进行处理。每种库存物料都应设立相应的盘点周期，并通过系统自动输出到期应该盘点的物料。盘点方法一般有冻结盘点法和循环盘点法两种，前者要求盘点物料时停止物料入库出库操作，后者允许盘点物料时进行物料入库出库操作。在 ERP 系统中，对于盘盈，企业视作物料入库处理；对于盘亏，视作物料出库处理。但无论盘盈盘亏，企业都要进行原因分析并记录在案，必须将盘盈盘亏数量控制在规定的范围以内。

有些企业针对物料价值还设立了 ABC 库存管理法，即将价值大或在生产中起关键作用的物料视作 A 类，进行重点管理；将价值次大的物料视作 B 类，进行次重点管理；将其余的物料视作 C 类，进行一般管理。针对不同的管理类别，ERP 系统会及时提醒管理人员做相应的检查、维护工作。

3. *库存物料管理信息分析*

库存物料管理信息分析是指从各种角度对库存物料信息进行分析，如日常的物料进、出、存的业务数据分析，物料占用资金分析，物料来源和去向分析，物料分类构成分析等。可以分析各种库存管理指标，分析结果对于企业的库存管理和其他管理工作有监督促进作用。

2.8 车间生产管理

车间生产管理是对生产车间生产活动的计划、组织和监控，是和车间生产有关的各项管理工作的总称。企业不仅要重视车间现场的管理，更要注重车间内部流程的优化，以改善生产秩序和作业环境，保证安全生产，使车间达到环境整洁、区域明确、工作高效的现代企业文明生产要求。

2.8.1 任务单的执行

车间是企业行政管理的基础单位，是完成各项生产任务的具体单位，在 ERP 系统的计划层次中属于执行层和控制层。ERP 系统从主生产计划到物料需求计划发出的指令都是在车间这一层次完成的，车间管理的结果，决定了生产加工任务能否“按时、按质、按量”低成本地完成。车间是行政管理与考核的单位，企业关注的是生产数量、质量、成本、安全与环保以及员工组织等情况，而工作中心注重的是生产计划的执行能力。有时两者关注的是同一被管理对象，只不过其在 ERP 系统中所处的业务流程不同。

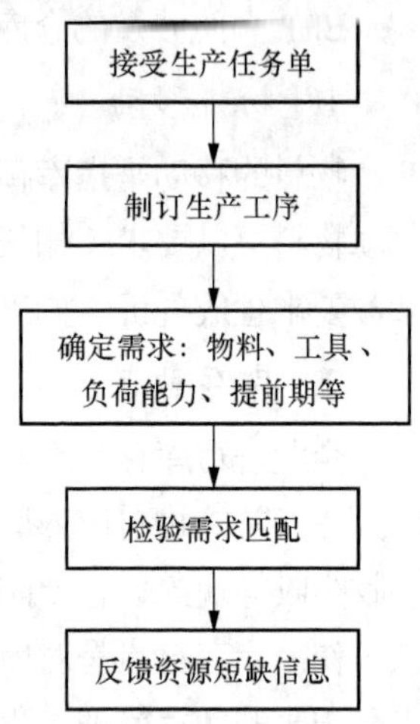

图 2-22 车间任务确认流程

车间接受物料需求计划下达的任务单，匹配完成该任务所需的工作中心、物料或零部件、工具等资源。如果车间当前的资源无法完成任务，必须在规定时间内采取措施。车间任务确认流程如图 2-22 所示。

在车间接到任务并准备完毕后，ERP 系统将自动制订任务工序，有时还要安排工序的优先级，并且动态地反映待加工量、在产量和已完工量。

对于离散型企业，有可能生产场地范围很大，现场也没有信息化使用终端（ERP 客户工作站），那么任务指令的传达就要依靠生产工单（也称生产工票），由车间管理人员在 ERP 客户工作站上打印下发。各个企业的生产特点不同，其生产工单对应的任务可以是一个工序或多个工序。由于智能通信设备的广泛应用，生产工票可以直接由无线信号传送，增强了生产管理的实时性。例如，现在很多快递公司的业务员都配有智能手持读写器，实时扫描每一环节的快件流转信息，寄件客户、收件客户和快递公司管理人员能够及时了解快件的运输状态。

2.8.2 投入与产出控制

车间生产管理的投入与产出控制在 ERP 系统中属于执行层，其特点是只能执行计划而不能改变计划，因此要求派工单的完成进度（数量、质量）等不能偏离主生产计划或物料需求计划。产出控制的任务是，如果出现了偏离则需要及时采取措施纠偏，如果实在无法调整到正常生产状态，则必须立即将信息反馈给上级管理部门处理。

车间实现投入与产出控制的方法有很多，ERP 系统往往采取的方法是平行顺序作业、加工单拆分、调整或改变工序（工艺流程）、减少排队（等待、内部传送）时间等。有时将多种方法协调使用，能得到更加明显的效果。

2.8.3 车间绩效考核

从车间绩效考核中可以看出每个车间的投入与产出的效益之比，发现企业成本中心的重要组成部分，并对其进行重点管理、优化资源配置，力求将每个车间打造成利润中心。

ERP 系统收集每个车间的投入、产出数据，根据企业内部核算方法，自动计算出每个车间的绩效。车间绩效考核的具体指标因企业的不同而不同，一般关注的要素如下。

① 单位时间内的产出，即生产效率。

② 质量，即合格率、优质率、废品率和次品率。

③ 安全与环保，即因非计划停产、安全事故、环保事故等造成的损失量。

2.8.4 车间数据的基础作用

车间是企业的前沿阵地，是价值实现的现场，车间管理水平充分反映了企业的管理水平。车间处于 ERP 系统中的执行层，简单地说，订单完成的过程都需要通过车间反映出来。无论是静态的物料编码信息，还是动态的物料需求计划信息，都是通过车间管理反映的数据，具有较强的基础性。

车间管理中涉及的对象有：生产所需物料、在产品、生产数量、生产过程、生产周期、负荷与能力、成本消耗、内部利润、员工配置等。与 ERP 系统密切关联的功能有：主生产计划、物料需求计划、物料清单、工作中心（包括关键工作中心）、工艺路线、库存与物流、提前期、工作日历等。

2.9 财务管理

财务管理（Financial Management，FM）是对会计工作、活动的统称。现代会计学把企业会计分为财务会计（Financial Accounting，FA）与管理会计（Management Accounting，MA）。主要为企业外部提供财务信息的会计业务称为财务会计，主要为企业内部各级管理人员提供财务信息的会计业务称为管理会计。财务管理是基于企业再生产过程中客观存在的财务活动和财务关系产生的。根据再生产过程中的资金运动，财务管理的内容包括固定资金管理、流动资金管理、产品成本管理、销售收入管理、纯收入和财务支出管理等。

无论是在 MRPⅡ阶段还是 ERP 阶段，财务管理始终是其核心的模块和功能。财务管理的对象是企业资金流。ERP 系统的财务管理是集成的财务管理，它集成了采购管理、销售管理、库存管理、生产管理、设备管理、工程管理、质量管理等所有与企业有关的财务活动，所以和单一的财务管理相比，它具有集成度高、信息处理及时等优点。如果信息集成做得好，企业财务管理中 70%以上的凭证是可以通过系统自动生成的。

本节将对财务管理系统的应收/应付账管理、工资管理、固定资产管理、货币资金管理等主要模块进行介绍。

2.9.1 会计业务

会计的日常工作主要是会计核算、会计监督、财务计划与预算。会计业务具体分为以下 3 类。

1. 制作凭证

企业对每项经济业务都要取得或填制原始凭证，审核无误后填写凭证分录，编制记账凭证，一段时间后将凭证归类装订成册以备检查。财务管理涉及的凭证一般包括收款凭证、付款凭证、转账凭证。

2. 根据凭证记账

企业按规定设置总账、明细账、日记账，根据审核无误的会计凭证及时登记入账。企业的账务有对内与对外两类，对内的有资产、成本、工资、材料、利润等，对外的有往来账、银行账等。往来账是指企业与往来户（客户、供应商）之间发生的应收款、预收款、应付款、预付款等往来业务的账务处理。往来业务量一般比较大，应收款方面经常发生客户拖欠货款的现象，应付款方面对账很复杂，所以企业通常为往来户单独设立账户记录应收/应付款项。银行账则要计算每天的收入、支出并结出余额，另外企业要将银行发来的对账单和自己记录的银行日记账进行核对，并制作未达账调节表。

3. 财务报表、财务分析

企业在每个核算期末制作报表，上报上级单位和财政税务部门。各类财务报表（三大报表分别是资产负债表、利润表、财务状况变动表）从不同角度反映企业的经营和财务状况，及时为企业领导提供相关的财务数据信息，如资金使用情况、企业盈利情况、资金运转情况等。财务分析工作能够汇总各类财务信息，使企业通过分类整理和系统分析可以看出企业财务活动及经营活动中存在的问题。

2.9.2 会计核算流程

企业在生产经营过程中的会计核算流程是不断循环的，包括以下 6 个步骤，如图 2-23 所示。

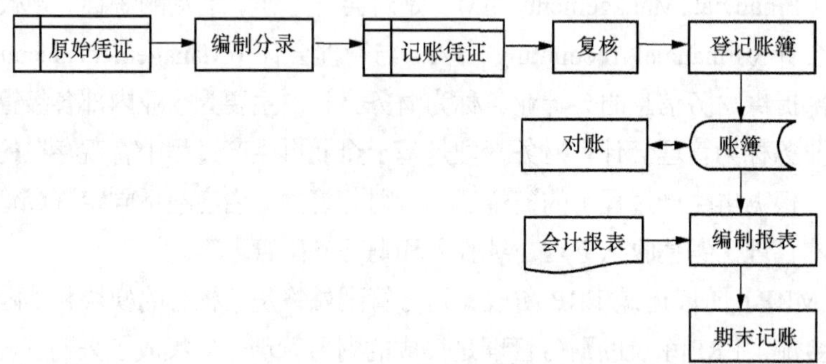

图 2-23 会计核算流程

① 编制分录：根据审核合格的原始凭证，确定贷方账户和金额，然后制作记账凭证；编制分录可以根据一张原始凭证编制，也可以根据若干张同类原始凭证汇总编制。

② 复核：记账凭证经过复核才能作为登记账簿的依据，分别归入总分类账、明细账、日记账，涉及现金和银行存款的要出纳签字确认。

③ 登记账簿：根据记账凭证中的借贷方账户和金额登记日记账、明细分类账及总分类账，遵循权责发生制的原则，调整有关账户的经济业务，处理会计期间需要递延或预记的收入和费用账目。

④ 对账：为了保证账簿记录和会计报表的数据真实可靠，登记账簿后要进行账簿与实物的核对、账簿与账簿之间的核对、账簿与凭证的核对，做到账户试算平衡。试算平衡的计算公式如下。

本期借方发生额合计=本期贷方发生额合计

本期借方余额合计=本期贷方余额合计

期初余额+本期借方发生额-本期贷方发生额=本期余额

⑤ 编制报表：根据登账后的账户余额及本期发生额等编制资产负债表、利润表、现金流量表等会计报表。

⑥ 期末记账：一个会计期间结束时，进行账目结算，结束有关账户。

2.9.3 账务处理

常规的人工记账流程如图 2-24 所示。

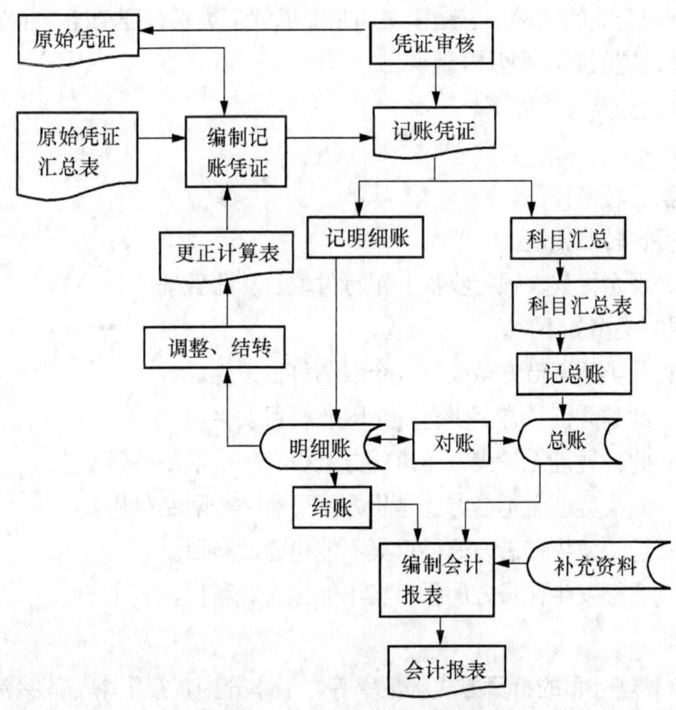

图 2-24 人工记账流程

1. 总账科目维护

会计科目是分门别类地核算会计对象具体内容所规定的项目，科目设置的层次深度影响会计核算的详细度和准确程度。

会计科目是根据会计对象的具体内容来分类的。一般在行政事业单位中，会计科目分为资产、负债、净资产、收入、支出 5 类；在企业单位中，会计科目分为资产、负债、所有者权益、成本、损益 5 类。会计科目通常采用群码的编码方式，即将会计科目分成若干段，每段有固定的位数，第一段表示一级科目代码，第二段表示二级明细科目代码，以此类推。例如，4-2-2 结构就是一种常见的科目代码结构，表示一级科目代码 4 位（最多可以设置 9999 个一级科目），二级科目代码 2 位（最多可以设置 99 个二级科目），三级科目代码 2 位（最多可以设置 99 个三级科目），4-2-2 结构的科目代码示例如表 2-13 所示。

表 2-13 4-2-2 结构的科目代码示例

科目代码	科目名称
1211	原材料
121101	原材料-黑色金属
12110101	原材料-黑色金属-A 材料
12110102	原材料-黑色金属-B 材料
121102	原材料-有色金属

设置科目代码时要注意代码的可扩展性，以保证在一定时期内不改变已有科目代码的情况下能顺利增加新科目代码。新增会计科目时需要设置的项目有：科目编码、科目名称、科目类别、账页格式、外币核算、数量核算、辅助核算、受控系统、科目性质等。

2. 凭证类别管理

为了能适应不同企业的需求，总账模块通常提供凭证类别管理功能，企业可以按照需要对凭证进行分类，并设置限制类型及限制科目。

记账凭证常用的分类方式如下。

① 记账凭证。

② 收款、付款、转账凭证。

③ 现金、银行、转账凭证。

④ 现金收款、现金付款、银行收款、银行付款、转账凭证。

凭证分类的限制类型如下。

① 借方必有：此类凭证借方至少有一个限制科目发生。

② 贷方必有：此类凭证贷方至少有一个限制科目发生。

③ 凭证必有：此类凭证无论借方还是贷方至少有一个限制科目发生。

④ 凭证必无：此类凭证无论借方还是贷方不可有一个限制科目发生。

⑤ 借方必无：金额发生在借方的科目集不能包含此科目。

⑥ 贷方必无：金额发生在贷方的科目集不能包含此科目。

3. 币别管理

币别管理用于管理外币的折算方式、汇率等。汇率分为直接汇率与间接汇率两种，折算公式如下。

外币×直接汇率=本位币

外币÷间接汇率=本位币

4. 辅助核算的管理

辅助核算是为了满足内部管理的要求，在原有科目核算的基础上增设的核算方式，即对同一笔经济业务在按科目分类核算的同时，又按部门、员工、客户、项目的一项或多项分类进行核算，目前多数 ERP 系统只能同时进行两项辅助核算。例如，为了反映各部门的收入费用结余情况可使用部门核算，为了反映职员个人借还余情况可使用个人往来账核算，为了反映与客户和供应商的收支结余情况可使用往来核算，为了反映特定项目收支结余情况可使用项目核算。

（1）部门核算

使用部门核算主要为了考核部门费用收支的发生情况，及时地反映和控制部门费用的支出，对各部门的收支情况加以比较，便于进行部门考核。部门核算提供各级部门总账、明细账的查询功能，及对部门收入与费用进行收支分析。

（2）个人往来账核算

个人往来账核算主要进行个人借款、还款管理工作，及时控制个人借款，完成清欠工作，提供个人借款明细账、催款单、余额表、账龄分析报告及自动清理已清账等功能。

（3）往来核算

往来核算主要进行客户和供应商往来款项的发生、清欠等管理工作，及时掌握往来款项的最新情况，提供往来款的总账、明细账、催款单、往来账清理、账龄分析报告的查询等功能。

（4）项目核算

项目核算主要用于生产成本、在建工程等业务的核算，以项目为中心为企业提供各项目的成本、费用、收入等汇总与明细情况及项目计划执行报告等；也可用于核算科研课题、专项工程、产成品成本、旅游团队、合同、订单等，提供项目总账、明细账及项目统计表的查询功能。

5. 科目余额维护

期初科目余额维护在输入期初余额或者结转年初余额时使用。如果系统中已有上年的数据，就可以使用结转上年余额的功能，将上年度各账户余额自动结转到本年度。

6. 制作凭证

制作凭证的方法有多种，较常见的是在总账模块手工填制记账凭证，此外还能使用常用凭证、机转凭证来录入。

常用凭证指的是将常用的凭证格式存储起来作为凭证模板，调用后修改即可完成录入。

机转凭证是指当企业每月把收入和成本结转到本年利润，或在年终把收入支出结转到本年结余时，通过编制转账公式来处理其他业务子系统发生的经济业务。自动转账模块包括定义转账分录、生成转账凭证、获取内外数据等功能（先定义所有的凭证要素值，然后根据定义的公式从历史凭证文件或其他文件中提取数据并计算，生成机制凭证；也能从其他系统中获取数据实现自动转账）。自动转账模块获取数据的途径包括内部转账和外部转账。内部转账是通过账务处理系统来获取数据的，总账模块的账户余额是生成内部转账凭证的主要数据，因此内部转账只能在月末进行，且所有凭证必须记账后再结转。外部转账主要是通过账务处理子系统及其他子系统获取数据的，有两种处理方式，一种是由各有关子系统直接编制记账凭证供账务处理子系统调用，另一种是由各子系统对各自的数据进行分类统计后统一汇集到转账模块生成机制凭证。

7. 凭证审核

只有凭证审核无误系统才能进行记账，凭证的审核人和制单人不能是同一人，取消审核的操作只能由审核人进行。凭证审核方式有两种，一种是静态屏幕审核方式（人工方式），即系统将未审核的凭证显示在屏幕上，审核人进行目测检查，这种方式效率较低；另一种是二次输入审核方式（自动方式），即将同一批记账凭证再次输入，由计算机对比两次输入结果是否相同，从而得知是否存在输入错误，这种方式效率高，但重复输入很费时。

因为两种审核方式都有不足之处，所以一些企业仍然采用手工记账时的审核方式，即审核打印出来的记账凭证，到月末需要记账时才在系统里进行批次审核，完成凭证审核的动作。

8. 记账、对账、试算平衡

记账就是将审核后的记账凭证按时间顺序分别记入相应账簿。记账工作可以在编制一张凭证后进行，也可以在编制多天的凭证后记一次账，也就是说可以一天记多次，也可以多天记一次。

因为账簿是编制报表的重要依据，所以为保证报表真实可靠，各类账簿间、账簿与凭证间、账簿与实物间都需要进行核对，做到账账相符、账证相符、账实相符。虽然一般来说，只要记账凭证输入正确，自动记账后的各种账簿应该就是正确、平衡的，但由于非法操作或病毒影响可能会破坏某些数据，导致账目不符。为了发现并解决这些问题，企业应经常进行对账，至少每月一次，一般在月末结账前进行。

试算平衡是根据会计恒等式和借贷记账法的规则，通过汇总计算和比较，来检查账户记录正确性的方法。试算平衡分为两种：发生额平衡和余额平衡。

（1）发生额平衡

因为在借贷记账法的规则中，借贷两方的金额是相等的，所以当一定会计期间的全部经济业务都记入相关账户后，所有账户的借方发生额总数和贷方发生额总数也应该相等，即全部账户借方发生额合计=全部账户贷方发生额合计。

（2）余额平衡

借贷记账法中，资产=负债+所有者权益，资产类账户表现为借方余额，负债及所有者权益类账户表现为贷方余额，所以全部账户借方余额合计=全部账户贷方余额合计。

要注意的是，在试算平衡中等式两边不等一定能说明账簿记录有错误，但等式两边相等不能说明账簿记录一定正确，如重记、漏记、会计科目登记错误、记账方向相反等操作是不会影响等式平衡的。

9. 凭证与账簿的查询

凭证与账簿的查询是企业财务人员用得最多的一项操作，目前多数 ERP 系统的总账模块提供了各种各样的报表和详尽的凭证查询方法。

10. 编制报表

会计报表是以日常会计核算为主要依据的，综合反映企业资产、负债、所有者权益情况，以及一定时期的经营成果和现金流量的书面文件。编制报表分为两步：定义报表格式，然后定义报表数据来源（通常是从账表中获取数据，或将获取的数据进一步加工生成新的数据）。会计报表中的勾稽关系如表 2-14 所示。

表 2-14　会计报表中的勾稽关系

资产负债表
资产=负债+所有者权益（账户式） 资产-负债=所有者权益（报告式）
利润表和利润分配表
主营业务利润=主营业务收入-折扣与折让-主营业务成本-主营业务税金及附加 营业利润=主营业务利润+其他业务利润-营业费用-管理费用-财务费用 利润总额=营业利润+投资收益+营业外收支 净利润=利润总额-所得税
现金流量表
各类现金流入-各类现金流出=现金及现金等价物净增加额

会计报表的生成顺序：利润表及附表（利润分配表、主营业务收支明细表等）-资产负债表及附表（应交增值税明细表等）-现金流量表。

11. 结账

结账是指结转各账户的本期发生额和期末余额，终止本期的账务处理业务。结账包括期末转账业务处理、月结、年结。结账是一种批处理，只在每月结账日使用。

结账前应进行以下检查工作。

① 上月未结账，则本月不能记账也不能结账，但可以填制、复核凭证（跨月制单）。

② 本月还有未记账的凭证时不能结账。

③ 若总账与明细账不符，则不能结账。

④ 若是结 12 月的账，则必须产生下一年度的空白账簿文件，并结转年度余额。

⑤ 已结账的月份不能再填制凭证。

财务管理中总账模块与其他模块间的关系可以用图 2-25 表示。

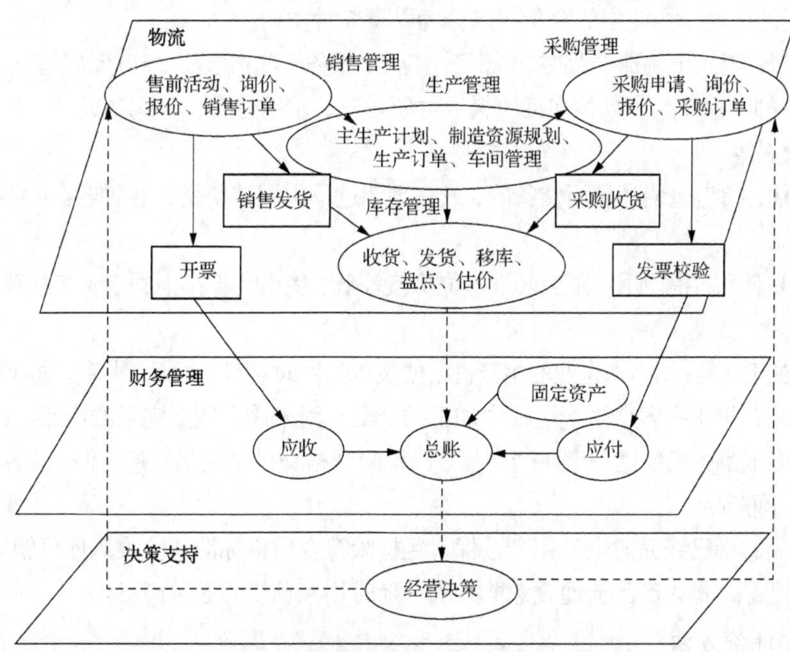

图 2-25　总账模块与其他模块间的关系

2.9.4　存货成本核算

有的企业在实际工作中将存货成本核算功能归入库存管理模块。存货成本核算以管理实物为主，存货发生变动处理后，ERP 系统将自动生成有关会计核算的数据，并且计算机会自动制作有关会计凭证（即机制凭证）。但是大多数企业，尤其是中小型企业、以财务管理为基础展开 ERP 系统应用的企业还是将存货成本核算功能归入财务管理系统。当然，存货成本核算功能归入财务管理系统并没有什么问题，存货成本核算功能也可以作为 ERP 系统的一个子系统。

存货是指为销售或耗用而储存的物品，分为以下 4 种类型。

① 在库存货：企业在生产经营过程中储存、以备出售或为生产和服务所需的多种物品，如库存产品、库存产成品、库存原材料和辅助材料等。

② 在途存货：为出售或供生产、服务过程耗费以外购入的已付款或开出商业汇票，但尚在运输途中的各种物品，如在途产品、材料及修理用备件等。

③ 出租存货：出租、出借给外单位使用的物品，如出租的包装物、工具用具等。

④ 加工中的存货：为了出售尚处于生产加工过程中的物品，如在制品等。

存货成本核算实际上是存货计价问题，使用的核算（计价）方法将对会计报表中的损益产生影响，而报表中的收益则是企业从内外衡量企业（管理人员）业绩的基本尺度。

1. 存货成本核算概述

存货成本核算在企业中是一项重要工作，原因如下。

① 存货在流动资产中占据最大比例。

② 存货价值一次性全部转移到成本，并在销售收入实现中得到补偿。

③ 存货在生产经营过程中处于不断耗用、销售、重置之中，流动性较强。

④ 存货品种繁多。

根据存货的用途，企业中的存货可以分为以下 8 种类型。

① 原材料：指用于制造产品并构成产品实体、服务于制造过程、与产品配套出售、供劳动手段备用的各种库存产品，具体包括原料、主要材料、辅助材料、外购半成品、修理用备件、包装材料、燃料等。

② 包装物：指为包装产品而储备的，或在销售过程中周转使用的各种容器，如桶、箱、袋、坛等。

③ 低值易耗品：指使用年限较短、单位价值较低、使用时不作为固定资产核算的各种用具物品。

④ 委托加工材料：指因本企业的生产设备或技术条件的限制，而委托外单位进行加工的材料。

⑤ 在制品：指正在各个生产过程中加工或装配、尚未最后制造完工的产品。

⑥ 自制半成品：指经过一定生产过程、已检验合格交付半成品仓库，但尚未制造完、仍要继续加工的中间产品。

⑦ 产成品：指已经完成全部生产过程，经检验符合质量标准、验收入库可销售的产品。

⑧ 库存产品：指为产品流通企业购入的、随时用来销售的多种产品。

2. 存货计价方法

如果按实际成本计价，有以下 5 种方法。

（1）个别计价法

个别计价法又叫分批计价法，是指以该物资入库时的实际单位成本作为该批库存发出时的成本计价方法。这种方法适用于不能互换使用的库存，或为特定项目专门购入或制造并单独存放的库存，如一些重要的昂贵物资、价格波动大或每批质量可能不太一样的物资。

（2）加权平均法

加权平均法也叫月末一次加权平均法，是指以月初存货数量和本月收入存货数量作为权数，在月末时计算加权平均单位成本，从而确定发出存货和期末存货的成本的方法。这种方法适用于企业储存在同一地点、性能形态相同的大量存货的计价核算。计算公式如下。

加权平均单位成本=（月初存货成本+本月收入存货成本）÷（月初库存数量+本月接收库存数量）

发出存货成本=发出库存量×加权平均单位成本

期末存货成本=期末库存量×加权平均单位成本

（3）移动平均法

移动平均法是指在每次有货物入库时都通过加权计算平均价格，并将此价格作为货物出库时的成本计价方法。这种方法通常用于货物前后成本差异较大的企业，此时企业不得不采取平抑成本的方式来进行存货成本核算。计算公式如下。

移动平均单位成本=（上次结存存货金额+本次入库存货金额）÷（上次结存库存量+本次入库量）

发出存货成本=发出存货数量×移动平均单位成本

结存存货成本=结存库存量×移动平均单位成本

（4）先进先出法

先进先出法假定出库时让先购进的库存先发出，发出存货的成本按入库的先后次序进行计价。这种方法一般适用于经营业绩受库存影响较大的企业。

（5）后进先出法

后进先出法是一种假定后收到的货物先发出的方法，发出货物的成本按最后入库的那批货物的单价来计算。这种方法在物价不断上涨的时期，能给企业在纳税时带来优惠。

如果按计划成本计价，就是把企业每种存货的收入、发出和结存，都按预先确定的计划单位成本进行计价核算，在实际情况中肯定会因计划价格与实际价格的差异产生成本差异。当实际成本大于计划成本时，差异称为超支差异；当实际成本小于计划成本时，差异称为节约差异。计算公式如下。

材料成本差异率=（月初结存材料成本差异+本月收入材料成本差异）÷（月初结存材料计划成本+本月收入材料计划成本）×100%

发出材料应负担的成本差异=发出材料计划成本×材料成本差异率

期末结存材料的成本差异=期末结存材料的计划成本×材料成本差异率

3. 存货成本模块与其他模块的关系

存货成本模块接收其他物流模块（如仓储管理、采购管理、销售管理）产生的核算单据，进行金额核算，对核算完成后的单据完成凭证处理过程，并将生成的凭证信息传递到应付、总账等模块。它们之间的关系如图 2-26 所示。

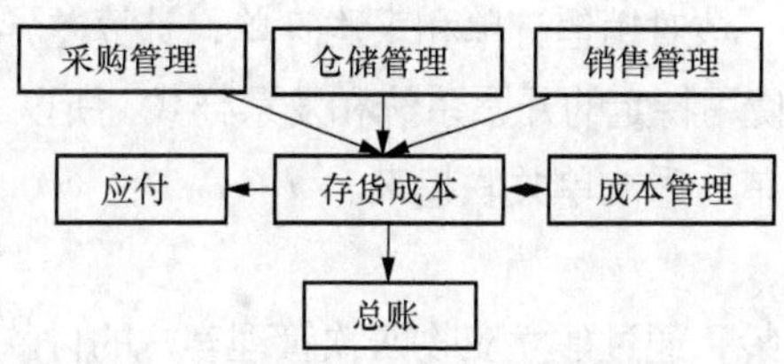

图 2-26　存货成本模块与其他模块的关系

2.9.5　应收/应付账管理

1. 什么是应收/应付账

应收账是企业因销售商品、提供劳务而向购货单位（客户）或接受劳务单位收取的款项，它是企业在生产经营过程中因赊销商品或按合同先行提供劳务而形成的客户欠款，除此之外形成的应收款项不属于应收账。应收账可以按不同客户和不同货币设立账户，应收账涉及的业务有：客户资料维护、客户维护管理、对账（月结）、账龄管理及预付款管理。

应付账是企业应付的购货账款，是企业向外赊购商品的会计处理，即在购入商品时，按发票价格分别记入购货和应付账账户。如果附有折扣，则在按期偿付账款时，将取得的折扣数额带入购货折扣的账户。

2. 管理应收/应付账的作用

管理应收/应付账的作用主要有以下 6 个。

① 提高发票与收付款处理精度。

② 及时提供对账单。

③ 改善客户、供应商的查询响应，可以立即答复客户、供应商、相关人员关于账款的问题。

④ 简化客户发票和账款收入的处理过程，大大减少计算费用、检查信贷额度、生成客户对账单、处理发票和支付所需的时间。

⑤ 提高资金的运用水平，改善资金配置。

⑥ 提高商业信用，改善资金周转率。

3. 应收/应付账模块的功能

应收/应付账模块的功能主要有以下 6 个。

（1）客户、供应商资料的维护

客户、供应商资料的维护包括 4 项，分别是基本资料维护，结算币别（收付款时使用的币种），结算方式（包括货到结算、月度结算，或者自定义结算），扣税方式（包括应税内含、应税外加、不计税等）。

（2）对账管理

对账管理包括生成对账单和调整对账单。生成对账单是指企业根据客户或供应商交易时商定的结算方式和时间，按月或按日根据出库单或入库单生成对账清单，然后发给客户或供应商进行对账。调整对账单是指企业与客户、供应商对账后，就双方差额（漏计或多计）进行调整。企业应将双方确认的对账单作为开发票的依据。

（3）发票管理

发票管理是指将对账清单、出库单、入库单等信息传递到发票模块，发票模块输入后用于验证所列物料的出入库情况，核对销售订单和采购订单，计算差异，查看指定发票的收付款情况。目前多数公司开发票都使用特定的开票系统和发票样式，所以 ERP 系统并不需要真正地开发票，只要将正式发票与订单、采购单关联起来。

（4）账龄管理

账龄管理即分析应付账龄，通过建立应收账款管理客户的付款到期期限和应付账款的收款到期期限，系统自动生成催款单和付款排期表，减少坏账损失，合理调配资金。

（5）坏账管理

坏账管理包括坏账条件维护、坏账申请、坏账审核、坏账处理等功能。坏账处理方法包括直接转销法和备抵法。前者直接将坏账从应收账款中转销，计入当期损益；后者估计坏账损失，计入各期损益，形成坏账准备金，计入备抵账户，当坏账发生时，根据金额冲减准备金，同时转销相应的应收账款金额。

（6）建立会计分录

应收账系统能自动建立有关应收账的全部会计分录，这些分录可以自动过到总账中去。

2.9.6 工资管理

1. 有关概念

工资模块分为工资核算和工资管理两部分，其中工资核算处理员工工资的结算、核算和分配，并且按工资总额提取各项费用，流程如图 2-27 所示。工资核算根据员工考勤记录、工资标准、各项应发补贴、各项代扣款等原始资料来结算应付工资和实发工资，进行计提、分配和结转，从而编制转账凭证。工资管理是处理员工的工资政策，如制订工资计划、预算和标准等。

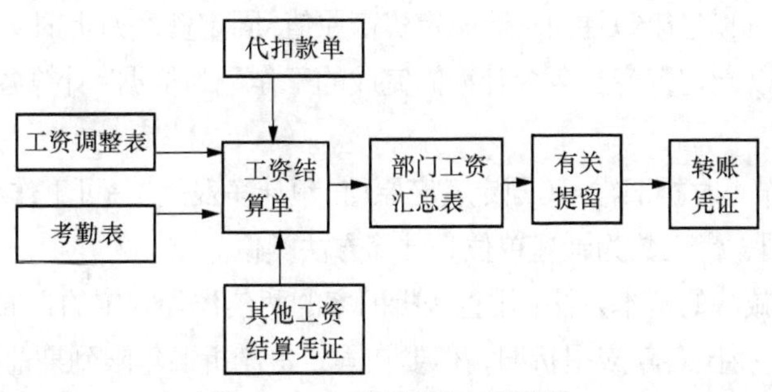

图 2-27　工资核算处理流程

2. 主要功能

（1）工资核算功能

工资核算功能用于完成考勤、工资调整表、代扣款项目的输入，然后计算应付给员工的实发工资金额、计提费用，再进行分配和结转，编制转账凭证，打印各类工资表，并可进行工资查询。

（2）工资管理功能

工资管理功能指完成单位的工资计划、工资预算、工资标准等管理功能。

需要注意的是，不同的 ERP 系统有不同的划分方法，如有些系统将这两部分功能分开，也有些系统将这两部分功能结合起来，作为企业人力资源管理的工资报酬部分。

2.9.7　固定资产管理

1. 有关概念

固定资产是指使用年限在一年以上，单位价值在规定标准以上，并在使用过程中保持原有实物形态的资产，如房屋、建筑物、机器设备、工具等。不属于生产经营主要设备的物品，单位价值在 2000 元以上、使用期限超过两年的也可作为固定资产。由于固定资产占用大量资金，所以固定资产管理是企业重要的基础性工作。

2. 主要功能

固定资产管理包括以下 5 项功能。

（1）基础数据维护

基础数据包括固定资产分类，固定资产科目（如固定资产、累计折旧、租金费用等），固定资产卡片。进行固定资产管理可以维护这些基础数据。

（2）资产折旧管理

资产折旧是指通过设置折旧参数和折旧方法来计算折旧费用，并自动生成转账凭证。折旧参数包括折旧基数、净残值、折旧年限等，折旧方法主要有平均年限法、工作量法、双倍余额递减法、年数总和法。

① 平均年限法也叫直线法，指固定资产在预计的折旧年限内，根据其原始价值和预计净残值，按每年平均计提进行折旧的方法，一般企业都选用这种方法。计算公式公式如下。

固定资产年折旧额=（固定资产原值-预计净残值）÷折旧年限

固定资产年折旧率=固定资产年折旧额÷固定资产原值×100%

固定资产月折旧额=固定资产原值×固定资产月折旧率

② 工作量法是以固定资产在各会计期间完成的工作量为依据，计算各期折旧额的方法。计算公式如下。

每工作小时折旧额=（固定资产原值-预计净残值）÷可工作小时数

若工作量以公司、台班数为计量单位，计算方法类似。

③ 双倍余额递减法的基本方法：用直线折旧率的两倍作为固定的折旧率，乘以逐年递减的固定资产期初净值，得出各年应提折旧，但要在固定资产折旧年限到期前两年内将账面净值扣除预计残值后的净额平均摊销。当发现某期按双倍余额递减法计算的折旧小于该期剩余年限按平均年限法计提的折旧时，改用平均年限法计提折旧。计算公式如下。

年折旧率=2÷预计使用年限×100%

年折旧额=固定资产账面净值×年折旧率

月折旧额=年折旧额÷12

④ 年数总和法是以固定资产的原值减去预计净残值后的余额，按递减的折旧率计算折旧的方法。计算公式如下。

年折旧率=尚可折旧年数÷各年的折旧年限之和

或　　年折旧率=（折旧年限-已折旧年限）÷[折旧年限×（折旧年限+1）÷2]

每年折旧额=（固定资产原值-预计净残值）×年折旧率

（3）固定资产增减管理

固定资产增减管理包括固定资产的增加管理和减少管理两个管理功能，前者主要包括对固定资产购入、自建、改建、扩建、其他单位投资转入、融资租入、捐赠、固定资产盘盈等的管理，后者主要包括对固定资产转让、报废、损毁、盘亏等的管理。

（4）固定资产维修管理

部分固定资产的修理可以在设备管理中处理，其余部分转入固定资产修理处理。对于经常性修理所需费用，由于数额较小，一般在发生时直接计入当月费用，借记“制造费用”“管理费用”等账户，贷记“原材料”等账户；对于大修费用，由于数额较大，一般采用预提、待摊的方法。

（5）固定资产租赁管理

固定资产管理包括固定资产的租入、租出的租赁合同管理及租金计划管理。合同作为计算租赁费用的依据，一般要说明租赁的时间范围、费用计算方法、费用明细、每期付款时间、原值、净值、往来客户类型等。

2.9.8 货币资金管理

1. 相关概念

货币资金管理是对硬币、纸币、支票、汇票、银行存款等进行管理的统称。为了防止资金被挪用、被盗，保证账款相符、正常经营和日常支付，一个健全的货币资金收入和支出的管理表现在以下几方面。

① 建立明确的货币资金管理的日常处理程序。

② 将货币资金的经营工作和有关的记账工作严格分开。

③ 将货币资金支出活动和收入活动分开。

④ 收入的现金必须每天存入银行，支出的现金超过定额的要使用支票。

2. 主要功能

货币资金管理主要包括以下 6 项功能。

（1）收入管理

收入管理主要是对回收销售收入和应收账款进行管理。

（2）支出管理

支出管理主要是对支付购货支出和应付账款进行管理。

（3）票据管理

这里的票据是指在应收应付的账务处理中产生的各种票据，如期票、汇票和支票。对于这些票据的管理包括收到和签发管理、到期回收和偿付管理、贴现管理、票据登记管理。

（4）零用现金和银行存款的核算

零用现金和银行存款的核算包括预付款的核算，提供国际通用的各种应收账付款作业及付款形式。

（5）银行对账管理

企业为了防止记账差错，保证银行存款账目正确无误，通常要求出纳人员定期对银行存款进行清查。清查一般采用核对账目的方法进行，即根据银行送交的对账单与企业银行存款日记账的记录逐笔核对。如果余额不等，可能是记账错误，也可能是存在未达账项，为了消除后者的影响，企业要编制银行存款余额调节表。对账管理主要包括以下内容，银行对账流程如图 2-28 所示。

① 录入银行期初余额。

② 录入或导入银行对账单，形成对账单文件。

③ 通过自动对账、手动对账相结合的方式将对账单文件与企业存款日记账进行核对，核销已达账项，找出未达账项。

④ 编制银行存款余额调节表。

⑤ 查询功能。

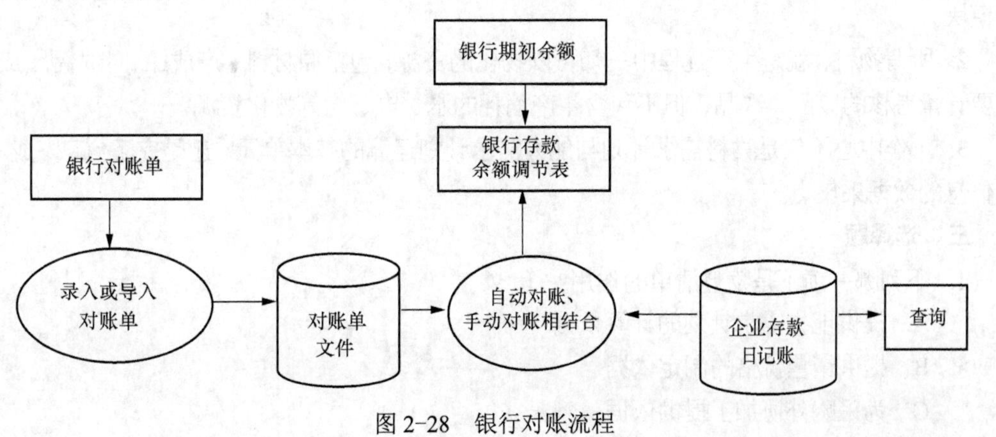

图 2-28　银行对账流程

（6）其他管理

其他管理包括票据维护、票据打印、付款维护、银行清单打印、付款查询、银行查询和支票管理等。

2.9.9 财务管理模块与其他模块的关系

财务管理模块与其他模块的关系如图 2-29 所示。

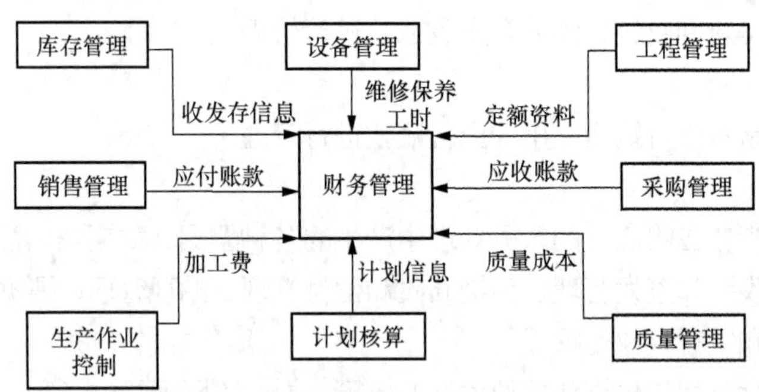

图 2-29 财务管理模块与其他模块的关系

本章习题

一、填空题

1. 企业所有资源简要地说包括三大流：物流、________、________。ERP 就是对这 3 种资源进行全面一体化管理的管理信息系统。

2. ERP 的主线也是计划，但已将管理重心转移到________上，在企业整个经营运作过程中贯穿了____________的概念。

3. 物料清单是从单件产品的角度考察生产所耗的物料（零部件）组成结构，物料清单是产品结构的技术描述文件，物料清单是一种______________结构。

二、判断题

1. ERP 是从 MRPII 发展而来的，除了继承了 MRPII 的基本思想外，ERP 还大大扩展了管理模块。（ ）

2. 所谓物料，就是生产过程中一切可以物化的资源，包括原材料、产成品、半成品、成品，需要计量考核的废品、次品，但不包含生产消耗的水、电、汽等物化资源。（ ）

3. 工作中心不仅是物料需求计划与能力需求计划运算的基本单元，还是完工信息、成本核算信息的数据采集点。（ ）

三、选择题

1. 下列哪一项不是物料清单的作用？（ ）

A. 提供能力需求计划的计算依据

B. 提供销售价格的制定依据

C. 为采购外协加工提供依据

D. 成本数据根据物料清单计算

2. 下列哪一项关于虚拟件的说法是错误的？（　　）

   A. 虚拟件不是产品特定的组成部分，是ERP系统为了管理需要而将一些组件（零部件）确定为一个管理单元

   B. 虚拟件也方便了企业的部门绩效考核

   C. 虚拟件简化了产品结构的管理

   D. 虚拟件的提前期对物料计划的需求时间影响较大

3. 下列哪一项是主动性销售计划管理的特点？（　　）

   A. 不需要考虑企业生产能力

   B. 适合中小型企业

   C. 按期落实销售计划

   D. 某时间段的生产能力（即产品数量）

四、简答题

1. ERP系统中的主要模块有哪些？它们之间的关系如何？
2. 画出你所知道的企业的采购、生产、销售的业务流程。
3. 简述编制物料需求计划的原因及物料需求计划的特点。

第3章 ERP系统的业务集成

【学习目标】

- ✧ 掌握供应链管理、客户关系管理、产业数据管理等系统业务集成。
- ✧ 了解 JIT 模式、制造执行系统、ERP 互联网化、商务智能等业务逻辑。
- ✧ 掌握各个管理子系统分别与 ERP 系统的关系和集成性。

导入案例

微软助力联华超市构建商业智能系统

上海联华超市股份有限公司（以下简称“联华”）创建于 1991 年 5 月，是上海首家以发展连锁经营为特色的超市公司，连续 8 年排名中国连锁业百强首位。

联华是国内最早建设零售业信息化的超市之一。其信息化建设开始于 1996 年，从门店入手。1997 年年底，联华开始 EDI 自动订货系统的全面建设，1996—1998 年，在门店层次形成了基于 POS 的管理体系。2001 年 2 月，联华开始建设“供应商综合服务平台”模块，该模块是一个 B2B 电子交易平台，在该平台上，联华的采购中心可以通过自动传真、发送电子邮件和 EDI 等多种方式迅速将订货信息传递给供应商，供应商也可以到此平台上查询自己商品的销售和库存情况等信息。2002 年 10 月，联华开始在各门店与采购中心、供应商之间建立全面的网络系统。

通过信息化系统的建设，联华合理安排了生产和库存，不仅提高了效率，还极大地降低了物流配送成本。在竞争趋于同质化的情况下，零售企业必须具有分析、挖掘业务数据的能力，因此联华超市开始了商业智能（Business Intelligence，BI）系统的建设，以增强自身竞争力。

1. 解决方案

为了满足公司更深入和全面的分析，以及迅速灵活地查询报表的需求，在 2005 年下半年，联华开始准备建设新的 BI 系统。在 BI 系统方案设计上，公司选择全部采用微软平台。

该 BI 系统方案的主要功能是为联华提供业务数据分析功能，整个系统方案包括以下 4 个层面。

（1）企业级的数据仓库

数据仓库不仅可以统一不同数据来源间的差异，清理在线系统中的不合理数据，保证数据的准确性、及时性，还可以智能执行数据的加载、清洗、转换，大大减少后续维护人员的工作量。

（2）多维分析报表

该 BI 系统运用.NET 技术提供报表分析功能，充分满足了各业务部门制定报表和灵活查询的分析需要。

（3）特定主题分析

针对零售业特点开发的一些主题分析，包括总经理关键绩效指标仪表盘，供应商综合绩效评估，门店综合绩效评估，特定商品促销效果定量分析和不同时期、不同业态商品的角色跟踪与对比分析。

（4）经营分析指标

经营分析指标使联华充分掌握自身经营管理情况，包括零售库存保本保利分析预算指标、成长达成率指标、生产率指标、收益率指标等。

联华 BI 系统方案在 2005—2006 年实施，采用了数据库服务器—应用服务器—客户端浏览器的 3 层结构，即 B/S（浏览器/服务器）结构。这种结构性能优越，易于扩展，也易于维护。

2. 用户收益和体验

（1）性能先进，扩展性强

微软的 SQL server 2005 针对 BI 系统做了优化，支持 XML 与 Web Service，使得 BI 系统可以方便地与互联网相连。

（2）操作简便，易用性强

SQL server 2005 不仅操作简便、界面友好，在安全性能和网络应用方面也有了很大提高。同时系统在操作上的便利也提高了整个系统的运行效率。

（3）系统稳定可靠，安全性强

除了 Windows server 2003 作为系统平台使得整个 BI 系统运行十分稳定外，SQL server 2005 也提供了全新的安全认证和数据加密技术来提高数据系统的安全性。

（4）降低了公司的运营成本

整个 BI 系统采用微软的产品，在软件、硬件的初始采购成本、所需要的维护人员的工作量及解决用户的后顾之忧方面，都极大地降低了公司的运营成本。

讨论

（1）联华为什么要实施 BI 系统建设？

（2）联华的 BI 系统方案包括哪些内容？

ERP 系统从企业的销售订单、预测出发，形成企业的主生产计划、物料需求计划，力求企业生产执行的及时性和库存的最小化。随着信息技术的发展和企业信息化应用的深入，企业不断拓展 ERP 的应用范围和应用深度，将一些独立应用的软件系统逐步集成到 ERP 系统中，使 ERP 系统越来越具有平台性，成为企业信息化工作的基础设施。本章介绍大多数应用 ERP 系统的企业会扩展应用的几个软件系统，重点阐述有关软件系统本身的业务流程，以及其与 ERP 系统集成的内在逻辑关系、数据流动接口技术方案。

3.1 供应链管理

3-1 ERP 系统的业务集成

供应链管理有传统供应链管理和新供应链管理之分。传统供应链以满足生产为主导，新供应链以满足客户需求为主导，两者之间的供应链链条不变，但关注点不同。供应链管理覆盖了供应链上的所有环节，促成了企业内外部物流、资金流、信息流的集成，而 ERP 系统加强了企业内外部资源的共享，两者之间相互联系、互为补充。

3.1.1 供应链管理概述

供应链管理（Supply Chain Management，SCM）起源于彼得·德鲁克提出的“经济链”思想，该思想后发展成为“价值链”，最终形成供应链管理的概念。有专家认为：“供应链管理是通过前馈的物料流与信息流，将供应商、制造商、分销商、零售商直到最终客户连成一个整体的模式。”供应链管理具体是指在达到一定的客户服务水平的条件下，为了使整个供应链系统成本最低而把供应商、制造商、仓库、配送中心和渠道商等有效地组织在一起，对供应、需求、原材料采购、市场、生产、库存、订单、分销发货等进行管理，包括从生产到发货、从供应商到最终客户的每一个环节，强调从需求源点到供应源点的整个完整的链式结构。从企业角度看，其首要关注的是供应链中的核心企业，再从核心企业向供应链前、后扩充形成一个网络组织，该企业使用的资源（物料、资金、信息）在该网络组织中流动。

供应链管理的集成管理思想和方法不仅针对企业内部资源的管理优化，更注重的是企业在整条供应链中的竞争优势。供应链管理围绕核心企业，通过信息手段对网络组织中的物料、资金、信息等资源进行计划、使用和控制。具体表现为：企业在战略和战术上对整个作业流程的整合与优化，从而增强供应商、制造商、零售商的业务效率的协调性，使商品以正确的数量和合适的品质，在正确的地点和正确的时间，用最低的成本进行生产和销售。

3.1.2 ERP 系统与供应链管理的关系

ERP 系统主要面对单个企业内部，注重于企业内部资源的集成与管理效率的提高；供应链管理则面对供应链上的各个组成部分，包括企业外部资源，注重企业所处的整个关系网络中信息、物料以及资金的优化整合。

从实现功能的角度来说，供应链管理和 ERP 系统都拥有生产计划、销售计划、需求计划和市场分析等模块，但供应链管理明显优于 ERP 系统，因为其是基于整个网络组织的综合性系统。

基于物料需求计划的 ERP 系统在采购和销售计划方面存在缺乏有效沟通的问题。而供应链管理在采购时可兼顾企业内部和外部供应商的物料以及能力约束，还能及时获取上游企业的供应信息，从而按给定的外部条件进行整体网络组织的优化。在销售计划方面，供应链管理能够提供更为全面的功能，可以帮助管理分销中心并保证商品可订货和可盈利，而 ERP 系统中的销售计划则在完成对外销售计划外并不具有供应链管理优化分销成本的前瞻性。

ERP 系统与供应链管理的集成是通过相互之间的采购、销售、库存和决策分析等模块的集成而完成的。供应链管理对企业内部的管理大都沿用 ERP 的思想和职能。从信息技术的要求看，建立高效实用的供应链管理，需要网络组织中的企业建立统一的业务流程标准、数据交换标准与保密协定，以及统一的服务规范，形成共同决策、资源调度、快速响应的管理机制。

3.2 客户关系管理

3-2 ERP 客户关系管理

客户关系管理（Customer Relationship Management，CRM）是一个不断

加强与客户交流，不断了解客户需求，并不断对产品及服务水平进行改进和提高，以满足客户需求的连续过程。客户关系管理与 ERP 系统之间存在着相互支持和相互依赖的关系。首先，ERP 系统为客户关系管理中的数据仓库提供丰富的数据。其次，客户关系管理的分析结果和对市场发展的预测给 ERP 系统提供了数据。最后，客户关系管理从改善客户关系的角度，ERP 系统从优化企业生产流程的角度，来共同增强企业的竞争力、增加企业利润。

3.2.1 客户关系管理概述

客户关系管理的概念由美国著名的 IT 调研与咨询服务公司高德纳咨询公司（Gartner Group）率先提出。客户关系管理是辨识、获取、保持和增加"可获利客户"的理论、实践和技术手段的总称。它既是一种国际领先的、以"客户价值"为中心的企业管理理论、商业策略和企业运作实践，也是一种以信息技术为手段，有效提高企业收益、客户满意度、员工生产效率的管理软件。

客户关系管理的核心思想就是以客户为中心，它要求企业从传统的"以产品为中心"的经营理念中解放出来，确立"以客户为中心"的企业经营理念。

客户关系管理是一种通过不断改善客户关系、互动方式、资源调配、业务流程和自动化程度等，达到降低运营成本，提高企业收益、客户满意度和员工生产效率的手段。企业为客户提供服务分为售前、售中、售后 3 个阶段，建立良好的客户关系是企业的目标，从这个角度看，客户关系管理既立足于企业利益又方便客户。

3.2.2 ERP 系统与客户关系管理的关系

ERP 系统和客户关系管理既有区别又有很紧密的联系。从管理理念来说，ERP 系统的运用主要是为了增强企业内部资源的计划和控制能力，追求在满足客户需求、及时交货的同时最大限度地降低各种成本，并通过提高内部运转效率来提高对客户的服务质量。但两者在关注对象上有所区别，与企业级的 ERP 系统相比，客户关系管理更多的是关注市场与客户。所以，客户关系管理主要针对的是企业的市场营销、销售、服务等部门，使企业能够对客户及所购产品进行统计、跟踪、服务等。即如果 ERP 系统是企业级的全面管理应用，客户关系管理就是 ERP 系统的最前端，它延伸到了 ERP 系统以前力所不能及的范围。

从应用系统的设计角度来看，大部分客户关系管理的业务流程相对比较灵活，而 ERP 系统的主要业务流程则相对固定。ERP 系统是一个"事务处理"系统，强调准确记录企业中人、财、物等各项资源的轨迹，无缝集成企业生产、库存、财务等管理模块，增强企业的"自动化"能力，提高企业效率。而客户关系管理的体系设计以发展和维系客户关系为目标，以统一的客户数据库为中心，为系统用户提供客户的统一视图和对客户的分析、预测等，从而增加企业价值量。ERP 系统与客户关系管理最终都是使企业的利益实现最大化、长久化，使投资回报率（Return on Investment，ROI）最高。

3.3 产品数据管理

3-3 ERP 产品数据管理

ERP 系统可帮助企业进行高效管理的前提是，它必须是建立在对大量全面、准确、实时的企业数据的访问、存储和分析的基础之上。而在实践中，企业淡化了对企业基础数据结构的优化，忽略了对企业现有业务数据的整顿，最终导致企业基础数据结构出现严重的缺陷。因此，企业 ERP 系统的成功应用必须以加强对产品数据的管理为前提。

3.3.1 产品数据管理概述

产品数据管理（Product Data Management，PDM）技术诞生于 20 世纪中期，1995 年 2 月，主要致力于产品数据管理技术和相关计算机集成技术的国际咨询公司 CIM data，在其发布的文章中对产品数据管理进行了简单的定义："产品数据管理是一门用来管理所有与产品相关信息（包括零件信息、配置、文档、CAD 文件、结构、权限信息等）和所有与产品相关的过程（包括过程定义和管理）的技术。"

产品数据管理是以软件为基础的技术，它集成了所有与产品有关的信息和所有与产品有关的过程。与产品有关的信息包括任何有关产品的数据，如 CAD/CAM/CAE 的文件、物料清单、产品配置、供应商状态等。与产品有关的过程包括任何与产品有关的加工工序、加工指南和有关批准、机构关系等，也包括产品生命周期的各个方面。产品数据管理利用最新的数据为全部有关用户服务，工程师、NC 操作人员、财会人员和销售人员均能按要求方便地存取产品数据。

从产品来看，产品数据管理可帮助企业组织产品设计、完善产品结构修改、跟踪进展中的设计概念，及时方便地找出存档数据及相关产品信息。

从过程来看，产品数据管理可协调组织整个产品生命周期，如设计审查、批准、变更，以及产品发布等过程事件。但这只是单纯从技术的角度给产品数据管理下了一个"准确"的定义。真正意义上的产品数据管理远不止如此，产品数据管理继承并发展了设计资源管理、设计过程管理、信息管理等多类系统的优点，并应用了并行工程方法学、网络技术、数据库技术等先进技术，有效地解决了企业信息集成、过程优化管理等"瓶颈"问题。

随着智能手持终端、各种传感器的广泛应用，在生产过程中，产品可以自动采集到每个部件加工、生产的动态数据。特别是流程型企业，可以将产品生产过程中的动态质量监测结果与技术标准自动进行比对，发出不合格警报，对产品数据进行科学管理。

3.3.2 ERP 系统与产品数据管理的关系

ERP 系统和产品数据管理是当前关系到企业核心能力的两个重要技术领域平台。产品数据管理能够管理所有与产品有关的信息和与产品相关的过程。ERP 系统则是根据现代管理思想，对企业活动中和制造有关的所有资源和过程（包括产、供、销、人、财、物）进行统一的管理。

ERP 系统和产品数据管理早期在功能、目标、管理方式、管理内容等多方面存在着不同程度的区别。但是基于现代企业产品完整的产品生命周期，以全局的眼光来看，ERP 系统和产品数据管理在管理目标上有着高度一致性，在过程上具有连续性，在处理业务上具有因果关系等。

产品数据管理主要处理与质量相关的数据，具有质量控制的功能。如果企业使用了智能检测、化验设备，就可以通过设备管理软件接口将数据自动导入产品数据管理系统，产品数据管理系统进行数据处理后会给出可视化图形，报告生产过程的产品质量并提出操作建议。现在，较大企业使用的 ERP 系统大多数集成了产品数据管理系统，将产品基本数据、质量标准数据实现了共享；小规模生产企业只是在销售管理或订单管理中集成了产品数据管理的部分功能。

虽然 ERP 系统和产品数据管理在管理重点上有所不同，但是，由于同一产品的形成周期涉及 ERP 和产品数据管理两个领域，ERP 系统和产品数据管理系统集成应用，对有效缩短产品形成周期、产品从设计到制造的转化时间，更好地满足柔性制造、个性化服务的需要，促进企业的现代化进程，具有非常重要的现实意义。

3.4 人力资源管理

随着我国经济市场化和全球经济一体化的不断推进，我国企业将面临更激烈的竞争和更为严峻的挑战。如何更好地管理人力资源，充分发挥它在现代企业中的作用，已是一个不容忽视的问题，越来越多的企业开始意识到进行有效的人力资源管理的重要性和紧迫性。

3.4.1 人力资源管理概述

人力资源管理（Human Resource Management，HRM）是指企业通过制定用工、招聘、报酬等的管理形式，对人力资源进行有效运用，满足企业当前及未来发展的需要，保证实现生产任务与员工发展的一系列活动的总称。ERP 系统涉及企业所有的资源管理与运用业务，不管是企业内部人、财、物的流动，还是外部环境，都是 ERP 管理理论研究的范畴。市场上也提供了独立的人力资源管理系统，但最好还是与 ERP 系统集成。人力资源管理只有连接了生产管理、质量管理、财务管理等各大模块，才能全面进行人力资源管理绩效评估，同时为基础管理、岗位管理、绩效管理提供支撑。

1. 基础管理

企业人力资源管理已经建立了成熟的、核心的基础管理模式，无论是独立的人力资源管理系统还是 ERP 系统中的人力资源管理模块，都要包括人事管理、报酬管理、人力资源计划管理、员工招聘管理 4 个方面的功能。

2. 岗位管理

由于大多数企业的生产任务是动态变化的，甚至有些企业的生产性质是柔性的，用工要求（人员数量、能力要求）也是有变化的，企业需要进行岗位管理。

（1）工作分析

工作分析是要明确企业生产过程中需要设置哪些岗位，分析各个工作岗位的特点、需要的人员。

工作分析的实质是为完成生产任务而进行的动态工作。工作分析不仅具有根据某工作特点做出对用工人员要求的明确规定，而且还具有根据工艺流程、生产任务的变化进行预测的功能。

工作分析的结果是企业定员定岗，它首先明确了人员的工作任务与职责，其次也明确了企业阶段性的人工成本，最后为企业储备人才提供了依据。

（2）人力资源测评

工作分析是分析企业对用工的需求，而人力资源测评是人力资源部门的重要工作。人力资源测评不仅要测评应聘者的技术能力，还要测评应聘者的团队协作能力、心理健康指数等内容。

基于信息化手段，无论是独立的人力资源管理系统还是 ERP 系统中的人力资源管理模块，一般都会建立本企业的人力资源测评试题库，实现自动化、客观性测评。

3. 绩效管理

绩效管理的主要目标有两个：评价员工和帮助员工发展。前者包括绩效衡量、报酬补偿、激励，后者包括员工自我管理、发掘员工潜能、改进沟通质量、提高员工绩效。

3.4.2 人力资源管理模块与其他模块的关系

人力资源管理模块与其他模块的关系如图 3-1 所示。

人力资源管理模块为主生产计划、能力需求计划、物料需求计划等模块提供人力资源的能力数据，并根据计划与管理的实际情况不断调整人力资源的配置与管理方法。同样，人力资源管理也为成本与财务管理模块提供成本核算基础数据，实现企业的成本管理目标。此处，人力资源管理系统涉及范围较广，覆盖了如上岗资格、定岗定编、业务权限、人力成本、其他管理制度在内的其他各类业务模块，并为这些业务提供资源配置服务。

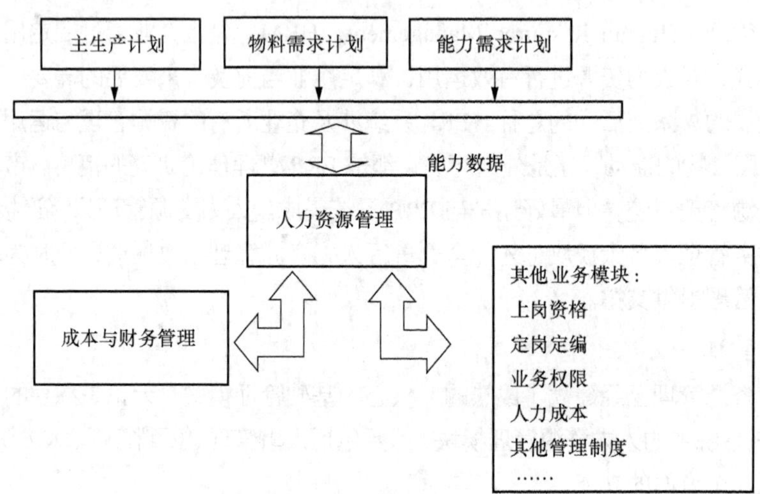

图 3-1 人力资源管理模块与其他模块的关系

3.5 准时制生产

准时制生产（Just in Time，JIT）又称无库存生产，强调的是库存最小化。库存积压实际上是一种企业负债，适量的库存才能给企业带来利润。只有树立库存是一种负债观念后，企业才会想方设法控制库存，才能改善企业的经营状况。

3-4 ERP 准时制生产

3.5.1 准时制生产概述

准时制生产是 20 世纪 70 年代日本丰田汽车公司提出的以“消除浪费”为目标的一种先进的生产管理模式，其基本思想是“只在需要的时候，按需要的量，生产所需的产品”。准时制生产明显降低了库存管理成本及工时成本，甚至降低了因延期而付出的赔偿成本。

准时制生产的特点是“以订单驱动”，设法消除生产过程中的一切浪费现象，建立零库存或库存最小化的生产运行机制，其重点工作是实行精准的生产计划和管理。准时制生产充分运用了精益生产（Lean Production，LP）、全面质量管理（Total Quality Management，TQM）的思想和方法，不断地发现及解决问题，使产品成本降低、质量趋向精良。

3.5.2 准时制生产在 ERP 系统中的运用

准时制生产的生产现场控制技术在开始实施时并没有应用到管理软件系统中，生产中采用的是一种叫作“看板”的方法，即将原来的前道工序向后道工序送货的形式改变为由后道工序根据“看板”向前道工序索取货。这保证了将必要的生产物料以必要的数量在必要的时间送到生产线上。

随着管理信息系统的普遍应用和 ERP 系统功能的发展，“看板”已变成在计算机屏幕上显示图形的软件功能了。要在 ERP 系统中运用准时制生产，ERP 系统的初始设置尤为重要，必须准确定义业务流程、信息审核与发送机制。

现在不少的 ERP 系统在准时制生产中还增加了溯源功能，这样可以让管理人员了解到下游工序请求数据的发布时间点和上游工序的应答时间点，进一步强化工序之间的协调性。因此，重复生产型企业更加注重准时制生产在 ERP 系统中的运用。

3.6 制造执行系统

制造执行系统是对 ERP 系统的扩充，目前已经在许多国家得到推广。作为企业计划和过程控制间的纽带，制造执行系统已成为实现企业综合自动化的关键环节。

3.6.1 传统制造执行系统

制造执行系统（Manufacturing Execution System，MES）是 AMR 公司在 20 世纪 90 年代初提出的，旨在加强物料需求计划的执行功能，把物料需求计划同车间作业现场控制通过制造执行系统联系起来。其被定义为位于上层企业资源规划系统与底层工业控制之间、面向车间层的生产管理。由于提供生产现场控制设施的厂商不属于部署制造执行系统的企业内部资源，制造执行系统需要设置必要的接口，用于实现两者间有效的沟通并建立合作关系。制造执行系统通过信息的及时传递，对从订单下达到产品完成的整个生产过程进行优化管理。当在企业生产环节中有事件发生时，制造执行系统能对此及时做出反应，出具报告，并用当前系统内部的准确数据对该事件的约束条件进行分析、处理。基于这种对状态变化的迅速响应能力，制造执行系统能够减少企业内部，特别是生产制造环节中出现的那些没有附加值的活动，有效地指导工厂的生产运作，同时增强了工厂按时完成生产计划的能力、改善了物料的流通性能、提高了生产的执行效率及投入要素的回报率。此外，制造执行系统还是一个双向的直接通信系统，能够实现企业内部和整个产品供应链中的信息互动，及时更新所提供的有关生产行为的关键任务信息。

制造执行系统是面向车间业务过程层的管理信息系统，也是构建智能化制造车间的基础支撑系统和应用平台。制造执行系统不仅可以实现车间生产全流程的信息化集中管控，而且通过对生产过程中不同阶段现场数据的采集和分析，提供对应的决策支持和辅助分析，促进制造过程的优化。对于生产异常信息的采集、辨识和处理也是制造执行系统中的重要部分。

3.6.2 新时期制造执行系统

随着技术水平的不断提高，制造执行系统也面临着调整和升级。新时期技术变革的实质是建立一种新的服务生产模式，用于满足用户的个性化和数字化需求，具体有以下两种系统。

（1）云制造执行系统

基于云计算的制造执行系统平台彻底改变了工程师可以获得的数据的数量和类型，使工程师能够提取和分析大量的信息，从而优化装配线的性能。通过云制造执行系统，工程师能快速部署和快速创造价值，增强了系统灵活性并降低了成本。

在云制造执行系统的管理下，生产过程、生产速度和产量被实时监控，当关键业务指标低于系统阈值时，制造执行系统将自动向工程师发送文本警报，甚至该系统会引导自动车辆从自动化仓库领取材料以补充。基于云制造执行系统发挥的关键作用，企业在集成软件平台实现了全数字工厂。云制造执行系统关联生产的所有方面，从最初的产品设计到工厂布局、生产流程优化以及客户反馈交付等。它消除了生产管理过程中容易出现的人为干预错误。

下一代制造执行系统和自动化，以及数据分析和人工智能，是数字制造和工业 4.0 背后最重要的驱动力之一。因此，云制造执行系统远远超越了传统的封闭系统，与 ERP 系统和其他企业系统并立。从这一刻起，制造执行系统没有了极限，它打破了工厂间的壁垒，成为战略商业工具。而且，基于云计算的制造执行系统更适用于中小型制造商，因为这些企业缺乏 IT 基础设施和资源，云制造执行系统的建立基于更低的总体拥有成本、最小的 IT 足迹和相对快速的部署。

（2）5G 网络下的云制造执行系统

5G 与云制造执行系统的结合将改变制造业，但企业需要愿意投入升级改善的资金。早期的使用者面临着现有传统设备、设施和网络升级以及真正智能化升级的挑战，其需要保证原有设备设施在不进行全面更换的情况下进行二次改造以产生更高的生产效益，同时同步研究各种新技术的特点，并加以应用。

3.6.3 ERP 系统与制造执行系统的关系

在制造业中，目前大多数 ERP 产品只做到零件级的生产计划，即注重企业内部资源的数量和使用情况，而且更多的是从财务的角度对企业进行考量，还不具备实现工序级生产计划的能力。与 ERP 系统管理整个企业内部资源不同的是，制造执行系统的管理对象范围仅限于生产车间，多用于采集从接受订货到制成最终产品全过程的各种数据和状态信息，因此制造执行系统更适用于产品种类多、产品物料清单复杂、加工工艺复杂、单一产品需求变化量大的制造型企业。而服务型或者流通型企业则更多会使用 ERP 系统满足信息化管理的需求。假定控制层要求的实时时间系数是 1，那么制造执行系统的实时时间系数为 10，ERP 系统的时间系数为 100。由此，把制造执行系统作为夹在 ERP 系统与控制层之间的一个中间层，能够起到传递 ERP 管理思想和控制信息层的作用。ERP 系统和制造执行系统的功能之间的互相延伸和对接，能够实现企业管理层和车间管理层一体化的标准运作，从根本上减少信息和数据内部流通的时间，并优化客户服务，提高企业的整体工作效率。尽管 ERP 系统和制造执行系统在功能上具有非常良好的互补性，但是在企业信息化建设过程中，它们未必需要依赖对方而存在。

面向生产车间层，且与上层企业资源计划管理层和底层过程控制系统层实现双向通信的制造执行系统，是企业在信息化建设中至关重要的一部分。制造执行系统用于链接企业资源规划管理层和底部过程控制系统层，解决了企业管理与车间生产中间的生产管理、数据监测、决策实施等问题，在企业信息化建设中起到了承上启下的作用。

3.7 ERP 系统互联网化

3.7.1 基于云计算的 ERP 系统

随着大数据时代的来临，传统模式下的 ERP 系统已经无法处理企业海量的经营数据，无法满足企业多元化的需求。云计算模式以其规模大、成本低、灵活性强等特点获得越来越多企业的青睐，作为一种新型的网络服务模式，其快速发展为传统的 ERP 系统提供了转型方向。

云计算是一种基于互联网的新型商业服务模式，通过互联网提供动态、易扩展的虚拟化资源，具备数据存储、计算、底层基础设施租赁、管理维护等功能。基于云计算的 ERP 系统分为客户端和云端两大主体，客户端即企业用户终端；云端即云计算服务商所提供的一系列云服务，包括虚拟资源池、云服务管理平台和 ERP 应用程序等。客户端与云端通过互联网进行连接，企业用户使用终端设备，通过 Web 浏览器进入 ERP 系统门户网站，并向云端服务器发送数据请求，云端服务器接收到请求后，将相应的页面和数据信息返回给用户，从而形成云计算平台与企业 ERP 系统的信息交互。

将 ERP 系统与云计算相结合，可以充分发挥云计算服务的优点，规避传统 ERP 系统的不足之处。基于云计算的 ERP 系统降低了企业管理信息化建设的门槛，减少了昂贵的硬件设备支出和定期维护费用，也提升了企业员工对 ERP 系统的使用体验。其主要优势如下。

① 建设周期短。与传统 ERP 系统相比，基于云计算的 ERP 系统能够精简客户端，并支持跨地区、多设备访问，大大缩短了企业安装、部署系统的周期。

② 投入成本低。基于云计算的 ERP 系统只需要企业向云服务商支付租赁相应云计算服务的费用，即可享受云服务商提供的专业化技术服务，并且无须部署硬件设施，从而减少了企业在建设 ERP 系统过程中投入的成本。

③ 灵活性强。基于云计算的 ERP 系统具有良好的扩展性，能根据企业的需求定制应用模块，并根据业务流程变化及时更新和升级 ERP 系统，提高企业的运行效率。

尽管目前基于云计算的 ERP 系统取得了较好发展，但其仍然存在着一定局限性。一是企业数据的安全性难以充分保障，二是基于云计算的 ERP 系统的使用受到网络环境限制，三是云计算服务中心与企业终端设备之间的远距离限制。但相信随着云计算技术以及边缘计算技术的不断发展和云服务质量的提升，基于云计算的 ERP 系统将会成为企业建设信息化管理体系的主流发展方向。

3.7.2　基于大数据的 ERP 系统

随着企业的业务扩展和数据量的增加，ERP 系统性能方面的问题逐渐暴露了出来。当然这也是在目前海量数据或者大数据背景下的一个越来越明显的趋势。目前大部分的 ERP 系统都是基于传统的关系型数据库，无法满足现代化企业的需求，因此亟须创建基于大数据的 ERP 系统。

大数据相当于海量数据的商业智能数据库，大数据商务智能分析平台可以通过 SQL 能力，从来源端 ERP 数据库抽取所需数据、交互转换，从而进行数据挖掘。商务智能分析平台通过大量数据仓库技术（Extract Transform Load，ETL）实现数据的抽取和集中化，可以形成一个完整的数据仓库。

ERP 系统经过多年运行积累了大量宝贵的数据，利用大数据技术，对 ERP 业务数据进行深度分析，可辅助企业找出管理存在的问题，验证问题的存在，并指引解决问题的方向。

此外在大数据时代下，业务与财务一体化的理念逐渐深入企业。基于大数据的 ERP 系统创建 ERP 数据源，通过设计财务中心、营销中心、物流中心、会计报表 4 个模块，使得大数据商务智能分析平台可以从 ERP 系统直接获取数据并填报数据，从而进行数据共享。

所以基于大数据的 ERP 系统不仅实现了 MRP II 管理，还实现了整体企业级的资源精细化管理，形成了业务与财务一体化（简称“业财一体化”）管控的 ERP 系统，规范并统一了业务与财务基础数据管理，实现了基础数据的集成与共享。

3.7.3　基于移动互联网的 ERP 系统

在移动互联网深入各行各业的时代，ERP 系统只有拥抱移动互联网，主动适应并驾驭变革，才能满足不同企业的多样化需求。

社会化 ERP 技术将是未来 ERP 系统开发商关注的焦点。社会化移动网络技术可以大大提高 ERP 系统的可用性和使用率，通过升级图形界面来满足不同部门和客户的需求，无须彻底抛弃旧 ERP 系统。

ERP 系统的移动化将带来数据的实时化，能够快速增加销售或服务的业绩和利润。通过开发移动端应用进行 ERP 功能拓展，优化操作及流程，融入产品生命周期管理等创新管理理念，企业能实现操作优化、流程优化、服务优化、管理优化，打造安全、高效、透明的物料供应体系，促进物料需求计划、库存和采购管理的全面提升，降低企业生产经营成本并提升用户体验。

此外在移动互联网时代，模块化也是 ERP 系统的主流趋势。

3.8　商务智能

随着企业核心业务系统、企业资源规划、供应链管理和客户关系管理的实施，越来越多的企业经营数据沉淀下来，这些数据可能存放在任何一个分公司、一个部门或者一个系统里，这些信息和外界并没有交互，因而成为一个个分散的信息孤岛。企业要想从数据中获得有效信息，并不是一件容易的事情。获得有效信息，时刻了解企业的客户、销售、库存、物流、生产、采购、财务状况，需要商务智能来实现。实现商务智能，也是人们特别是战略管理层非常关心的话题之一。

3.8.1 商务智能概述

商务智能（Business Intelligence，BI）的概念最早是高德纳集团的霍德华·德雷斯纳于 1996 年提出来的。当时将商务智能定义为一类由数据仓库（或数据集市）、查询报表、数据分析、数据挖掘、数据备份和恢复等组成的，以帮助企业决策的技术与应用。

随着信息技术在企业中的普遍应用，企业产生了大量富有价值的数据，但这些数据的定义和格式不统一，存储就产生了问题。商务智能系统首先能从不同的数据源的数据中提取有用的数据，并对这些数据进行清洗，以确保数据的正确性；然后对数据进行转换、重构等操作后，将其存入数据仓库或数据集市中；最后运用合适的查询工具、分析工具、数据挖掘工具、OLAP 工具等对数据进行处理，使数据变为辅助决策的知识，帮助决策者做出决策。

因此，商务智能是企业利用现代信息技术收集、管理和分析结构化和非结构化的商务数据和信息，提高商务决策水平，完善各种商务流程，增强综合竞争力的智慧和能力。

3.8.2 商务智能在企业中的应用

商务智能在我国的发展尚处于起步阶段，大部分企业对商务智能仍然缺乏必要的了解。我国虽有部分企业进行过或正在进行数据仓库和数据挖掘项目，但多数企业在这方面的应用几乎为零。

电信、金融、航空等行业因为信息化程度偏高，且可以利用商务智能来补充和完善实施的 CRM 和 ERP 系统，被商务智能软件厂商们看好。而集中的、竞争激烈的生活消费品行业、零售业以及金融服务业（如银行、保险等）由于利润薄，信息化程度低，资金实力不强，没有足够的能力实施商务智能。商务智能软件开发商在国内开展的业务中，多数集中在电信、金融等行业。

我国企业在商务智能的应用方面的需求还是巨大的，特别是金融、电信、零售、制造等行业对商务智能技术应用的需求不断增加。随着我国企业信息化建设的进一步完善，对商务智能系统的需求只会与日俱增。

3.8.3 ERP 系统与商务智能的关系

在过去 10 多年的时间里，ERP 系统和商务智能的发展道路或多或少是并行的。商务智能和 ERP 系统有许多共通之处：两者都采用分布式架构存储海量数据；都具有为大范围终端客户提供深度访问的能力；都具有高度的分布性和应用程序的可扩展性；都基于同样的前提，即将直接或者间接数据作为预测工作的参考信息；商业判断能力都依赖于信息技术。商务智能和 ERP 系统最大的共性就是，它们使企业运行得更有效率、响应更及时，并易于整合。

虽然 ERP 系统和商务智能存在类似之处，但它们绝对不是同一事物或同一事物的两个方面，而是互补的系统。ERP 系统是面向操作的软件，而商务智能是面向决策的软件。商务智能可以建立在 ERP 系统收集的原始数据的基础上，弥补 ERP 系统在分析、决策功能上的不足，其并不是简单的 ERP 系统的附属模块。商务智能能够帮助经营者和决策者发现企业本身的问题和不足，并且给他们提供一种后果的设想，帮助他们选择最佳的方案和渠道。因此 ERP 系统和商务智能是可以并驾齐驱的，企业应用 ERP 系统时必然也需要商务智能。

本章习题

一、填空题

1. 产品数据管理的英文缩写是______________。
2. SCM 的中文名称是________________。
3. 供应链管理强调从需求源点到______源点的整个完整的链式结构。
4. 准时制生产的重点工作是实行精准的__________和管理。

二、判断题

1. ERP 需要和 SCM 集成，不需要和 PDM 集成。 (　　)
2. MES 就是制造资源规划系统。 (　　)
3. ERP 流程较为固定，所以不需要互联网化。 (　　)

三、选择题

1. 以下说法不正确的是（　　）。

   A. ERP 实现了 SCM 的管理思想　　B. ERP 需要和 CRM 集成

   C. JIT 采用“看板”功能实现倒序管理　　D. ERP 和 MES 不具互补性

2. 以下关于 ERP 与 CRM 关系的说法不正确的是（　　）。

   A. ERP 是 CRM 的前端应用　　B. ERP 需要和 CRM 集成

   C. CRM 业务流程比 ERP 灵活　　D. ERP 与 CRM 的关注对象不同

3. 以下哪个系统是构建智能化制造车间的基础支撑系统和应用平台？（　　）

   A. ERP　　B. PDM　　C. JIT　　D. MES

四、简答题

1. ERP 如何与 SCM 集成?
2. ERP 系统与云计算结合的优势有哪些?
3. 简述 BI 与 ERP 的关系。

第 4 章　ERP 项目的实施与运行

【学习目标】

✧ 了解 ERP 项目实施中开发商、咨询公司、用户和集成商之间的关系。

✧ 掌握 ERP 项目实施的过程、ERP 项目实施成功的关键因素。

✧ 掌握 ERP 项目管理的内容。

用友公司ERP项目实施中各方关系与组织协同

用友公司是亚太地区领先的企业管理软件开发商、中国最大的 ERP 开发商之一。我国 500 强企业中超过 60%是用友的用户。选取用友 ERP 软件作为项目实施代表，具有典型意义。

1. ERP 项目实施的关系主体及其联系

ERP 项目实施主要涉及 3 个利益主体：用友公司、用友各区域分公司（实施顾问和用户开发）、用户。在 ERP 项目实施中，用户方结合企业内部控制提出需求，反馈给用友各区域分公司的实施顾问，实施顾问做出职业判断，原有系统能满足需求的，由实施顾问直接实现；不能满足需求的，实施顾问与分公司的用户就二次开发进行沟通，能够通过二次开发实现的，交由用户开发完成，必要时寻求用友公司的协助；评估后无法通过二次开发实现的，及时告知实施顾问，由实施顾问向用户方反馈，请用户调整需求。

2. ERP 项目实施的组织协同

在 ERP 项目实施过程中兼顾各关系主体利益与诉求，最终达到各方协同一致，是项目实施的关键。

（1）用户

用户的首要任务是完成 ERP 项目的前期准备工作，包括成立 ERP 项目团队、员工的前期 ERP 知识培训、管理层需求分析、ERP 软件的培训等。然而，在实际的 ERP 项目实施过程中，用户尤其是企业领导，往往会忽视前期准备工作，盲目跟风，仓促购买软件和硬件，或完全寄希望于外部实施顾问。解决这个问题的最好方法就是借鉴成功实施案例。成功实施 ERP 项目的企业在前期都会引入咨询公司，它们的主要工作是诊断企业管理中影响其竞争优势的问题，提出有效的解决方案；进行企业对信息技术的需求分析，编写投资分析和可行性分析报告；协助企业规划信息化工程的建设，评价和选择软件企业及产品；承担实施指导或项目管理工作，协助企业取得实效。

以财务模块为例。财务模块是 ERP 系统的核心模块。在 ERP 项目实施中，企业领导负责监督和控制，而会计人员作为直接执行者。而在现实生活中，多数企业仅将财务模块用于代替手工核算，从而减轻会计人员负担、提高核算效率。但会计人员的计算机操作水平却存在很大的不足，这些会计人员只会使用基本的办公软件和用计算机做账，所以不能把财务方面上的流程和企业运营流程完美结合，导致许多需求得不到满足。

（2）实施顾问

实施顾问是 ERP 项目实施的桥梁。ERP 系统是一个工具，它是不能自行实施和维护的，实施顾问稍有松懈，应用水平就会降低；要想成功实施 ERP 项目，人是十分关键的。而在整个过程中，实施顾问与用户、用户开发及用友公司均关系密切，需要从中不断沟通、反馈、调整，以使多方满意。

实施顾问的主要工作内容是针对不同的用户搭建符合用户实际情况的软件平台。其工作的重要意义体现在丰富并发挥软件功能，配置适合使用对象的软件。实施后的软件所达到的效果，不仅符合用户群体的个性化需求，而且在使用过程中会逐渐体现 ERP 软件的价值。实施顾问的实际操作经验对企业上线 ERP 系统的效果至关重要。他们知道什么该做、什么不该做，从而可以避免出现错误或者保证少出错误。即使出现错误，一个经验丰富的实施顾问也能快速找到修正错误的途径。

（3）用户开发

用户开发在 ERP 项目实施中主要是从技术上对项目进行支持。在用户开发中，领导及开发顾问是主要的构成部分。用户开发的领导有时候只考虑到后期的维护费用，而没有评价任务的工作量和难易程度就匆忙接单。因为开发是很耗时的，如果任务的难度较大，会导致用户开发前期的工作压力很大，甚至有时候会使企业处于亏损状态。因此，在承接项目时，用户开发的领导应综合评估，切忌短视、急功近利。

开发顾问内部管理也是实施 ERP 项目的一个很关键的因素，管理最好能以工作完成情况来衡量，这样才能提高工作效率。ERP 项目实施对开发顾问职业素质的要求也很高，开发顾问不仅要有高超的技能，还要有很好的沟通能力和健壮的身体，只有这样才能长期胜任这一岗位。

（4）用友公司

用友公司作为 ERP 项目实施的“大后方”，主要负责标准化软件的开发及企业协作。企业在选择国产软件时，归纳起来主要有两点理由：一是经济实惠，二是好用好改。选择国外软件则是考虑其产品集成度高、成熟可靠。因此，开发国产 ERP 软件要注意几个问题：一是要密切注意现代管理思想和方法的发展；二是要体现供应链范围的信息集成，尤其是物流同资金流的集成，以及灵活适应业务流程重组的要求；三是要考虑计算机技术和网络通信最新技术的发展，有一个较高的起点；四是要照顾到量大面广的企业，考虑企业的承受能力；五是一定要高瞻远瞩，着眼于长远发展。即使实施顾问的能力很强，但是在实施过程中还是会遇到一些他不能解决的事情，如一些应用的限制没开放、模板的使用权限、用户使用的速度跟踪等，这时就需要用友公司的实施人员来协助支持。但是，由于他们平时工作面对的是分布全国的实施顾问，在一定程度上响应速度就慢了很多，如果遇到大的问题可能还要等上两三天甚至更久，有时候会影响 ERP 系统的上线时间。因此，用友公司总部的资源调度是否充足、协同支持是否到位，也是项目实施成败的重要影响因素。

讨论

（1）用友公司 ERP 项目实施的参与主体包括哪些？

（2）用友公司应如何调动各方参与主体？

ERP 项目实施是 ERP 开发商基于 ERP 软件为用户提供的所有后期服务和流程的统称。因为 ERP 项目的实施理论为“三分软件，七分实施”，所以 ERP 项目的成功实施是保证 ERP 软件运行成功的至关重要的环节。

4.1 ERP 项目实施中的四方关系

ERP 是一个大型的企业管理软件，它的实施涉及企业的各个部门。对于这样一项耗资巨大、费时费力的系统工程，企业大都没有实施应用经验。尽管有些企业拥有自己的内部参谋和决策者，可以自己组织业务人员、管理人员和 IT 人员进行需求调研、方案设计、软件选型、系统集成。但他们在实施中会遇到相当大的阻力，具体内容如下。

4-1 ERP 项目实施中的四方关系

① 利益相关者较多，内部参谋难以有效推动项目的进行。

② 由于怕承担决策风险，内部参谋做出的决策往往不是最优的，有时甚至达不到次优。

③ 受思维定式和各种条件制约的影响，内部参谋往往会忽略或未意识到企业存在的问题，对企业的需求不能清晰地定义和描述。

④ 与 ERP 产品的接触有限。

⑤ 内部参谋对项目管理的经验也是不够的，对实施 ERP 项目缺乏成熟的方法论的指导。

基于以上企业自身根本无法克服的问题，在 ERP 项目实施中成功的基础在于各方良好的合作。企业在项目实施前一定要认真考察和选择理想的合作单位。开发商、咨询公司、用户和集成商之间的关系是 ERP 项目实施中的四方关系（Quartet Relationship，QR），他们既互相独立又相互依存。

4.1.1 开发商的角色

对 ERP 开发商的选择无疑是企业实施 ERP 项目的关键环节，对 ERP 开发商的选择，必须要从价格、服务等多方面综合考虑。

国内外 ERP 软件市场上的 ERP 软件种类繁多。目前国内较为著名的 ERP 开发商有用友、金蝶等厂商，国外较为著名的 ERP 开发商有 SAP、Oracle 等，每家开发商的 ERP 软件各有特色。国内的 ERP 软件是针对企业的本土化，基于我国的国情和企业的独特需求开发的，比较适合国内中小型企业使用；国外大型 ERP 软件性能稳定，技术先进，可以极大程度地满足各类企业的需求，但价格昂贵。

所以如何选择 ERP 开发商要视企业的具体情况而定。一般中小型企业管理模式较为简单，可以选择国内 ERP 开发商。大型企业由于管理模式和内部关系较为复杂，ERP 项目可能会涉及多方利益，需要企业先进行管理体系的优化，而后再通过 ERP 项目的实施将其固化。因此大型企业对

软件和开发商都有很高的要求，一般可根据自身经济条件选择国外 ERP 开发商。

国外企业实施 ERP 项目时惯常采用的方式是由软件开发商、咨询公司共同为企业提供项目实施服务。

4.1.2 咨询公司的角色

随着 ERP 的发展，越来越多的咨询公司介入 ERP 项目的实施。现今许多 ERP 开发商都提供实施服务，但大多都是由第三方实施，即由专业的 ERP 咨询公司实施。这些第三方的参与可以对企业的 ERP 软件选型工作给出参考意见，并在实施 ERP 项目的过程中，为企业提出综合改革方案。咨询公司的责任可概括为：根据企业内外部环境和资源状况，分析企业实施 ERP 项目的可行性；了解企业对 ERP 项目的需求，找出企业管理现状与所实施的 ERP 项目的差距，科学制定 ERP 项目的战略目标。

咨询公司的作用在 ERP 项目实施中已越来越明显，国外大型企业基本上每年都在聘请咨询公司上有相当的业务支出，国内的咨询业近年来也得到了飞速发展。此外，咨询业规范化越来越引起社会各界的重视。在 IT 行业存在的风险与行业问题方面，相关的制度已经出台并试行。相信以后有关 IT 咨询业的政策法规会越来越完善，能够规范咨询公司参与 ERP 项目的实施。

4.1.3 用户的角色

用户即企业向来是 ERP 项目实施中十分重要的角色，无数 ERP 项目实施失败的结果告诉我们，ERP 项目实施，用户是关键。

用户不仅要确定一个适合本企业的 ERP 开发商、一个有丰富经验的咨询公司，更应在项目实施过程中组织、协调好本企业的配合工作，保证 ERP 项目实施的正常进行。其涉及的主要工作如下。

1. 建立由企业“一把手”挂帅的实施领导小组

在成立实施小组时，许多企业的“一把手”只是挂名，只起到形式上的参与或威慑作用。实际上，“一把手”要言行一致地支持 ERP 项目的实施，其言行在项目的前期和后期要一致。有太多的“一把手”在前期倾注了太多的心血，但一旦与开发商签订合同，待实施小组成立、实施顾问参与实施后，就从项目中消失了。其他人不愿也不敢承担责任，最终导致项目失败。

2. 必须有稳定的核心项目组成员

对 ERP 项目实施的误解之一就是把 ERP 项目实施看成单纯的技术项目。持这种观点的人认为，只要配备足够的 IT 人员就能完成 ERP 项目的实施，引进 ERP 软件和引进一套生产设备差不多，只要对有关人员进行培训，让他们会使用就行了。然而 ERP 项目实施的成功离不开一批具备各方面知识和经验、稳定的核心项目小组成员。

ERP 项目实施的核心项目小组成员包括项目组长、实施顾问、企业实施小组成员、重要的高层领导等。

3. 不能回避业务流程重组问题

实施 ERP 项目必然要进行业务流程重组（Business Process Reengineering，BPR），但当软件本身的业务处理功能与企业业务管理在本质和权利分配上发生冲突时，业务流程重组往往是企业不愿意面对的问题。

业务流程重组的实施不是仅靠信息人员和业务人员处理好关系就能顺利进行的，它需要企业责权明晰，并有合理的组织、正确的领导和有效的执行。一个企业的业务流程重组需要以建立新的管理模式和业务模式为基础，同时会涉及原有的企业组织、资源的重新整合。

4.1.4 集成商的角色

集成商一般可分为系统集成商和软件集成商。系统集成商一般负责企业的网络规划、硬件安装调试等工作。软件集成商分为两种：一种是负责 ERP 软件中各模块的应用集成的软件集成商，在企业各部门按功能模块实施后，将各子模块集成在一个平台上；另一种是负责企业 ERP 系统和其他管理信息系统之间的集成的软件集成商，如企业分别实施了 OA 系统、CRM 系统、PDM 系统等，此类软件集成商需要将这些系统进行应用集成，实现数据信息的共享。

4.2 ERP 项目实施成功的关键因素

企业如何成功实施 ERP 项目是从事 ERP 项目实施人员关心的话题，也是准备实施或正在实施 ERP 项目的企业十分关心和经常提及的话题。在很多咨询管理类的报纸、杂志以及网站上，我们可以看到各种各样的文章、经验总结、失败教训、统计分析、具体实施方法等。

4-2 ERP 项目实施成功的关键因素

随着 ERP 系统的日渐普及，人们对实施 ERP 项目的神秘感和挫折感正逐渐淡去，取而代之的是以一种更理性的态度去寻找成功实施的正确方法。根据多年的实施经验来看，ERP 项目实施成功的关键因素可以从实施策略、组织机构、人员配置、ERP 项目培训等几个方面进行总结。

4.2.1 实施策略

1. 做好项目实施的总体规划

在确定本阶段实施 ERP 项目的具体目标和投入成本前，企业要认识到万能的 ERP 是不存在的。在项目开始实施前，企业要拟定项目实施的整体计划，确保整个项目的实施协调一致。企业在实施 ERP 项目前必须清楚自身的现状，明确实施 ERP 项目的目的。

2. 充分利用企业现有的软硬件资源

企业在保证项目整体先进、合理的前提下，尽量利用企业现有的软硬件资源，根据现状使接口与企业的 ERP 系统集成，并且充分利用现有的数据，以避免重复劳动给企业造成额外支出。

3. 采用分步实施的策略

实施 ERP 项目必然要消耗大量的人力、物力、财力，因此企业在实施 ERP 项目时要在遵循“满足需求、先进、科学、符合实情”原则的前提下，采用“总体规划、分步实施、重点突破、效益驱动”的策略。

4. 认真进行数据准备工作

ERP 系统的运行依赖数据的准确、及时和完备。ERP 系统运行前的数据准备是一项相当烦琐的工作，但它直接决定着企业实施 ERP 项目的效果。为此，实施 ERP 项目的企业“一把手”和信息部门负责人一定要做好有关数据准备的管理工作。

5. 人机并行时间不宜过长

人机并行时间越短， ERP 项目实施的成功率就越大，这主要有以下几个方面的原因：并行时期的工作量很大，时间一长，业务人员容易疲劳，甚至会对 ERP 系统产生反感情绪；并行时期业务部门一般都先在旧系统操作，然后再做 ERP 系统，他们会习惯不看 ERP 系统的数据，而以旧系统数据为准，那么 ERP 系统的数据有可能得不到及时跟踪，时间长了，ERP 系统中的数据垃圾就会越来越多，ERP 系统甚至会变成一套无用的系统；并行时期为核对 ERP 系统余额与旧系统余额，必须指定截数点，这就需要将业务停下来进行数据核对。

6. 重视企业领导层在项目中的作用

在 ERP 项目实施过程中解决高层面的生产和经营管理问题时，企业领导层必须与项目保持十分密切的关系。例如，领导层需要解决成本各项目和各阶段的控制、生产和投资决策等对生产经营决策有重大影响的问题。如果企业领导层对这样的层次需求的重视度不够或参与程度不够，会造成基层的人员互相扯皮推诿。

ERP 项目的实施是一项投入大、风险大、实施难度大的系统工程；是企业管理模式、管理思想、管理方式的一场变革。企业领导层应当积极投身于这一巨大工程。大量的实践表明，企业领导层的重视是企业成功实施 ERP 项目的关键。

4.2.2 组织机构

实施领导组、用户实施小组和软件开发商项目小组在整个项目的实施过程中分别担负着不同的责任。具体地说，实施领导组是以企业主管领导为首的决策机构，该机构应站在企业经营战略的高度，从计算机应用与企业经营管理的长远规划出发，提出企业管理信息系统的目标和对其的要求。实施小组负责制订和下达分期项目实施计划，解决和协调项目实施过程中遇到的各类具体问题，定期向实施领导组汇报计划执行情况，指导各业务部门、车间的项目实施工作。软件开发商项目小组负责与用户实施小组共同制订项目实施的具体计划，对用户的管理人员进行培训，指导用户进行规范化的项目实施工作。

ERP 项目实施的效果受人的影响较大。所以在整个项目的实施过程中，人员配置尤为重要。根据 ERP 专家的意见，项目实施应该由企业总经理带队，副总经理和信息主管共同负责，生产各部门、各流程的业务主管及技术负责人共同参与。

4.2.3 人员配置

ERP 项目实施是一项艰巨而复杂的系统工程，几乎涉及企业的所有人员。因此要完成这项工程，就必须提高所有人员（包括各级领导、管理人员和员工）的技术水平和素质。首先，在技术方面，员工应尽快地适应和使用新系统，对系统与企业实际流程有出入的地方能积极主动地想办法解决；其次，对培养人员的理念和认识进行培训，提高全员对实施 ERP 项目根本意义的认识，使所有人员都能尽快进入角色。培训要贯穿于项目实施始终，应分阶段、分内容、分人员、分管理层次进行。

ERP 项目的实施要求企业必须有一个具有推动力的项目小组，其核心成员在企业中必须是具有一定影响力的人员，并且具有较强的业务综合能力、工作协调能力和领导能力，对决策层做出的决策负责。另外，核心成员还必须具有承担项目实施压力的能力，必须明确在实施过程中哪些是坚决不可妥协的。拥有核心成员的项目小组是 ERP 项目成功实施的重要保障，如果企业暂时没有这样的人员，也要注意实施人员在实施过程中要有意识地配合软件开发商做好培训工作。

企业实施 ERP 项目是一项大型的技术工程，参与系统的开发与维护的技术人员应由以下几类人员组成：系统分析及管理人员、应用系统维护人员、网络和硬件及数据库专职管理人员、计算机操作和数据录入人员、各部门都应配备的相应操作人员。

4.2.4 ERP 项目培训

ERP 项目培训涉及软件开发商和企业两方，是成功实施 ERP 项目的重要因素。ERP 项目培训有两个重要目的：一是增加企业人员对 ERP 相关知识的了解；二是规范企业管理人员的行为方式。通过培训，企业除了要使各级管理人员明确什么是 ERP，实施 ERP 项目将给企业带来哪些变化外，还要明确实施 ERP 项目后各个岗位人员的新的工作方式。培训可以采用授课和现场培训的方式，培训内容包括 ERP 理论及 ERP 系统功能、使用操作、数据采集等。

通过培训，不同人员可达到不同的目的，具体如下。

① 技术人员：了解 ERP 原理，理解 ERP 系统中产品结构的组成和作用，修改产品的组成等。

② 生产管理人员：会查询工单状态，熟悉工作规范，清楚工单从领料到加工、汇总整个过程，对缺料、拖期工单进行处理。

③ 数据维护人员：理解自己维护的基础数据在系统中的来源和用途，能熟练操作系统进行数据维护。

④ 系统管理人员：深刻理解 ERP 系统的运行原理和各模块之间的关系；能够为各业务部门提供咨询与培训，并能对系统进行日常维护。

⑤ 操作人员：对 ERP 的基本概念和原理有一定了解，会正确使用 ERP 系统菜单上的功能进行数据输入，熟悉数据输入的具体注意事项和规定。

ERP 系统不是一套简单的通用软件。企业要想将系统功能与企业业务结合起来，除了本章以上提到的几个方面要素外，还必须借用咨询公司的经验，才能有效保证 ERP 项目的成功实施。

4.3 ERP 项目管理内容

作为一种企业管理信息系统，ERP 项目的实施必然要结合业务流程的优化，也就是企业资源配置的合理化。而企业的效益又依赖于资源配置模型的优化，因此我们把资源配置模型的优化作为首要的、最终的目标，把其他任务放在次要的、从属地位上。在 ERP 项目的实施过程中，要把 ERP 系统与工业自动控制系统的概念分开。ERP 是一个资源调度或决策支持系统，其中

4-3 ERP 项目管理内容

有对生产、设备、能力及各种工艺的评估和计算，但不等同于工业自动控制系统。

4.3.1 ERP 项目的特征

1. 目标柔韧

ERP 项目最大的特点就是需求规格不完整、表述不确切。ERP 项目目标的柔性很大，用户所理解的 ERP 项目实施成功的标准和开发商所理解的标准往往有很大的出入，原因如下。

① 用户由于受到经验和专业能力的限制，很难确切地、完整地表达自己的需求。换句话说，用户往往不知道自己想要什么。

② ERP 项目的实施过程本质上是一种服务过程。实施顾问给用户提供的是服务，而用户得到的是一种体验，用户的体验成为其对开发商实施顾问服务的一种客观评价，这个评价中掺杂着很多的感性成分和个性成分。软件的易用性在很大程度上存在依赖于感知，而扎实的用户培训能够有效地提升软件的易用性。

目标柔韧对所有项目管理者来讲都是很难绕开的难题。所以，这类项目要想实施成功，项目经理就要更注重除满足软件固有功能之外的、影响用户评价的因素。这些因素有时候会起到决定性作用。

2. 综合性强

IT 行业具有很强的渗透性和带动作用，是带动国民经济发展的力量。信息化已逐步渗透到国民经济第一产业、第二产业、第三产业以及社会生活的各个领域，有效地推动了产业结构调整，促进了产业技术改造，为产业发展和整个社会生活带来了巨大的变化。

软件产品和信息技术都是推动企业管理进步和技术改进的工具，因此，ERP 项目必须和其所服务的对象紧密结合，脱离了具体业务的信息系统是不切实际的。如果 ERP 项目经理对所服务企业的行业背景不甚了解，对企业商业模式的理解不够深刻，就很难帮助企业提升管理水平。

3. 跨组织性

ERP 项目小组最大的特点是由两个甚至更多的组织组成。项目小组中既有开发商的实施顾问和项目经理，又有企业的各级领导、应用人员和项目经理，有时候还会有项目监理等第三方。这类项目中，项目经理是临时性的，团队成员是兼职参与项目的。ERP 项目实施的工作任务是凭空添加出来的，这给项目小组的协调和项目任务的落实带来了一定困难。

在跨组织项目小组中，要想顺利推进项目，严格的工作分工和责任指派、严肃的纪律保障和团队成员间的相互信任都非常重要。

4. 过程不易监控

ERP 项目的实施和传统项目的实施最大的不同是其中间结果的质量很难判断，而且中间结果和最终结果之间的联系不直接。这就使得针对 ERP 项目实施的过程检视和过程评审有一定难度。

正因为 ERP 项目的实施过程不易监控，过程管理就显得至关重要。企业稍有不慎，就会造成大量返工或工作遗漏，从而影响整个项目的进度和质量，增加投资成本。

5. 伴随着管理变革

ERP 项目实施的失败率很高的另一个原因在项目之外，即 ERP 项目实施常常伴随着企业的管理变革。相当比例的失败，与其说是 ERP 项目实施的失败，还不如说是企业内部管理变革的失败。因为 ERP 本身是一个新的信息化管理手段，使用这种管理手段和办公方式必然会冲击企业固有的管理模式。从这个意义上讲，ERP 项目实施的过程就是企业内部管理模式的变更过程。

6. 受文化的影响大

每个项目都是在一种或多种文化的背景下运行的，所以文化会影响 ERP 项目的实施效果。在执行力不强的企业实施 ERP 项目，如逆水行舟，举步维艰。有时候文化对项目实施的影响十分大，在保守的企业文化的笼罩下，中层干部和基层人员缺乏创新能力，ERP 项目想要落地生根，就要面对很大的阻力，失败的风险也会大一些。

4.3.2 ERP 项目管理的准备

企业应依据企业的战略规划和愿景，结合对当前实际业务流程的优化分析，找出项目实施的切入点进行全面规划。

① 需求评估：对企业的整体需求和期望做出分析和评估，并据此明确实施 ERP 项目的期望和目标。

② 项目范围定义：在明确企业对项目的期望和目标的基础上，定义 ERP 项目的整体范围。

③ 可行性分析：根据项目的期望和目标及项目范围，对企业自身的人力资源、技术支持等方面做出评估，明确为配合项目需要采取的措施和资源。

④ 项目总体安排：对项目的时间、进度、人员等做出总体安排，制订 ERP 项目的总体计划。

⑤ 项目授权：由企业与 ERP 开发商签订 ERP 项目合同，明确双方职责，并由企业根据项目的需要对咨询公司进行项目管理的授权。

ERP 项目实施前的范围规划是为达到项目的总体界限及对项目的期望，确保双方（企业和软件开发商）对项目实施的认识是一致的；确保双方能够保证项目实施所需要的投入；确保双方在今后项目实施过程中遇到困难和阻力时，能有效解决。

① 确定详细的项目范围：对企业进行业务调查和需求访谈，了解用户的详细需求，以及项目实施的详细范围。

② 定义递交的工作成果：企业与咨询公司讨论确定项目实施过程中和实施结束时需要递交的工作成果，包括相关的实施文档和最终上线运行的系统。

③ 评估实施的主要风险：咨询公司结合企业的实际情况对实施系统进行风险评估，对预计的主要风险采取相应的措施以预防和控制风险。

④ 制订项目实施的时间计划：在确定详细的项目范围、定义递交的工作成果和评估实施的主要风险的基础上，根据项目实施的总体计划，编制详细的项目实施时间安排。

⑤ 制订成本和预算计划：根据项目总体的成本和预算计划，结合实施时间安排，编制具体的成本和预算计划。

⑥ 制订人力资源计划：确定实施过程中的人员安排，包括具体咨询公司的咨询顾问和企业方面的关键业务人员、参与用户方面实施的关键人员；需要对相关人员的日常工作做出安排，以确保其对项目实施的时间投入。

4.3.3 ERP 项目过程管理

对于 ERP 项目的实施，软件开发商与用户企业的合作是长期的，因此在项目的开始就必须对项目的连续性和系统性加以重视；软件开发商能够伴随企业共同成长；软件开发商提供的ERP系统具有先进性；软件开发商的服务操作规范且文档齐全；软件开发商的服务人员具有一定的实施经验；用户企业对项目负责人的选用要慎重；企业需要建立有利于项目实施的规章制度。

项目管理贯穿ERP项目实施的全过程，其对项目的立项授权、需求分析、软硬件的评估选择，以及系统的实施进行全面的管理和控制。一个典型的ERP项目管理循环通常包括项目开始、系统选型、项目计划、项目执行、项目评估和项目完成6项主要内容。

① 项目开始：项目开始阶段主要针对ERP项目的需求、范围和可行性进行分析，制订项目的总体安排计划，并以“项目合同”的方式由企业与ERP开发商确定项目责任。

② 系统选型：在明确了项目的期望和需求后，系统选型阶段的主要工作就是为企业选择合适的软件系统和硬件平台；这一阶段的主要工作是进行系统选型的风险控制，并在综合评测的基础上考察系统功能和自身需求的合理匹配；综合评价开发商的产品功能和价格、技术支持及服务能力等因素，避免在系统选型过程中出现舞弊等行为。

③ 项目计划：项目计划阶段是ERP项目实施的启动阶段，主要包括确定详细的项目实施范围、定义递交的工作成果、评估实施过程中主要的风险及制订项目实施的时间计划、成本和预算计划、人力资源计划等。

④ 项目执行：项目执行阶段是实施过程中历时最长的一个阶段，贯穿ERP项目的业务模拟测试、系统开发确认和系统转换运行3个步骤，项目实施的成败与该阶段项目管理进行得好坏相关。

⑤ 项目评估：项目评估阶段的核心是项目监控，即利用项目管理工具和技术来衡量和更新项目任务；项目评估同样贯穿于ERP项目的业务模拟测试、系统开发确认和系统转换运行3个步骤中；项目评估主要侧重于阶段性评估、项目里程碑的鉴定和验收、实施质量的检验等。

⑥ 项目完成：项目完成阶段是项目实施的最后一个阶段；在最后一个阶段仍有重要的项目管理工作需要开展，主要包括行政验收、项目总结、经验交流、正式移交等。

贯穿上述6个项目管理阶段全过程的工作是对项目表现的衡量和对项目实施的质量管理，以及对项目风险的管理控制。

4.3.4 ERP项目分工管理

本节将简单阐述在ERP项目实施过程中，软件开发商和企业项目小组成员的分工。

① 项目经理：完成整个项目的实施目标。

② 企业项目小组负责人：项目总体管理，检查并签订项目交付文档，主要在企业领导层和各部门项目组成员之间起沟通桥梁的作用，准备并管理项目预算，管理和定义项目实施范围，获得、分配、实时管理项目用户端资源，监控和推进问题解决流程，负责确保项目不偏离原有目标和范围，组织人员培训等。

③ 软件开发商实施负责人：项目总体管理，准备并维护项目工作计划及进展记录，负责制定实施策略，进行项目的控制与预算，定义并管理实施范围，明确所有参与项目的人员的职责，监控和推进问题的解决，协调项目变更活动，参与业务流程的解析，拟订培训方案等。

④ 软件开发商服务人员：对用户单位的管理提供组织结构和流程优化等方面的建议；向企业项目小组传授先进的管理理念和系统知识；在业务流程设计中提供较好的商业实践；定期汇报项目进展，按时完成所分配的任务；作为建议者帮助企业项目小组完成任务等。

⑤ 企业项目小组成员：在项目经理的领导下提出符合自身特点的业务需求；参加业务调研会，提供所属部门现行业务流程及具体组织结构等信息；就实施或咨询顾问提出的咨询建议进行讨论，并提出反馈意见；负责收集各类调查问卷，并在实施或咨询顾问的指导下参与分析并做好本职范围内的工作，如数据的整理与集中等。

4.3.5 ERP 项目时间管理

1. 制订项目时间表的重要性

实施 ERP 项目是一个庞大的、综合性的系统工程，其过程控制主要表现为对项目实施过程的时间控制。时间管理的主要作用和任务是控制项目实施过程中各阶段投入的各种资源和达到目标所用的时间，使之尽可能达到项目实施计划的原始要求。

当一个切实可行的总体实施计划和目标被制订和批准以后，如何监督和控制该计划的实施就成了一个重要的问题。所以，对实施过程的监督和控制主要着眼于以下几个方面。

① 要使实施各方都明白时间计划是严肃的。

② 时间计划可以调整，但调整时间计划必须有合理的依据并得到高层领导的批准。

③ 化整为零，按每一个实施的小阶段对投入的资源和达到目标所需的时间进行监督控制。

④ 因发生问题而出现时间上的调整是正常的，但不控制问题的发生是不正常的。

⑤ 控制问题的方式有追究责任、调整资源、改变方法、调整计划、停止计划等，用这些方式可以掌握和控制时间。

2. 项目活动时间预评估

在项目的实施过程中，监督和控制的依据是计划和目标，监督和控制的目的是使实施工作按计划进行并实现预期的目标。项目负责人要及早发现实际与计划的差距并分析原因。进而根据原因决定是调整时间计划和目标还是调整资源。这里所讲的资源是指广义的资源，如时间、人力、资金、技术和工具等。企业在实施 ERP 项目时，资源出现问题是十分常见的，而好的时间计划可以在开始时就“考虑到”时间的富余量，并“懂得”如何分清责任和如何及时控制资源的合理投入。

对项目过程进行控制和评估的方法可以概括为以下几种。

① 将一个大阶段分成多个小阶段，分阶段实施时间计划。

② 监督和控制每一个小阶段时间计划的可行性，监督和控制按照时间计划投入的资源。

③ 监督和控制问题的发生，找到责任者，并且监督和控制解决问题的措施及其执行情况。

4.3.6 ERP 项目成本管理

在 ERP 项目投资中，控制好总拥有成本的关键是建立一个经济评估机制，对各种存储方法都要估计其投资回报率（Return On Investment，ROI）和总拥有成本（Total Cost of Ownership，TCO）。

1. 了解情况

在选择和实施 ERP 项目的过程中，企业首席信息官（Chief Information Officer，CIO）只有明确以下 4 个问题，才能很好地做出 ERP 项目的成本预算决策。

（1）什么是最好的系统?

第一，管理信息系统能支撑企业战略。第二，这个系统能提供最佳效率。管理信息系统不仅要解决复杂的计算问题，还要对未知的问题进行预测和控制，同时从企业高层到企业基层人员，从企业总部到最末端的分支机构都可以使用这个系统。

（2）什么是功能全的系统？

任何企业的信息化都包括内部的核心部分和外部的外展部分，而核心部分的关键就是 ERP 系统。

企业的 ERP 系统主要包含财务管理、人力资源管理，以及围绕财务管理和人力资源管理的企业运营和行政管理。而企业的运营和行政管理基本包含对库存和生产制造的管理、对销售订货和发运的管理、对采购的订货管理，以及对维护和质量的管理，也就是通常说的产、供、销的业务链。绝大多数支撑企业内部运作的任务，如要顺利完成与外部的联系，应依靠以下 4 个扩展系统。

① 有效的客户关系管理系统有助于营销前端管理的延伸，做到对市场的优化、对客户长期的维护、对销售人员的管理。

② 供应商关系管理系统主要是对合同、招投标的管理，特别是对供应商以及货源的有效控制。

③ 产品生命周期管理系统包括从产品设计到制造、生产、营销的整个过程。

④ 扩展的供应链网络管理系统主要针对企业间的库存和生产制造部分，使得供应链从原来企业内部的需求链，扩展到供应商和客户末端。

除此之外，现在还有很多新型的管理内容，如商务智能、企业的信息门户、企业信息交换总线、移动商务等管理，这些实际上都是对整个企业业务平台的扩充。

（3）应考虑哪些方面的价格？

ERP 项目投资中的价格问题就是总拥有成本的问题。它主要考虑 ERP 项目的实施、集成、运营、维护等各个方面的成本。作为企业的首席信息官，更多考虑的是系统整体的安全、稳定、高效和开放。

投资一个 ERP 项目之后还有很多事要做，如考虑实施 ERP 项目前后企业明显的资金变化。

（4）如何实施？

实施就是企业实现信息化的过程，主要包含业务流程和技术实现两个部分。

纯粹从技术层面看，把通用产品变成企业的专门产品就是实施的过程，一般要经过以下几个步骤。

① 定位国家级的通用组件。现在很多产品是世界通用的，但是到了某个国家后，必须要有符合这个国家情况的特征。

② 做通用行业级组件。所谓“通用行业级组件”就是符合某个行业标准和共性的功能和设计的组件。

③ 做行业的特殊组件。例如，电信系统、进出港系统等这样的特殊化的行业组件。

④ 客户的特殊组件。即使把通用产品变成企业可用的产品（只做技术处理），但这些技术处理也可以把以往很多技术处理的经验固化、产品化下来，使得整体投入大大下降。

2. 问题解决

绝大多数企业上线管理信息系统都是立足于最初的需求，面向功能的运行。但是这样做自然而然就会产生信息孤岛，这时就应该开发接口。

但这样一来，跨部门业务的成本就提高了，产生的结果似乎是用了管理信息系统后，不但没有省钱反而花了更多钱。这是没有认真考虑总拥有成本的结果。

根据总拥有成本的概念，购买软件、硬件和咨询服务的投入，只应占整个 ERP 项目投资的 32%，而更多的费用应投入在系统的管理、技术支持和培训方面。

用户的培训往往被实施人员所忽略，以前企业形容 ERP 系统的数据是“垃圾进垃圾出”，为什么？因为系统本身不具备产生数据、自动消化数据的能力，用户输入什么，系统就运算什么。对用户的培训不够充分，使得企业管理信息系统的效率较低。

那么怎样才能降低系统的成本呢？应该从 4 个方面来考虑：降低初期投资、缩短收益时间、缩短实施时间、提高效率。降低成本的方法也有 4 个：服务产品化、系统管理套件化，技术支持层次化、业务流程标准化。

总之，服务的改造可以使总拥有成本至少下降 50%。这不是意向性的数字，而是通过实践总结出来的。实现企业的信息化实际上有很多方法，认识并解决以上几个问题，在应用管理信息系统时，就会有较好的方向感，使得整个管理信息系统在良好的总拥有成本下获得最大的信息回报。

4.3.7 ERP 项目风险管理

实施 ERP 项目的风险管理可以分为 4 个步骤：识别风险、衡量风险、管理风险、监控和评价项目的进程与状态。

识别风险的主要工作是确定可能影响项目实施的风险并记录风险的特征。需要注意：风险识别是贯穿项目实施的全过程的，而不仅仅在项目的开始阶段；可能的风险包括各种内部风险和外部风险；在识别风险的同时，需要辩证地分析其负面效应（风险带来的威胁）和正面效应（潜在的机会）。

衡量风险主要是对识别的风险进行评估，确定风险与风险之间的相互作用，以及风险背后的一系列潜在后果，同时还需要确定风险的重要性和处理风险的优先顺序。在这一阶段可以采用的分析工具包括风险评估矩阵、预期投资回报率、模拟、决策树等。

管理风险是风险控制中最为直接、最为关键的一步。在管理风险过程中，需要对风险的正面效应（潜在的机会）制定增强措施，对风险的负面效应（可能的威胁）制定应对方法。对于不同的风险，需要根据其影响力、后果以及已经确定的处理优先顺序，采取相应的措施加以控制。另外，在处理风险时需要注意“及时性”（在第一时间对各种突发的风险做出判断并采取措施）和“反复性”（对已经发生或已经得到控制的风险经常进行回顾，确保风险能够得到稳定长期的控制）。

最终需要对项目过程进行监控，检查风险控制的实际效果，评价风险控制的整体表现。

综上所述，项目管理通过项目管理循环，从成本管理与质量管理、风险管理控制等不同方面对项目进行控制，以实现企业所预期的项目目标。

本章习题

一、填空题

1. ERP 项目实施的基本工作环节分为 8 个：需求调研、__________、拟订业务流程、确定编码原则并收集资料、测试业务流程、________、上线辅导、月结辅导。

2. ERP 项目实施过程中，对核心小组（包括项目负责人、部门经理）培训的内容包括 ERP 系统的管理思想概念、________________，以及 ERP 系统各种报表的应用。

3. ERP 项目的实施是一项投入大、风险大、实施难度大的____________；是企业管理模式、管理思想、管理方式的一场变革。企业领导层应当积极投身于这一巨大工程。大量的实践表明，企业领导层的__________是企业成功实施 ERP 项目的关键。

二、判断题

1. ERP 是一个大型的企业管理软件，它的应用实施涉及企业的各个部门，即从最高的领导层到最基层的操作人员。（　　）

2. ERP 项目实施的角色之一的集成商一般可分为系统集成商和软件集成商。如果企业要实施 OA 系统、CRM 系统、PDM 系统等，这些工作由系统集成商承担。（　　）

3. 在 ERP 整个项目的组织机构中，实施领导组、用户实施小组和软件开发商项目小组在整个项目的实施过程中，分别担负着不同的责任。（　　）

三、选择题

1. ERP 项目实施工作大部分是由（　　）完成的。

A. 项目实施小组　B. 程序员　C. 职能组　D. 咨询公司

2. ERP 项目实施的效果受（　　）的影响较大。

A. 组织培训　B. 软硬件　C. 人　D. 数据

3. ERP 项目实施过程中，需求分析工作的目的在于（　　）。

A. 优化业务流程　B. 了解企业需求

C. 定义项目目标　D. 为实施 ERP 项目做准备

四、简答题

1. 如何理解 ERP 项目实施中的四方关系？

2. ERP 项目成功实施的策略有哪些？

3. 实施 ERP 项目的风险管理可以分为哪 4 个步骤？

第5章　用户视角：需求驱动与规划实施

【学习目标】

✧ 掌握ERP项目实施的基本条件、ERP项目规划的组织与主要工作、ERP软件选型的原则、思路与评价指标。

✧ 了解ERP项目实施的指导思想与风险防范。

✧ 熟悉ERP项目的实施模式与实施策略。

ERP怎样为东阿阿胶“舒筋通脉”

东阿阿胶集团有限公司（以下简称“东阿阿胶”）拥有7个成员企业、3个分厂，其核心企业东阿阿胶股份有限公司是全国最大的阿胶生产基地之一，于1996年上市。东阿阿胶主要生产中成药、生物制剂、保健食品、医疗仪器、药用辅料等多个门类的四十余种产品。企业属于流程型企业，但又有离散型企业的特征。

1. 变革动因

竞争压力是东阿阿胶决策者最终决定实施ERP项目的主要动因。如何增强企业核心竞争力成为东阿阿胶的首要课题，而原有的管理信息系统已经成为影响企业发展的阻力。从1987年开始实行计算机单机管理，到1989年东阿阿胶的信息化工作已基本普及质量、人事、财务、生产等环节，初步实现了计算机辅助企业管理，但受限于当时技术条件和管理水平，东阿阿胶的各管理系统相对独立、开发环境和应用平台差异大、信息代码没有统一标准、各子系统形成信息“孤岛”，难以实现信息共享，限制了企业的发展。

与此同时，企业业务的高速增长也使东阿阿胶迫切需要改造系统。在企业内部，由于业务发展迅猛，企业出现产、供、销脱节现象，特别是流动资金被占用的情况越来越严重。在企业外部，由于市场变化快，企业所需的部分原材料也出现了供应不足或供应不稳定的情况。为保持东阿阿胶在国内阿胶市场的领导地位，企业果断决定通过实施ERP项目进行ERP变革。

2. 选型波折

早在1998年，东阿阿胶的主要领导者就决定实施ERP项目，但由于对ERP了解得不够深入，企业在ERP软件的选型上疏于调查和科学论证，结果草率实施ERP项目，造成ERP项目实施不到2个月即宣告失败。这不仅浪费了东阿阿胶主要业务人员的时间和精力，更重要的是影响了企业今后实施ERP项目的士气，使业务人员产生了畏难情绪。

在第二次ERP软件选型时，东阿阿胶及时总结教训，以分管集团信息化建设的副总经理和集团信息中心主任为首，成立了专门的软件选型小组，并制定了 3 项原则：一是严格实行招标制度，邀请有关专家对 ERP 软件进行多家分析和比较，甄选出技术、功能一流并与企业自身行业特点相符的 ERP 软件；二是认真考察 ERP 开发商；三是避免软件选型流于形式，避免徇私舞弊情况发生。经过对国内外数家 ERP 开发商的考察和比较，东阿阿胶最终选择了和佳 ERP。和佳 ERP 采用特殊的计算方法，解决了流程型企业和离散型企业共用一套 ERP 系统的技术难题，因此被东阿阿胶选中。

3. 实施过程中出现的问题及解决办法

（1）基础数据收集困难

数据收集的工作量大给业务人员带来了较大压力，且收集来的数据的真实性无法保证。实施小组负责人领导实施小组从基础数据处理入手，联合技术人员、供应人员、库管人员和财务人员进行了艰苦的数据整理工作，制订了详细的编码规则，对系统中现有的数据进行突击整理，使基础数据的收集工作得以高效率进行。

（2）业务流程重组缺乏成效

东阿阿胶在开始实施 ERP 项目时，对业务流程重组缺乏清楚的认识，只是要求 ERP 系统的功能适应企业原有手工业务处理流程与工作方式，而不去对原有的管理模式、管理方法、业务流程和组织机构等进行改造和调整，结果造成 ERP 系统难以全面发挥作用。为了保证业务流程重组能体现出 ERP 的管理思想，东阿阿胶总经理亲自督阵，按 ERP 项目实施的要求，对组织结构、部门职能、岗位职责、权力利益等进行重新调整、划分和分配，确保业务流程重组的适用性和有效性。

（3）员工障碍

员工的畏难情绪和计算机应用水平不一，增加了系统培训的难度。东阿阿胶把培训工作分为 3 步：第一步是理解概念，向员工正确引入 ERP 系统及其单元技术，让他们会用 ERP 系统；第二步是强化原理培训，要求员工吃透精神，根据系统中的原理和做法，将其应用到实际工作中；第三步是应用培训，把 ERP 理念贯彻到日常工作中，做精、做好，以达到培训的最佳效果。

4. 收获成果

系统改造后，集团实现销售收入 4.15 亿元，利润 1.04 亿元，利税 1.79 亿元，分别比上年增长 40.06%、66.73%和 73.82%，全年的销售费用率达 21.7%，比年初的目标降低了 2.23%，节约费用 1000.3 万元。通过推行比质比价采购管理，其核心企业全年节约采购资金 599.92 万元。从整体上看，通过 ERP 项目的实施，东阿阿胶建立了以财务管理为中心的企业管理新机制，加大了对成员企业资金使用的监管力度，使资金效益最优化。东阿阿胶的销售公司、分厂和成员企业也实现了资金流、物流、信息流的一体化管理，并提高了整个企业计算机管理系统和软件应用系统的集成度，彻底解决了信息“孤岛”问题，企业内外部信息资源得到充分共享，同时增强了企业对市场变化迅速做出反应的能力。

讨论

（1）东阿阿胶为什么要推行管理变革？

（2）东阿阿胶的成功经验可以复制吗？

用户的首要任务是完成 ERP 项目的前期准备工作、ERP 项目规划、ERP 选型，并积极进行

ERP 项目实施。本章将从这几个方面展开用户视角的讨论。

5.1 ERP 项目实施的特点与基本条件

ERP 项目的实施是指在企业中建立 ERP 系统的整个过程，ERP 项目实施的效果直接影响了企业生产经营管理的各个方面。ERP 项目的实施具有以下特点。

5-1 ERP 实施条件

5.1.1 ERP 项目实施特点

（1）广泛参与

建立这种管理信息系统可以帮助企业实现业务整合。企业建立 ERP 系统并不像引入其他的管理信息系统那样，只是为了增强某一方面的业务处理能力。ERP 系统更加致力于从整体上对企业各个方面进行业务整合，ERP 项目的实施过程几乎涉及企业的所有职能部门。因此，ERP 项目不是哪个职能部门能够单独实施完成的，企业各个部门必须广泛参与。

（2）深层次变革

企业引入 ERP 系统的目的是提高自身的管理水平。这就决定了企业在实施 ERP 项目的过程中，势必会剔除现有业务流程中的某些不合理因素。这也说明了为什么 ERP 项目往往会和管理咨询项目一起实施。这些变革可能是某个业务的细微调整，也可能是战略性的机构变更；可能在很短的时间内实现，也可能历时几年甚至更长的时间。整个变革过程其实就是一个利益和权力的再分配过程，可能会影响某些人或者某些集团的既得利益。实际上，由于利益调整而造成的冲突是 ERP 项目实施过程中遇到的主要阻力之一。

（3）任务繁重

在 ERP 项目的实施过程中，主要有来自以下几个方面的工作。

① 原有信息数据的重新整理、补充、编码工作，即基础数据的整理工作。

② 现有流程的调整工作，包括新流程的宣贯工作，新流程、新岗位的标准操作程序（Standard Operating Procedure，SOP）的制订工作等。

③ 项目的日常管理工作，包括项目计划的制订、项目计划的监督执行、冲突协调和风险监控等工作。

④ 软硬件系统的日常维护工作。

由此可知，ERP 项目的实施对于企业来说是一个系统工程，企业必须做好充分的准备，如业务流程的重新梳理、企业领导的足够重视和员工的充分配合等。具体来说，要想成功实施 ERP 项目，企业应具备下列基本条件。

5.1.2 ERP 项目实施条件

（1）业务流程重组

业务流程重组就是对企业的业务流程进行根本性再思考和彻底性再设计，从而获得成本、质量、服务和速度等方面的改善，使得企业能最大限度地适应以“顾客、竞争和变化”为特征的现代企业经营环境。

ERP 项目的实施涉及销售、生产、采购、仓储、质保、财务等各个部门，因此，部门之间的沟通协调就显得尤为重要。ERP 的管理理念是以业务流程为管理单元，而一项业务涉及多个环节，每个环节的处理结果都会直接影响其他环节，通常情况下，一项业务需要多个部门协同处理。以物料采购为例，这一业务包括采购请求、采购订单、通知送货、仓库接收、质量检验、仓库入库、发票核查、审核付款等多个环节。相应的，需要采购、仓储、质管、财务等部门参与。这其中任意一个环节出现纰漏或失误，都会导致企业财务数据的不准确，造成库存积压或负债的虚增、制造成本的不真实。所以，ERP 项目的成功实施必然要求企业理顺业务流程，即进行业务流程重组。各个部门应从大局出发，提高企业的管理效率、加快对市场变化的反应速度。

（2）科学的管理基础

ERP 项目的实施需要以企业完整、准确的数据资料为支撑，而这要求企业必须要有良好的财务管理、经济核算管理、质量管理、仓库管理、合同管理、生产管理等制度。企业只有制定完善的规章制度，才能保证经营的可持续进行。

（3）领导的支持与参与

实施 ERP 项目作为企业的一项新任务，涉及从上至下的各部门领导、员工。业务流程重组可能会因为触动部分人的利益而受到排斥甚至抵制。此时，需要企业高层领导具有坚定的信念，及时果断地解决遇到的问题，积极协调各部门，保证 ERP 项目的顺利实施。

（4）足够的经费支持

企业在实施 ERP 项目前，必须做出全面、准确的经费预算，包括硬件费用、软件费用、安装调试费用、人员培训费用、咨询费用等，并且要计划资金来源，保证项目的顺利进行。否则，ERP 项目的实施很容易由于经费不足而达不到预期的效果。

（5）高素质的员工队伍

ERP 项目实施不是分离的工作，需要有各类专业的员工参与支持，如技术人员、管理人员、业务人员等。因此企业在项目开始之前，要认真筹划项目实施工作组，确定合适的人选。项目实施工作组成员要相互协调，共同完成实施过程中的工作任务。

（6）完善的 ERP 项目实施工作规范

ERP 项目的实施是企业传统管理方式的一场变革。企业要对系统设计的工作流程进行实地检验；系统试运行和系统投入正式运行后，要及时根据运行状况做出修正；系统运行基本正常后，要及时在此基础上制订工作规范，明确工作内容、工作职责分工、工作程序、工作要求，并制定相应的考核办法，使 ERP 项目实施尽快走上正轨。这是保证 ERP 项目成功实施的一个必不可少的重要条件。

5.2 ERP 项目规划

5-2 ERP 项目规划

企业高层领导在 ERP 项目实施中起着决策和推动作用。企业高层领导必须转变旧的管理理念，重视和支持 ERP 项目的实施规划，确保企业在信息化过程中能够遵循项目规划原则，并在该原则下实施具体的规划工作。

5.2.1 项目规划的原则

任何工作的进行都离不开规划，ERP 项目是一个系统工程，规划工作尤其重要。我们在做 ERP 项目规划时，一定要考虑企业的各个部门，不要顾此失彼。ERP 规划是企业实施 ERP 项目非常关键的一步，这需要我们站在企业战略层次的高度上，把企业作为一个有机的整体来看待。做规划时要全面考虑企业所处的环境、本身的潜力、所处行业的特点、具备的条件以及企业未来发展的需要，ERP 项目的规划要勾画出企业在一定时期内，所要达到的内控程度，从而确定 ERP 项目实施的进度。

一般 ERP 项目规划总的原则是总体规划、分步实施，也就是对企业实施 ERP 项目进行总的规划，具体实施的时候是分步进行的。

同时，企业根据企业客户的具体情况，在总规划的前提下，确定分阶段的项目实施计划。项目规划是实施 ERP 项目的指导思想。正确的指导思想是实施方案可行的前提，也是 ERP 项目实施成功的基础。

5.2.2 项目规划的主要工作

ERP 项目规划的原则确定后，就要在该原则下实施具体的规划工作。ERP 实施项目规划总体上应该有以下 4 个方面的内容：实施前期任务、实现目标规划、实施项目过程管理和后期管理。

（1）实施前期任务

实施前期任务包括在对企业进行详细调查的基础上，对企业的所有需求和现有条件做出细致的分析，确定项目实施的总体范围和期望值。注意这个期望值是合理的，能满足企业功能要求并且能够实现。企业用户与 ERP 开发商就需求分析、实施内容和范围达成一致，对实施中必要的人力和财力投入达成共识，确保双方对今后项目实施过程中可能遇到的困难和阻力有充分的估计和对策。

（2）实现目标规划

企业应建立项目实施小组，一般称为项目小组，明确制订项目实施各阶段的时间进度和阶段定义，描述实现系统目标的标准和方法，与企业中高层领导协商讨论并获得最终可行的实施方案。

（3）实施项目过程管理

ERP 项目是一个系统工程，因此实施 ERP 项目是一项长期而细致的工作。为了很好地完成这个系统工程，企业应当根据需求分析将整个大项目拆分成阶段性的子任务，充分体现整体规划、分步实施的原则。每个子任务的需求和解决方案都应该用文档描述清楚。项目实施过程中要经常召开阶段性会议，对前期的工作进行控制，各个部门保持必要的信息沟通，同时注意项目实施文档的建立和保存。

（4）后期管理

项目规划在后期管理过程中要详尽描述规划目标与项目实施工作安排的衔接程度，明确项目实施后所能达到的效果，并将需求分解成 3 个部分。首先是系统软件能够直接实现的，这部分应该占 60%左右；其次是需要企业适当进行流程重组来变通解决的，这部分一般占 30%左右；

最后是需要结合企业特殊情况和实际问题做二次集成开发的，最好不超过 10%，否则实施周期过长，就会难以控制实施效果。

5.3　ERP 项目组织

项目小组成员必须在规定的项目实施周期内完成项目规划中的所有工作，并且要能够达到提高企业管理水平、降低成本、提高效益的目的，其任务量和所承受的项目实施压力非常大。本节就从项目组织的特点出发详细探讨如何建立完善的 ERP 项目组织。

5-3　ERP 项目组织

根据具体形式的不同，项目组织分为项目型组织、职能型组织和矩阵型组织。根据项目经理的职权大小，矩阵型组织又可以分为强矩阵组织、弱矩阵组织和平衡矩阵组织。其中，强矩阵组织具有更多的项目型组织的特点，而弱矩阵组织具有更多的职能型组织的特点。

5.3.1　各种项目组织的特点

1. 项目型组织

项目型组织中不存在职能部门或者职能部门被充分弱化，所有的人力资源都是根据项目来组织的，项目经理拥有非常大的人事权力和项目决策权力。这种组织机构更加适用于某些研发机构或者按照项目来进行管理的企业，而在实施 ERP 项目的企业中，这样的组织结构是非常少见的，所以这种组织机构不在我们的讨论范围内。

2. 职能型组织

职能型组织是一种非常传统的组织，人力资源按照各自的专长被分配到各个职能部门之中，职能部门的经理拥有非常大的人事权力和项目决策权力。这种组织机构的优点是分工明确，各个部门能够专注于自身的工作，对于企业的日常运作非常有利。其实现在大部分企业都是按照这样的组织形式构建的。按照职能进行分工并不是职能型组织才具有的特点，在矩阵型组织中同样也存在。之所以把它称为职能型组织，是因为其在对于项目的组织，尤其是跨部门的项目组织上的表现。职能型组织在进行跨部门的项目组织的时候，并不会设置专职项目经理，而是在职能部门中选择一个最适合本项目的部门经理来作为项目的协调人。项目团队没有统一的、固定的组织，也不用遵从同样的、具有项目特点的管理制度。项目协调人对项目成员不具有任何控制权，也不会独立地对项目做出各种决策。所有的项目工作都是由项目协调人和职能经理协调之后完成的。

3. 矩阵型组织

（1）弱矩阵组织

弱矩阵组织在管理形式上几乎和职能型组织相同，只不过其在项目协调人的职权上有所加强。弱矩阵组织的项目协调人能够自行监控项目的完成情况，并且可能会和职能经理共享一部分的项目资源的分配权力。弱矩阵组织的项目团队也比职能型组织的项目团队更加易于识别。

（2）强矩阵组织

强矩阵组织在管理形式上几乎和项目型组织完全相同，同样具有全职的项目经理，而且项目团队具有固定的组织形式和特有的规章管理制度。项目经理具有非常大的人事权力和项目决策权力，完全能够按照项目的需要来安排人力资源。强矩阵组织和项目型组织唯一的不同点是强矩阵组织不会打破原有的组织形式。例如，项目团队成员在人事关系上可能依然属于原来的部门，或者人事关系暂时归项目团队管理，但是等到项目结束后仍然要回到原来的部门。

（3）平衡矩阵组织

平衡矩阵组织在管理形式上介于强矩阵组织和弱矩阵组织之间，兼顾了两者的特点，但是总的来讲，项目经理的权力仍然大于职能经理。当两者发生冲突时，往往以项目经理的意见为准。

从 ERP 项目的特点来看，职能型组织和弱矩阵组织形式都不适用于 ERP 项目的实施。因为在 ERP 项目的实施过程中，需要在很短的时间内完成非常大的工作量。这就需要组织必须能够保证人力资源的可用性和及时合理地调配人力资源。而职能型组织和弱矩阵组织很难实现这一点。另外，实施 ERP 项目的过程中需要解决各个部门之间的冲突，如果项目经理的职权太小，对职能经理就不能造成任何影响，项目经理也就没有能力解决项目中出现的各种问题，所以顺利进行 ERP 项目实施也就成了水中月、镜中花。而强矩阵组织和平衡矩阵组织能够达到 ERP 项目实施的基本要求，所以 ERP 项目实施推荐使用这两种组织形式。

5.3.2 两个实际的 ERP 项目组织机构的例子

（1）强矩阵组织

在强矩阵组织中，企业指定了全职的 ERP 项目经理，并且从各个职能部门抽调了能力非常强的业务骨干或者主要领导组成了项目实施小组，这些团队成员同样是全职人员。在项目的实施过程中，ERP 项目实施小组作为企业的一个独立部门存在，还被赋予了领导其他职能部门的权力。

这种组织机构的优点非常明显，全职的项目经理能够全力为 ERP 项目负责，能够最大限度协调项目资源，在有限的时间和成本约束中保证项目进度和项目成果。当在 ERP 项目实施过程中和其他的职能部门发生冲突时，项目经理具有足够大的职权处理这些问题，不必因反馈到企业高层进行协调而延误项目进度。

这种组织机构往往会设有单独的项目办公室。项目办公室供项目小组成员集中办公，增强项目小组成员的归属感，同时又能够简化项目协调的流程，增强项目小组的凝聚力。

但这样的组织机构也不是完全没有缺点的。ERP 项目是暂时的，即便需要进行几年的时间，依然会有结束的一天。那么当项目团队解散时，这些抽调来的业务骨干和主要领导的个人发展必须经过慎重考虑，进行妥善安排，否则可能会影响项目团队的士气，从而对项目的实施造成不利的影响。

（2）平衡矩阵组织

在平衡组织机构中，企业同样指定了全职的项目经理来负责整个 ERP 项目的实施。和强矩阵组织不同的是，项目团队的成员中，除了几个全职人员以外（这些全职人员多数是来完成 ERP 项目的日常管理工作的），其余的成员都是兼职人员。

在这种组织机构中，不同时期项目团队的组成成员会有所变化。例如，在实施分销系统项目的时候，团队成员主要以销售部门的人员为主，而在实施生产计划项目的时候，主要以生产计划部门的人员为主，项目团队成员停留在项目组织团队中的时间依据项目的需要而定。项目经理对项目团队成员不具备完整的人事权力，只具有暂时的考核和奖惩权力。

与强矩阵组织相比，在这种组织中，由于项目团队成员只是临时在项目中进行服务，所以不用担心他们在项目完成之后的个人发展问题。但是项目经理对这些资源的控制能力不如强矩阵组织的项目经理，如项目经理在项目实施过程中会遇到紧急情况需要协调人力资源的时候，如果此时该人力资源已经不在项目团队内，那么必须和职能经理协调。

需要强调的是，无论使用哪种组织形式都要牢记“一把手原则”。因为总有一些决策是项目经理无法做出的，也总会存在一些冲突是项目经理无法解决的。在 ERP 这样一个复杂的项目中，找一个权力较大、威望较高的高层领导担任项目责任人是非常必要的。

5.3.3 组织机构的组成

1. 领导小组

（1）组成

① 组长：一般为企业最高层领导。

② 组员：信息部经理、战略发展部经理、技术部经理、运营部经理、财务部经理、人力资源部经理、行政部经理等各部门经理。

（2）职责

ERP 项目领导小组负责对 ERP 项目实施过程中发生的重大问题做出决策，把握工作的目标和方向，控制工作的进度和质量，提供所需资源并协调资源竞争和矛盾冲突。其具体任务如下。

① 决定实施 ERP 项目投入的人力、物力、资金等各项资源，并在资源发生矛盾时进行调度和协调。

② 挑选实施 ERP 项目的成员，任命项目团队负责人。

③ 审核批准实施 ERP 项目的目标、范围和原则。

④ 审核批准实施 ERP 项目的年、季、月度工作计划。

⑤ 参加实施 ERP 项目的阶段性会议，听取项目团队的工作报告并加以指导。

⑥ 做出与企业的管理模式、方法、流程、组织机构等相关的重大决策。

⑦ 审批有关 ERP 项目实施工作的各项规章制度及考核办法，制订奖惩制度和激励机制，鼓励参加项目的全体人员努力完成工作。

⑧ 做出有关 ERP 项目实施工作的各种重大人事变动决策。

⑨ 审批 ERP 项目实施过程中的重大技术方案和结论。

⑩ 主持 ERP 项目实施工作各阶段成果的验收和鉴定。

（3）活动方式

领导小组不是常设机构，一般可以每月召开一次例会，听取工作汇报、检查工作进度、发现问题、提出解决方案。如遇重大事件，可随时召开会议。

2. 项目小组

（1）组成

① 组长：一般为信息部经理、ERP 开发商的实施顾问和企业各部门管理骨干。

② 组员：信息部人员、咨询顾问、与 ERP 项目实施有关的选派参加 ERP 项目实施工作的人员。

（2）对项目小组的基本要求

① 能准确地描述企业的管理现状和业务流程，全面参与企业 ERP 项目实施的全过程。

② 项目小组要有相对的稳定性，并且在项目实施期间，小组成员要 100%地投入项目实施工作。

③ 企业抽调的项目小组成员要熟悉本部门及相关部门的管理业务，有丰富的管理经验、独立解决问题的能力、较好的沟通能力。

④ 打破传统思想的约束，发扬创新精神，积极接受新鲜事物。

（3）职责

① 全面执行项目领导小组的决定，实现项目的预定目标。

② 制订并执行项目的实施进度计划，定期向领导小组汇报工作，听取指示。

③ 参加与实施同 ERP 项目有关的技术培训。

④ 组织并参加现场业务调查和分析工作，参加业务流程优化工作。

⑤ 参与 ERP 建议方案的设计和报告的编写工作。

⑥ 承担计算机硬件系统和网络建设的工作。

⑦ 配合 ERP 开发商进行系统的安装、调试及维护工作，并在调试过程中学习和掌握软件的原理、操作维护方法和简单的二次开发方法。

⑧ 确定编码方案，指导各管理部门的应用小组人员进行编码和数据准备工作。

⑨ 将 ERP 系统方案与实际需求进行对比分析，确定用户化修改方案，并组织实施。

⑩ 负责对最终用户的操作培训工作。

⑪ 在实施顾问的指导下，协同企业管理部门制定与实施 ERP 项目有关的管理规章制度和对项目小组人员的奖惩办法。

⑫ 组织 ERP 项目实施各阶段的成果验收和 ERP 系统的最终测试和验收。

⑬ 负责 ERP 系统正式运行后的维护工作和简单的修改、开发工作。

3. 职能业务小组

（1）组成

① 组长：各职能部门经理。

② 组员：所涉及岗位的管理人员。

（2）对职能业务小组人员的基本要求

① 能全身心地投入对企业的信息化建设。

② 对新知识有学习的兴趣和学习的能力。

③ 精明强干、吃苦耐劳、有团结意识。

④ 精通本部门的管理业务。

（3）职责

① 负责本部门涉及的子系统、各功能模块的项目实施工作。

② 负责本部门子系统实施中的数据准备和录入。

③ 负责本部门子系统的试运行和系统维护工作。

④ 负责用户化修改方案的提出、需求调查和设计的工作配合、实施和验收等。

⑤ 制订本部门项目实施的月、周工作计划，并向领导小组做月度工作汇报。

5.4 ERP 软件选型

实施 ERP 项目的效果会直接影响企业信息化建设的效益。企业实施 ERP 项目涉及资金、时间、人力等多方面的投入，耗费巨大。因此，在对 ERP 软件进行选购的时候（即 ERP 软件选型）一定不能大意。那么，如何进行 ERP 软件选型才能保证企业在选型过程中不出现问题呢？

5-4 ERP 软件选型

5.4.1 ERP 软件的获取方式

在 ERP 软件选型过程中，企业有必要先了解 ERP 软件的获取方式。ERP 软件是系统配置的关键，ERP 软件的获取主要通过以下几种方式。

（1）购买成熟的 ERP 软件直接应用

直接购买成熟的 ERP 软件这个方式的优点是实施时间短、见效快，避免了 ERP 系统的低水平重复开发。缺点是系统维护难度大，尤其是非开放式系统，会难以调整系统的功能。在选购 ERP 软件时，企业不仅要考虑软件的功能、质量等，而且要从更深层次去理解软件的管理思想、管理方法和管理组织结构要求，并与本企业现有的管理方法、管理组织结构和管理思想进行比较，找出差异，有选择地了解国内外 ERP 软件的性能、价格和适应性。

（2）自主开发

自主开发就是完全利用企业自己的开发力量来开发 ERP 软件。显而易见，这为将来的系统维护、管理、更新提供了便利，但自主开发往往历时长、投入多，系统功能受到开发人员经验的限制。

调研表明，企业上线自主开发的 ERP 系统的风险巨大。受企业资源、人才的限制，企业的开发力量通常达不到开发 ERP 这样的大型软件要求的水准，也跟不上信息技术进步和管理创新的步伐，容易出现起点低、规划差、过程长、更新慢和偶然成功后却留不住相关人才等众多问题。

（3）购买 ERP 软件和二次集成开发并举

购买 ERP 软件和二次集成开发并举这种方式兼顾了上述两种方式的优点，且克服了它们的缺点，但也出现了新的矛盾和不足，尤其是用户动态的需求和系统开发方法之间的矛盾。因此在选择软件开发商时，企业首要考虑的是其软件开发经验、已承担过哪些类型的软件开发、与企业的需求有何差异等内容。在开发过程中，开发商要引导用户提出合理的需求，确定正确的目标。

实践证明，购买成熟通用的 ERP 软件并适度二次集成开发，符合社会专业化分工协作的规律，成功率较高。专业的 ERP 软件开发商通常拥有一群既懂管理又懂 IT 的人才，他们通过学习先进的理念和模式，逐步集成出了一套适用于我国企业的 ERP 软件，并在迅速扩大的市场中对其不断进行改进、优化和完善。

5.4.2 选型要素及原则

企业选用 ERP 软件，无论是国外软件，还是国产软件或委托开发、自主开发，都应综合考虑以下要素。

① 要用全局、集成和发展的观点看问题，如 ERP 软件是否具有一定的先进性和超前性，是否符合企业信息化的要求。

② ERP 软件的层次是否与企业管理层次和企业硬件环境相适应，其软件的功能是否与企业需求的一致。

③ ERP 软件支持数据库的能力。ERP 软件是否能与 Oracle、Sybase、Informix 等主要数据库很好地连接。

④ ERP 软件是否具有先进的体系结构。

⑤ ERP 软件是否有良好的服务保证、技术支持、培训等。

⑥ ERP 软件质量是否可靠，是否有众多的成功用户，操作界面是否方便、灵活、直观，是否采用了先进的程序开发技术，软件是否进行了本地化工作等。

企业在选择 ERP 软件时，必须充分考虑企业自身情况和各个软件的特点，在遵循科学合理的选型原则上，尽量找到适合自己的 ERP 软件，提高实施成功率，具体选型原则如下。

（1）成本效益原则

企业在选择软件时要注意遵守成本效益原则，并不是技术越先进、功能越强大越好。一般功能越强大的软件，其购买成本越高，给企业整体组织管理带来的变革冲击就越强，管理改革成本也就越高。一般而言，ERP 软件始终面临着更新换代的压力，如果购买了有过多功能的软件，不仅成本高而且存在功能浪费。

（2）成熟性原则

因为涉及的范围很广，企业一方面需要选择有开放性，能实现与其他软件无缝连接的 ERP 软件；另一方面应选择成熟的、有系统化的完整解决方案的软件，不要选择未经实践证实的软件。这有助于降低实施的不可预见性和风险。此外，成熟的软件不仅技术成熟，而且服务成熟，因此通常都有持续可靠的服务作为保障。

（3）安全性原则

ERP 软件会加强企业内部部门之间的沟通，而在这种扩大范围的信息情况下，如何保证信息安全合法使用，保证信息的不丢失，是实施 ERP 项目的先决条件。

总之，企业在选择 ERP 软件时要注重软件的实用性、合理性、先进性、开放性、可靠性和经济性等指标。企业要从软件功能满足程度、软件技术水平、软件实施服务质量、软件开发商合作态度以及软件投入产出效益指标等方面对软件进行综合评价，选择理想的 ERP 软件和合作伙伴。

5.4.3 选型思路

1. 认识企业自身

在进行 ERP 软件选型时，企业不能盲目地与竞争对手攀比，也不能看什么软件昂贵就选择什么软件，而是要认清自身特点及所处环境，主要包括理清企业的信息化目标、正视企业规模、了解行业特点（如生产类型等）、预测企业未来需求、掌握资金预算等。

2. 选择 ERP 软件开发商

在 ERP 软件选型时，企业必须充分调研、收集信息，了解 ERP 软件市场，在选择 ERP 软件开发商时主要关注以下几个方面。

① 选公司：选择商誉、经营绩效良好，研发能力强，经验丰富的开发商。

② 选产品：选择的产品要满足企业的长期发展及未来多样化的需求，产品质量要稳定，并易于维护。

③ 看服务：看是否拥有完善的售后服务机制。

④ 看案例：看选择了开发商的用户满意度是否高，最好有同行案例。

⑤ 比价格：成本适宜，符合预算。

⑥ 比速度：看是否能在尽可能短的时间内上线。

5.4.4 选型步骤

在明确了选型思路后，ERP 软件选型的主要工作就是为企业选择合适的软件和硬件平台。ERP 软件选型从导入 ERP 系统开始，是指从众多的 ERP 软件里选择一个适合本企业的系统的一系列工作。ERP 软件选型的一般步骤如下。

（1）建立软件选型小组

软件选型小组成员应包括企业高层领导、企业使用 ERP 软件的各部门的领导、ERP 项目总负责人、需求功能调查员。建议由选型小组的组长担任 ERP 项目总负责人。选型小组在建立之后需要定期开会讨论软件选型事宜，收集关于软件开发商和与软件相关的其他资料，负责软件选型的全过程。

（2）需求分析

① 了解各个部门需要处理的业务需求，如相关业务的数据流入、业务数据处理方式（处理步骤、处理点等）、业务数据流出的情况。尤其要注意产品的结构特点、物料管理特点、生产工艺特点与成本核算特点。再根据各项业务需求，对需求进行分类，如重点需求、一般需求或可有可无的需求等。

② 设置考虑用计算机处理业务数据的软件的使用权限。有时企业的权限需求很特殊。例如，有的企业不仅对功能的控制权限有要求，而且对字段甚至对字段内容的控制权限也有要求。

③ 业务报表需求。企业的报表形式非常丰富，需要列出报表需求清单，标识出必要需求、一般需求等。

④ 调查企业现有数据接口。企业以前可能就已经有了各种各样的信息系统，如 CAM、CAI、CAD、PDM、DSS 等，因此，要调查企业现有数据接口，考虑管理信息系统中的数据传输问题。

（3）访问并初步筛选开发商

根据自身的规模和需求分析，企业可以先访问一些具有一定规模的 ERP 开发商，初步筛选出适合本企业需求的 ERP 软件开发商。其主要内容是让项目咨询公司根据企业的期望和需求，综合分析评估候选软件开发商的产品，筛选出若干家重点候选对象。

（4）进一步筛选

企业主要从以下几个方面进一步考察初步筛选的 ERP 软件开发商的综合实力。

① 有成熟或特定用户群的 ERP 软件开发商。

② 软件的研发队伍和开发工具能满足本企业发展的需要。

③ 拥有具有丰富经验的实施顾问人才。

④ 参观和考察 ERP 软件开发商的成功用户（与本企业同类型的企业）。

（5）演示 ERP 软件功能

企业经过前几步的选型工作，筛选出 3～4 家符合条件的 ERP 软件开发商来本企业做软件功能详细演示。这是软件选型中最关键的一步。重点 ERP 软件候选对象根据企业的具体需求，向企业的管理层和相关业务部门做针对性的软件功能演示。

（6）ERP 软件的评估和选型

咨询公司根据演示结果对重点候选对象的优势和劣势做出详细分析报告，并把参考意见一并提供给企业。企业结合演示的效果和咨询公司的参考意见，确定初步的选择对象，在经过商务谈判等工作后，做出最终选择。

在软件选型过程中，主要工作是进行 ERP 软件选型的风险控制，包括正确全面评估软件功能，合理匹配软件功能和自身需求，综合评价开发商软件的功能、价格及技术支持能力等因素。

5.4.5 选型指标

目前，国内的企业管理软件市场上有许多 ERP 产品。选择合适的 ERP 软件主要考虑以下几个指标。

1. 功能先进性指标

ERP 软件功能是否先进主要从以下几个方面来考察。

（1）MRPⅡ理论

从本源来说，ERP 的核心是 MRPⅡ。国外 ERP 软件大多源于 MRPⅡ，它包括分销、财务和生产制造三大部分。国内一些较好的 ERP 软件开发商的产品也包含了 MRPⅡ管理思想，同时还将 MRPⅡ中的一些死板规定进行了灵活处理。

（2）先进的 ERP 理论

进入 20 世纪 90 年代中期，企业管理理论已上升为企业资源计划系统，它是 MRPⅡ理论的扩展和升级，它强调以各种业务的财务核算为核心的管理，在传统 MRPⅡ的基础上增加了大量的业务与财务间的核算功能，以及 JIT 控制、全面质量管理和设备管理、数据仓库模式的决策分析功能等。

（3）软件的开发工具

任何软件或多或少会涉及用户化和二次开发的工作。随着软件应用范围的扩大，企业必然会增加一些功能，因此，软件开发工具必须方便用户掌握和使用。即使是第 4 代语言、CASE 或面向对象的开发工具，企业也需要认真分析比较。各企业的报表格式不同，软件需要用户化，这是一个极普遍的要求，软件必须有方便用户生成自己所需报表格式的功能。另外，企业也要尽量选择适合自身的软件，减少二次开发的工作量，以缩短实施周期。

（4）软件的运行环境

对一个开放型软件来讲，其硬件的选择余地较大。开放型软件的主要标志是其可适应性。开放型软件具有符合工业标准的程序语言和工具、数据库、操作系统和通信界面。从实用角度出发，企业要考虑硬件的耐用性、可靠性（企业的管理信息系统是不允许中断的）、易操作性和易维护性；应结合数据处理量（如产品结构复杂程度、工艺路线的工序数量、每月的各种订单数、计划修改的频繁程度等）及响应速度选择计算机的型号档次（有的软件可根据硬件容量提供参考计算机）。

2. 功能适应性指标

ERP 软件选型不但要看它的理论设计水平高不高，算法先不先进，更重要的是看它是否实用。在选择软件时要考虑的功能适应性指标主要包括以下几个。

（1）软件功能的覆盖面

ERP 软件功能应以满足企业当前和今后的发展需求为准。多余的功能只会提高使用和维护的复杂性。如果有些功能要在软件版本升级后才能实现，必须认清升级的可能性、时间及条件等能否满足企业的实施进度。软件的可用率取决于用户对 ERP 原理的接受程度、企业深化改革的程度及软件功能对用户的适用程度，并不取决于该软件是进口的或是国产的。

（2）易操作性能的针对性设计

许多软件所认为的常识性概念和技巧对使用者来说可能是较难懂的知识，使用和培训的难度都很高。所以国内一些优秀的 ERP 开发商考虑到了这个问题，对软件做了针对性设计，增加了许多在线帮助、代码提示功能，在使用中尽量减少了汉字输入的操作，而且还支持手写输入识别技术，允许用户用笔输入汉字。特别是增加了大量的输入信息有效性检验，最大限度地避免了用户的误操作和录入错误信息。

（3）符合国内管理体制和业务习惯

企业会受到软件模式的制约。企业引进一种管理软件，就是引进了一种新型管理模式，换言之，一种企业的计划与控制模式就以软件为载体被带进了企业。在新的企业系统的建立过程中，企业的计划与控制模式受到所选定的软件模式的制约。如果该软件是企业以前的管理方式的“翻版”，那么企业将因应用这种软件而变得更为僵化；如果该软件是由对企业知之甚少者所开发的，那么企业将因引进软件而面临许多问题。

（4）企业内外部的复杂环境

国内外企业内外部的环境不尽相同。在这种情况下，国外 ERP 软件不见得能够很好地解决国内企业所面对的复杂问题。

我国引入 MRP Ⅱ/ERP 软件有近 20 年的历史，目前其用户数不过千余家，从总的应用效果来看，成功的例子非常少，多数企业付出了巨大的代价且收效甚微。

当然，也有企业应用得比较成功，但都限于部分子模块。仅仅实现了局部系统的独立运行，信息尚未在整个企业范围内共享。从各模块的应用情况来看，应用得比较成功的模块依次是仓存管理、销售管理和采购管理等。

（5）企业原有资源的保护问题

这里所说的资源，主要指的是企业在原有系统上运行的数据及原有的硬件。企业是否有必要保护及如何保护这些资源？首先应在服从新系统长远需求的前提下谈保护，不可削足适履。当原有数据不规范、不符合 ERP 原则要求或原有系统信息集成度不能满足 ERP 原则要求时，从企业的长远利益着想，只能推倒重来，不用保护原有资源。

3. 服务水平指标

售后服务与支持直接关系到项目的实施效果。售后服务包括各种培训、项目管理、实施指导、二次开发及用户化等工作，可由咨询公司或软件开发商承担。由熟悉企业管理、有实施经验的专家顾问做售后支持，保证项目的正常运行，及早取得效益。这方面的重要性在国内已逐渐被人们所理解。国外ERP项目实施的成功率高，有充分的服务支持是一个重要因素。在国外，支持服务人员通常具有美国生产与库存管理协会（APICS）的生产库存管理资格证书，如CPIM、CFPIM、CRIM等。服务支持费用与软件价格之比一般为2∶3。往往由一名管理专家（应用顾问）和几名软件专家（技术顾问）组成顾问组来承担服务与支持工作。

（1）用户需求的修改

任何软件都不能百分之百地符合并满足企业需求，因此对软件按用户需求进行修改，将通用软件变为完全适用于企业工作的软件是成功实施ERP项目的首要条件。

每个企业的具体情况不同，一个企业管理软件的成功应用必然离不开对软件进行一些修改。对此，国外的ERP软件基本上采取变通处理的方法，实在要改，也要拿到国外去改，因为国外ERP软件开发商的产品管理机构都设在国外，国内人员无权也无法进行软件修改。国外软件多数都是早期的产品，受当时计算机技术的影响，修改极不方便，企业为此要付出高昂的费用，从而会对企业ERP项目的实施造成影响，甚至成为ERP项目实施的最大阻力。

（2）技术转移

管理软件的应用不是"一时"的事情，它将伴随软件的整个生命周期，所以，企业IT人员能否掌握软件维护技术，将直接影响软件能否在企业中长时间成功应用。国内一些优秀的ERP软件开发商可向用户提供技术转移服务，即将优秀的ERP软件的设计技术、开发技术、源程序、所有的技术文档和用户文档等都提供给用户，使用户能够真正地拥有自己所购买的软件，并掌握二次开发和维护的技术和能力。

（3）细致周到的培训安排

培训效果将直接影响软件的使用效果和实施周期。国内一些优秀的ERP软件开发商能够为用户提供细致周到的培训安排。针对不同岗位和不同层次的使用者，从一般操作员到厂长、经理，从计算机基础概念、基本操作到软件生成数据的灵活分析与应用、MRP/ERP管理理论等方面提供多种软件使用培训课程。同时，国内软件开发商还会特别对IT人员进行基本技能培训，培训内容包含主机硬件的基本操作、硬件常见问题及其常用维护技术、软件系统结构、设计思想、编程方法等；还会对用户系统管理员进行专门的培训。

（4）技术支持力量

为用户提供技术服务需要大量的技术支持力量，某些 ERP 软件开发商比较重视软件的销售，技术人员占公司员工人数的比例较小，一般不能保证有足够的力量来为用户进行周到的技术支持。

（5）系统维护支持

ERP软件开发商能够为用户提供长期的软件维护服务、长期的技术支持和升级更新后的软件。其可以通过远程在线通信技术，直接为用户提供实时的系统维护支持，随时解决用户在使用ERP软件时发生的问题。部分软件开发商可以提供升级更新后的软件，但很难为用户提供长期的软件维护服务。

（6）软件的成功应用率和用户满意度

某些优秀的ERP软件开发商因为自己的ERP软件的功能适应性强、技术力量雄厚、技术支持服务周到细致，以及对用户应用效果的重视度较高，所以一直保持着近乎 100%的软件成功应用率和极高的用户满意度。而部分 ERP 软件开发商由于过分追求销售利润、软件不适用、不能用户化、技术支持力量不足等，软件的成功应用率很低。

4. 费用指标

关于价格，一方面要考虑软件的性能、质量及其所包括的内容，另一方面应做投资/效益分析。企业要考虑软件的实施周期，避免因售后支持不足或二次开发拖延时间过长而影响效益。软件投资应当是软件购买费用、实施服务费用、二次开发费用、延误实施损失的收益之和。此外，在计算回收期时还应考虑日常维护费用。

（1）软件购买费用

软件投资分为几个部分。在软件购买费用方面，国外软件一般都比较昂贵，这是因为其公司运行成本、产品开发成本以及在国外的参考价格等都很高。国外软件一般报价为几十万美元甚至几百万美元，高昂的费用及可能闲置的风险，使我国大部分企业望而却步。

而国内一些优秀的 ERP 软件，从价格上看，仅为国外软件的 1/7～1/5，广泛适用于国内各种类型、各种规模的企业，易于普及和推广。当然，现在国外大型 ERP 软件开发商也在纷纷推出中小企业版 ERP 软件，价格也降至与国内软件同等水平，甚至更低，这对国内 ERP 开发商来说是一个很大的冲击。

（2）实施服务费用

不同厂商的实施服务费用不同，应在不降低服务水平的前提下做综合考虑。

5. 软件开发商背景指标

选择优秀的 ERP 软件开发商也是项目成功的关键因素，可以从以下 5 个方面对软件开发商背景进行评估。

① 管理严格，在某行业中有明显优势和明确的发展方向。

② 通过国际标准认证，如 ISO9000 认证或至少有成功案例和很强的质量意识。

③ 有长期自主开发的经验和经历。

④ 有与世界一流 IT 软件商合作的资源。

⑤ 能够稳定发展。

因此，企业在选择软件开发商时需从项目开展、验收与质量控制和运行维护与升级的角度对其进行评估。

在选择 ERP 软件时，企业需要考虑该软件公司的技术人员的能力，如技术人员是否参与过软件的开发制作，对软件是否十分熟悉，该公司的技术人员是否具备计算机技术和业务专业知识。这些对企业是否能成功实施 ERP 系统起着重要的作用。

软件开发商应制定长期经营战略，通过满足技术进步和用户需求的产品和高质量的服务，赢得市场。从我国 ERP 软件市场来看，一些 20 世纪 80 年代的 MRPⅡ软件产品已不再出现。一些更开放、功能更完善、使用更方便的软件正在不断推出。选用软件时应考虑软件的寿命、周期、先进性、适用性与可扩展性，争取同软件开发商之间建立一种长期合作的关系，以适应企业管理信息系统的长远发展。

在电子商务时代，大型应用软件的产品架构应该能够支持企业从大量生产体系转向灵捷竞争体系，满足企业在丰富用户价值、通过合作增强竞争力、建立适应变化的组织、充分利用人员与信息的杠杆作用4个方面的需求，最终帮助企业形成一个获利稳定的经营基础。飞速发展的计算机网络技术和日益开放的全球技术经济市场，使得企业不可能再固守一隅以求得生存。转换商务模式与国际接轨是企业的参赛条件，大型应用软件必须辅助企业满足这个条件。因此，用户在选购时应当注重软件开发商及其产品本身的国际化品质。

目前市场上的企业管理软件主要有以 MRPⅡ/ERP 为代表的国外软件及以全面企业管理为代表的国内软件两大类，二者各有优缺点。国外软件主要体现了MRPⅡ/ERP的管理思想，其优点在于具有严密的逻辑性，而且在国外应用得比较成熟。但将其应用在我国的企业管理中，却存在许多问题。而国内的全面企业管理软件能够立足于我国市场，服务于我国企业，在多方面占有得天独厚的优势。但国内软件开发商仍应充分考虑我国国情和管理基础，不能生搬硬套国外管理思想。

当然，我们也应该清楚地认识到，国内一些优秀的ERP软件尽管有许多优点，但同时也存在不同程度的缺点，如管理理论还不够完善；国内对企业管理方面的研究还存在着一定的片面性，还需要借鉴国外的先进经验等。而国外ERP软件开发商在我国市场上也从满足国内的实际情况出发改进自己的软件。所以企业在选择ERP软件时要加以全面的考虑。

5.4.6 选型注意事项

1. 了解ERP市场行情，选择合适的档次和价位

ERP市场上的产品多种多样、千差万别，大致有高、中、低3个档次，对应3种不同的价位。企业需要考察ERP软件的成熟性和通用性，了解其所属档次和对应价格。一般来讲，高端ERP软件功能强大，适用于多种环境，但实施难度大、周期长，对企业基础实力要求高，软件和服务费用高，适用于跨国集团、国内大型企业和企业集团；中端ERP软件具有ERP软件的基本功能，不太复杂，具有一定的专业性，实施较容易，软件和服务费用适中，适用于中小型企业；低端ERP软件的功能不是特别完善，价格较低，适用范围较小，适用于业务单一型企业。企业在选择ERP软件时要坚持“实用才是硬道理”的原则，选择适合自己的产品。

2. 关注软件功能与兼容性

企业必须明确自己的需求，尽量选择功能完善的ERP系统。即使目前暂时不使用某些功能，但从长远来讲，随着企业发展，规模不断扩大，企业对系统功能也会有新的要求。因此，ERP系统应该具有很强的兼容性来满足这些要求。ERP系统作为企业管理的工具，可以整合所有部门的信息，严密控制企业的运作。完善的功能是基本要求，要想真正实现 ERP 系统代替传统管理模式，还是要选择支持OA、财务一体化的ERP系统，真正实现企业的现代化管理和信息化管理。

3. 调查软件的实施成功率

企业应尽量选择实施成功率高的 ERP 系统。实施成功率高，意味着这个 ERP 系统具有实用价值，这是客观真理。如果市场上大部分企业都在应用某个ERP系统，那说明大多数企业都比较认可这个系统，也说明了该系统具有成熟性和实用性。但各个企业的实际情况不同，不能盲目地完全照搬别人的选择。

4. 了解软件技术基础是否先进

先进的技术是企业能够长期受益的基础。那些没有技术基础作为保证的软件，往往只有两

三年的使用寿命。如使用 VB、PB 编写的软件现在基本上已进入淘汰的晚期了，由于这些软件没有基础的语言，未来的系统便不再支持其使用。先进的语言，首选 C/C++，所有的操作系统、大型软件、数据库，全部是用 C/C++开发的。企业采用具备先进技术基础的 ERP 系统的益处是，不需要在硬件上增加投资。

5. 关注界面是否友好

界面是人与机器交互的媒介，所以企业要尽量选择界面比较美观的 ERP 系统，从而提高工作效率。界面美观、简洁、易用，是提高企业工作效率的基础。若系统的界面华而不实，操作不方便，不符合大家的习惯，就可能对系统的应用产生负面影响。因此，这方面也要多加注意。

6. 关注售前和售后服务是否有保证

ERP 软件的购买成本是非常高的，因此企业在前期需要认真调研，了解开发商的服务水平，并且在购买 ERP 软件之后，应该确保其有相应的售后保证，包括维修、续约、咨询等方面的售后服务；要有条文形式的文字材料，且经双方签字盖章具有法律效力。一般而言，产品的售前服务水平不能决定其售后服务水平，为了避免以后的分歧和纠纷，软件开发商应对售后服务有相应的保证。另外，尽量选择后期服务量少的 ERP 软件，这是真正具有实用价值、技术成熟的标志，同时也是降低成本的基本保证。

5.5 ERP 项目实施

目前，企业的信息化在我国的受重视程度达到了较高的水平。一方面，党的十七大提出我国的工业体系要走新型工业化道路、走“两化”融合的道路。“两化”融合是指信息化和工业化相融合。另一方面，国际形势促使我国的企业，尤其是出口依赖性极强的生产制造型企业，相比以往更加关注企业管理“内功”的修炼和基础管理水平的提高，而信息化技术是支持企业进行精细化管理和量化管理的中坚力量。国际形势带来了全球产业结构调整的机会，在产业结构调整的过程中，企业管理信息化必将和产业结构调整同时进行。管理信息化的提前布局和有效使用有利于企业在产业结构调整过程中占领先机。

自 20 世纪 90 年代初 ERP 系统被引入我国后，很多引入 ERP 系统的企业都经历过信息化实施失败的痛苦。甚至有资料显示，70%的信息化工程都是失败的。不过，随着信息技术的普遍应用，近年来，成功实施 ERP 项目的案例逐渐增多，实施成功的比例也不断提高。但通过对数百家实施 ERP 项目企业的调研发现，不论是实施成功的企业，还是实施失败的企业，实施过程对企业来说都是非常困难的。分析其原因，主要有以下两个。

（1）缺乏系统的指导思想

不论是实施信息化的企业还是 ERP 开发商，在实施的过程中缺乏以用户为中心的指导思想，难以在企业价值、企业所想、企业所需、供方所能等方面达成共识，从而出现过程推进难、项目验收难等比较普遍的现象。

（2）实施过程中不可控因素多

ERP 开发商虽然都有自己的一套实施过程，但基本上只包括安装、用户化配置（含用户化开发）、试运行、用户培训、系统正式切换、交付验收等内容。而 ERP 系统不同于一般的业务软件，不是企业的员工会操作便可发挥出 ERP 系统真正的效用。ERP 开发商不仅是提供一套系统，更重要的是向企业进行知识转移。但是在知识转移的过程中，由于存在许多不可控因素，会出现转移进度和结果高度不确定的情况。

5.5.1 实施指导思想

针对上述的第一个原因，可以遵从一种“三论一体”的 ERP 项目实施指导思想，即企业价值论、管理状态层次论和 ERP 产品匹配论一体化。这种指导思想应当贯穿于整个信息化过程。

1. 企业价值论

企业实施 ERP 项目的目的是实现自己价值的最大化。实施过程中的任何决策和选择都应当将“以最小成本达成企业最大价值”作为指导思想。在实施过程中，任何不能直接给企业带来价值的行为，按照精益思想均可视作浪费，应当减少甚至消除。

（1）价值的定义

迈克尔·波特给出了价值的定义：“价值是客户对企业提供给它们的产品或服务所愿意支付的价格，价值由总收入来度量。”亚德里安·斯莱沃斯基给出了隐性资产的定义：“从创造价值的角度出发，所有能够给企业创造更多客户价值的要素都是隐性资产的范畴，它们包括客户接触途径、专业技能、已有的设备规模、深厚的市场渠道、广泛的关系网络、丰富的相关产品信息、忠实的客户群。这些要素在追求新增长途径方面非常重要。如果能够创造性地利用这些要素，就能够满足消费者新的需求，就意味着企业将拥有更多的发展机会。”

结合波特的价值定义和斯莱沃斯基的隐性资产定义，并参照相关文献对企业价值的定义，本书认为通过 ERP 系统或其他管理信息化可能给企业带来的价值至少包括以下几个方面的内容。

① 增加收入。

② 降低成本。

③ 强化竞争战略，如采用木桶原理的企业提升其短板，或者采用手指原理的企业增长其长指。

④ 树立品牌。

⑤ 提高客户忠诚度。

⑥ 满足外部强制性要求（如国家法律等）。

⑦ 进行创造性研究。

⑧ 强化信息化战略。

（2）企业价值最大化是 ERP 项目实施的唯一依据

波特提出了价值链的概念：“每一个企业都是在设计、生产、销售、发送和辅助其产品的过程中进行种种活动的集合体。所有这些活动都可以用一个价值链来表明。”对企业价值链进行分析，就可以了解企业在哪个运行环节能够提高客户价值或降低生产成本，从而提升企业的价值。企业实施 ERP 项目的目的就是增加价值链中增值的环节，减少和消除价值链中不增值的环节。对价值链的分析、追求企业价值最大化是为 ERP 项目实施而进行企业流程优化与重组时要时刻遵循的指导原则，即判定 ERP 项目实施是否达成以下几种效益。

① 在降低成本的同时维持价值（收入）不变。

② 在提高价值的同时保持成本不变。

③ 在减少工序投入的同时保持收入不变。

从实际操作的角度可以采用以下方法来实现企业价值最大化：在企业实施 ERP 项目的过程中，每当提出新的管理信息化需求时，应当首先分析需求所引发的流程变化是否增加了某个价值链中的增值环节（工序），或者是否有助于企业隐性资产的增长，并用数字（如 1～10）来表示相对价值的大小，数字越大表示相对价值越大。然后还要和 ERP 软件开发商一起分析该需求的实施成本，包括信息化成本、管理成本、承担风险等。在此基础上再决策是否用 ERP 系统实现该需求。与之类似，实施成本也可以用数字（如 1～10）来表示，数字越大表示相对成本越高。

如果企业有很多需求．可以按照图 5-1 所示的方式对其价值和成本排序。图中的一个圆圈表示一项需求，靠近左上角的需求是对企业来说价值较大的，应当优先满足。

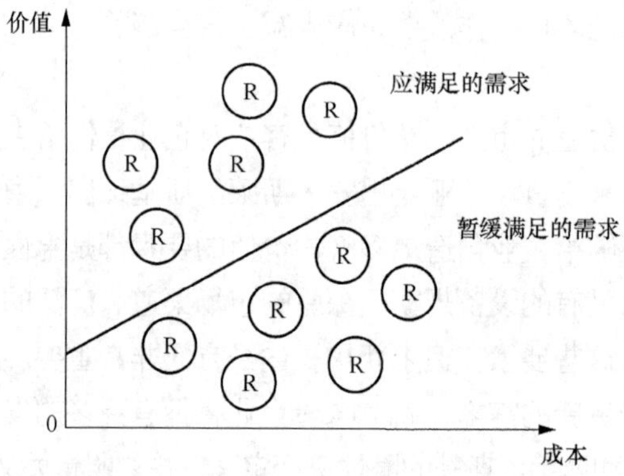

图 5-1 企业 ERP 信息化需求的价值—成本

2. 管理状态层次论

管理的状态从低到高可以分为 5 个层次：隐性、显性、量化、优化和提升，如图 5-2 所示。

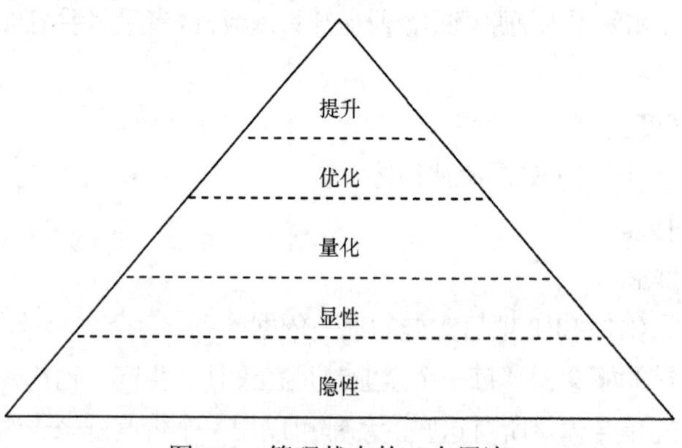

图 5-2 管理状态的 5 个层次

① 隐性：忽视、没有意识、与人性相关、如空气般存在的管理。

② 显性：看得见但无法度量的管理。

③ 量化：可以度量的管理。

④ 优化：在度量管理层级之上，对业务或者管理层进行持续不间断的提升管理，每次的优

化结果优于前次优化结果。

⑤ 提升：企业整体优化管理。

不同层次的管理状态有时会在一个企业中同时存在，也就是说，企业有些方面的管理可能已经处于量化层次，而另一些方面的管理可能尚处于隐性层次。相关文献中生动地体现了一汽—大众汽车有限公司在引进和生产奥迪汽车的过程中存在不同层次的管理。如一汽和奥迪管理层的相互信任，就属于隐性层次；日常的沟通管理属于显性层次；奥迪生产线主管在办公室内就能够了解每个工位上的生产状态，属于量化层次；奥迪 A6 最初只用两个计算机控制板，后来的奥迪 A6L 用到了十六七个计算机控制板，属于优化层次；一汽根据国人喜好乘坐后排的习惯和审美需求将奥迪 A6 二度研发，加长其车身，则属于提升层次。

只有量化管理层次才可以实现信息化管理。信息化管理的基础是利用计算机进行管理，而计算机仅仅是对 0/1 的采集和运算。当然，也可以通过模糊数学的方式进行企业管理，但这样还是缺乏准确性，而企业精细化管理的核心是数字化管理度量衡，是数字化的表现。企业要实现信息化管理，首先要考虑在信息化之前，企业是否已经达到量化管理层次。若还没有达到，必须通过流程优化甚至流程再造的手段将其提高到量化管理层次，然后再用 ERP 系统去实现信息化。而这种流程变革可能会带来昂贵的管理成本，如克服对变革的抵制所付出的努力和代价、员工适应新流程所付出的学习成本等。

从 ERP 系统支持企业管理能力增强的角度来看，企业实施 ERP 项目的目标一是实现量化管理流程的固化，二是在持续的改进过程中将关键管理内容逐步上升到优化和提升的层次。

3. ERP 产品匹配论

ERP 产品匹配就是在企业借助 ERP 系统想达到的管理层次提升目标和 ERP 产品之间进行匹配，如图 5-3 所示。而管理软件的应用就是将 ERP 系统作为工具，把管理现状和管理变革目标相匹配。ERP 产品匹配论的基础是有既熟悉 ERP 产品又熟悉企业管理模式的人才。

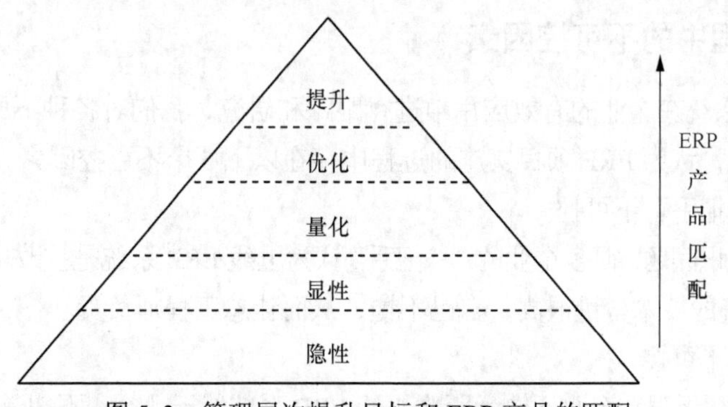

图 5-3 管理层次提升目标和 ERP 产品的匹配

ERP 产品匹配的过程就是协调和解决很多矛盾的过程。

（1）普遍性与特殊性的矛盾

普遍性与特殊性的矛盾是支撑共性问题个性化、个性问题共性化的理论。所谓共性问题个性化，是指一个行业的共性问题往往会在一个企业中得以体现。如果该企业不存在此问题，那么该企业一定要研究为什么问题不存在，不存在到底是好事情还是坏事情。如果该企业有效地解决了该问题，那么就要研究能否提炼出解决行业内该问题的普遍方法，这种研究就是个性问题的共性化。矛盾的普遍性和特殊性的辩证关系是指矛盾的普遍性和特殊性即一般和个别、共性和个性、绝对和相对的关系。它们既有区别又有联系。

区别：任何的一般（普遍）只是大致包括个别（特殊），只是包括了个别的某一部分属性、某一方面特征或共同本质；任何个别都不能完全地被包括在一般之中。联系：一般存在于个别之中，只能通过个别而存在；任何个别都是一般，都具有一般的本质或属性。任何事物都是矛盾的普遍性和特殊性、共性和个性的有机统一。普遍和特殊的区分是相对的，在一定条件下可以相互转化。

矛盾普遍性和特殊性的辩证关系原理的方法论意义：矛盾的共性和个性、一般和个别的辩证关系原理是关于矛盾问题的精髓，它是客观事物固有的辩证法，也是科学的认识方法。对于ERP项目的实施来说，企业具体情况的个性问题和ERP产品所解决的共性问题之间就是普遍性和特殊性问题。

（2）同化管理现状与动态变革目标矛盾

变革与改革有很多相同之处，但变革比改革更重要，变革是有法度地改变。所以，企业上线ERP系统是管理变革，不是管理改革。

每一个成熟的企业均有固化的工作流程，但企业上线ERP系统的时候，既要保留相应的固化流程，也要改革、创新、优化原有已经同化的工作流程。解决这个矛盾是一件风险很大的事情。如果不改革原有同化的工作流程，上线ERP系统仅仅是将手工作业变为计算机作业；如果变革原有同化的工作流程，将会对企业的正常运营带来极大的风险。解决这个矛盾有一个参考值，就是变革的工作流程不超过30%。

ERP产品的一大好处是可以将企业的管理和流程同化。但是企业的战略具有动态性，同样，企业的管理改革也是一项持续性的工作。企业在实施ERP项目的过程中也需要将ERP产品和动态改革目标进行匹配。

5.5.2 实施过程中的不可控因素

根据对ERP系统在企业的有效应用中进行跟踪和研究，我们对各种不成功的ERP项目实施进行了总结提炼，认为ERP项目实施的过程中存在以下5个不可控因素。

（1）企业“一把手”不可控

这是企业的认识问题。很多企业的“一把手”认为上线ERP系统是技改项目不是管理变革；认为上线ERP系统的技术含量很高，自己不懂，从而让总工程师负责。

（2）应用目标不可控

思维无限，应用无限。企业不熟悉所购买的ERP系统能干什么，不知道哪些问题应该或能够用ERP系统解决，哪些问题不能，因而往往会期望ERP系统实现不切实际的目标。

（3）需求和验收标准非唯一性所造成的不可控

企业的管理目标与管理现状和ERP系统对企业管理层次的要求不匹配，造成企业对于需求和验收标准没有统一的认识。其中的主要原因也是企业对ERP系统不熟悉。

（4）ERP系统的基础数据准备不可控

企业缺乏懂ERP系统的技术人员，不知如何准备业务基础数据，从而造成实施准备工作的不足、实施周期的延迟。

（5）实施质量不可控

ERP 软件开发商进驻企业的实施工程师中大多懂软件技术，但不懂管理，不能有效解决企业管理流程现状梳理和优化提升问题。

5 个不可控因素造成了实施进度不可控，企业隐性实施成本不可控。

5.5.3 实施模式

前文所述的 5 个不可控因素中，前 4 个都是企业内部的，因为企业缺乏懂 ERP 系统的人才而出现实施进度不可控的情况，因此以企业为核心是成功实施 ERP 项目的关键。ERP 项目应采用以企业为核心的实施模式。

1. ERP 项目实施的本质是知识转移

ERP 系统不同于普通的应用软件，蕴含着大量的行业内标杆企业的最佳业务和管理实践。根据 ERP 产品匹配论，ERP 项目实施的过程不仅仅是一个软件产品部署和交付的过程，更是一个向购买 ERP 产品的企业进行知识转移的过程。要转移到企业的知识包括以下几个方面。

① 熟悉操作所购买 ERP 产品的知识。

② 行业标杆企业管理知识。

③ 结合 ERP 项目实施企业的管理现状与管理目标，匹配和推广与 ERP 产品具体应用相关的知识。

④ ERP 产品在企业具体使用时会用到的知识。

知识转移的对象主要是企业中的两类人员：IT 人员，即熟练掌握 ERP 产品的人员；核心岗位管理人员，即根据对 ERP 产品的理解，梳理和优化企业管理现状的业务人员。这两类接受知识转移的角色人员缺失，正是造成知识转移困难、ERP 项目实施过程不可控的核心原因。

同时，ERP 项目实施过程的本质也决定了 ERP 项目实施应当以购买 ERP 产品的企业为核心。

2. 以企业为核心的 ERP 项目实施新模式

（1）转变观念

将传统的、通过企业现有人员接受知识转移的实施阶段，提前到在实施准备阶段便向企业提供专业人才的交付。这些人才同时具备熟悉所购买的 ERP 产品和企业管理现状梳理与优化的技能。ERP 软件开发商在向企业提供了专业人才之后，以企业和这些输入人才为核心进行后续 ERP 项目的实施即知识转移的过程。不论是企业还是 ERP 软件开发商，都需要转变观念。

（2）采用新的实施流程

新的实施流程如图 5-4 所示。从该流程中不难看出，ERP 软件开发商已经从传统意义上的 ERP 项目实施过程主控者变成了专业人才的输送者与实施过程的协调者，而实施过程的主控者变成了企业及其所引进的专业人才团队。

（3）ERP 产品生态链

根据 ERP 产品匹配论中的共性问题个性化和个性问题共性化的对立统一原则，在 ERP 项目实施和企业后续的管理持续性改进过程中，ERP 软件开发商和企业形成了一个不断进化的生态链。这个生态链可以用“三师”进行概括，即前期 ERP 软件开发商是企业之师、中期企业是 ERP 软件开发商之师、后期企业是 ERP 软件开发商之师。

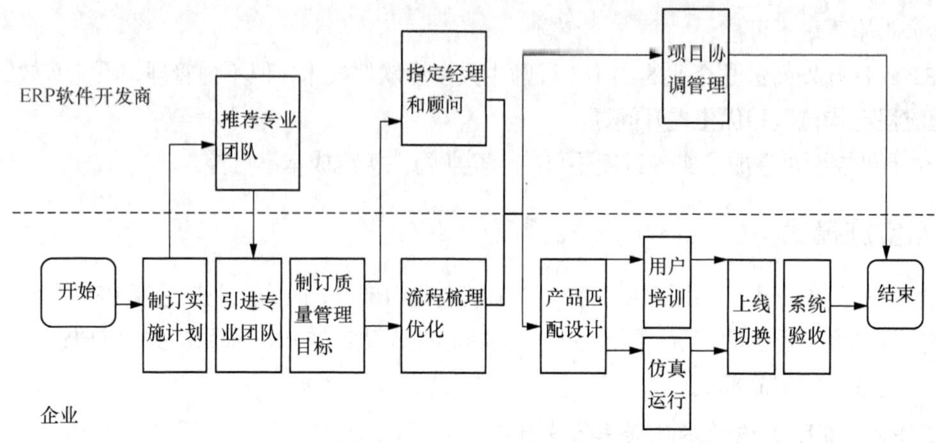

图 5-4　ERP 项目实施流程

① 前期 ERP 软件开发商是企业之师。从教育企业、合同签订到仿真运行阶段，ERP 软件开发商是企业之师。这是因为 ERP 软件开发商比企业更懂 ERP 产品，更懂企业所处行业对应用 ERP 产品的理解。这一阶段主要是共性问题个性化处理的阶段。

② 中期企业是 ERP 软件开发商之师。从仿真运行到系统验收阶段，由于企业了解了 ERP 产品并试图将其与企业实际相结合，会提出大量的问题要求 ERP 软件开发商解决，因此企业是 ERP 软件开发商之师。

③ 后期企业是 ERP 软件开发商之师。从企业验收独立使用开始，经过 2～3 年的运行，企业会提出大量的提升和优化问题，需要 ERP 软件开发商解决。这样的问题视同导师布置的作业，企业是 ERP 软件开发商之师；当 ERP 软件开发商在后续版本中完成了“导师”布置的作业，便会指导企业进行产品升级，此时 ERP 软件开发商又成为企业之师。这个生态链循环往复，可以提高 ERP 产品成熟度。②和③两个阶段主要是个性问题共性化处理的阶段。

3. ERP 项目实施新模式对企业的价值

（1）知识转移的过程更加顺利

因为企业引进了专业人才团队，能够解决 5.5.2 节中 5 个不可控因素中（2）～（4）条提出的问题，从而使得知识转移的过程更加顺利。另外，由于这个团队受雇于企业且主导整个 ERP 项目实施过程，所以在实施过程中，项目组与企业领导层及最终用户的沟通成本和管理风险都大大降低。

（2）具备了持续管理改进的潜能

企业的管理改进是一种持续的改进，而这种改进又必须通过 ERP 产品进行。由于企业所引进的专业人才团队既懂 ERP 产品又懂得企业管理，因而在 3 个理论（即企业价值论、管理状态层次论和 ERP 产品匹配论）的指导下，他们能够在企业中长期作为 3 个中心，完成两项任务。

① 3 个中心：内部发现问题中心、外部标杆对比中心、业务流程优化中心。

② 两项任务：业务线优化、ERP 模块化实施。

（3）保护了核心商业机密

企业的管理现状和优化目标涉及企业的核心技术和管理体系，对企业而言，这是核心商业机密。这些机密一旦泄露给竞争对手，会给企业造成难以估量的损失。传统的、以 ERP 软件开发商为核心的实施过程中，很多商业机密被告知给 ERP 软件开发商，这在一定程度上存在泄密的风险。实施新模式后，进行管理现状梳理、优化和 ERP 产品匹配的团队隶属企业，从而可以更好地帮助企业保护其核心商业秘密。

（4）管理软件的双面性

事物均有两面性，管理软件既能提升、优化企业管理现状，也可能给企业带来灾难。管理会带来效益，但管理也是有成本的，无视成本的管理会产生反向效益。许多企业由于不清楚上线 ERP 系统的隐性成本，故无法达成正向效益；也有部分企业迷失了管理目标，从而增加了实施与维护 ERP 项目的成本。

ERP 项目实施困难甚至失败的原因，一是缺乏贯穿于整个过程的指导思想，二是实施过程中存在众多的不可控因素。本书提出的企业价值论、管理状态层次论和 ERP 产品匹配论可以作为实施指导思想。因为 ERP 项目的实施过程本质上是一种知识转移的过程，所以实施过程中的大部分不可控因素主要是由于企业缺乏既懂 ERP 理念，又擅长企业管理现状梳理及优化的复合型人才。笔者所建议的、以企业为核心的 ERP 项目实施新模式，应以解决企业的人才匮乏问题为首要工作。在此基础上，ERP 项目的实施可以大大减少甚至消除知识转移过程中的不可控因素，同时能够给企业带来管理体系持续改进、保护核心商业机密等能力，为企业通过信息化不断提升其竞争力奠定基础。

企业所缺乏的信息化专业人才，其定位与传统企业对 IT 中心的运维人员定位有着本质的差别。企业所缺乏的信息化专业人才要在掌握企业价值论、管理状态层次论、ERP 产品匹配论这 3 种指导思想的前提下，作为 3 个中心，完成两项任务。如何培养适应 ERP 项目实施新模式所需的企业管理信息化专业人才将是我国企业管理信息化的核心问题和瓶颈问题。

5.5.4 实施策略

项目实施是一项复杂的系统工程，必须要有一套科学的实施策略来保证项目在不同阶段顺利进行。在实施规划前，项目经理要和相关人员组织确定项目在内部的定位和分类，同时根据项目难度和风险分析，确定项目实施策略与项目管理策略的指导原则。项目实施策略贯穿项目的整个生命周期。企业在项目实施的各个阶段、各个时期都要制定相应的策略。例如，项目关键人关系维护策略、项目需求与范围管理策略、项目分阶段或试点上线策略、质量管理策略、风险控制策略、知识转移策略等，并将这些策略融入具体的实施规划。

项目经理的首要任务就是制定项目实施策略，项目实施策略在项目一开始就决定了项目的实施效果，其对项目未来趋势、双方心理格局、项目状态、项目目标的实现起着至关重要或决定性的作用。好的项目实施策略可以降低项目实施难度、规避项目实施风险、鼓舞项目团队士气；不恰当的实施策略可能会提高项目实施难度、提高项目实施风险，导致项目团队失去信心，使项目陷入被动局面，遭受各方质疑。本节主要阐述事关全局的项目总体实施策略，不详述各阶段的任务策略。

1. 项目范围管理策略

在项目中该做哪些，不该做哪些，做到什么程度，都是由“项目范围管理”来决定的。定义项目范围是制定实施策略的第一步，明确的项目范围是项目成功实施的前提。管理软件是相当灵活的系统，项目小组应努力尽早地对项目范围做出明确的定义。它包括实施的主体、业务领域、业务类型、实施周期和基础技术的范围。项目经理必须在项目准备阶段进一步确认、解释或说明项目范围，尽可能得到项目领导小组、实施小组和应用部门的认可，保证所有人对项目范围的理解准确、无歧义。

项目小组根据项目实施范围和资源制订相应项目组织形式和项目计划，并在不同的项目阶段制订详细的工作计划。严格按照实施策略所包括的各种策略和工作规程对项目进行管理。项目的实施需要有一些前提和约定，事先在这些事项上达成共识，并且在实施过程中时时注意这些因素，是项目实施顺利进行的必要保证。项目小组和ERP软件开发商将确保项目实施在事先商定的范围内进行，如有变化，必须按双方拟定的范围改变控制程序进行控制。

保持项目实施范围的前后一贯性是非常重要的。如果出现改变原定实施范围的需求，应以正式文档的方式提出，项目小组成员必须谨慎考虑项目范围的改变可能将对整个项目进程产生的影响。改变必须在批准后才能进行，在实施过程中必须对其加以跟踪。

2. 分期分阶段上线策略

在项目实施的整个过程中，项目规划是非常重要的一个环节，良好的项目规划能同时对项目进度、质量和投资起到很好的控制作用；失败的项目规划则有可能使项目在一开始就形成混乱、失控的局面，甚至导致项目的最终失败。

工作分解结构（Work Breakdown Structure，WBS）主要是将一个项目分解成易于管理的几个部分或几个细目，以便找出完成项目实施所需的所有工作要素。在项目规划过程中，我们要使用工作分解结构方法进行项目工作内容的分解。将项目分解为子项目、子系统、期或阶段，在此基础之上再进行资源的分配、进度计划的制订并估计项目的成本。这样，经过项目分期或分阶段规划后，一个漫长的、巨大的、难以控制的大型项目就变得可计划、可控制了。项目小组实际上就是通过完成项目实施的若干小项目（子项目、子系统、期或阶段）来完成整个项目的。

3. 试点上线策略

对于实施工作量较大的项目或阻力较大的项目，一般可以先找业务比较成熟、用户基础较好、双方配合度较高的几个部门进行试点。试点成功后，总结经验，形成业务解决方案，再在所有部门推广。在推广过程中必然会发生现有系统与个别实际需求有差异的问题，是按业务解决方案改变推广部门的现状，还是保留推广部门的现状，这不仅会涉及数据，也会涉及业务流程，甚至涉及组织结构。改变控制管理得好，项目推广就会很顺利。

4. 项目验收策略

项目实施应有始有终，项目经理必须推动项目的验收。项目验收的基本条件：系统已经正式投入生产运行，旧系统关闭，各项业务均在新系统中正常处理。可按照以下步骤进行项目验收。

① 分阶段验收。

② 取得使用部门意见，为项目验收创造条件。

③ 举行项目总结会，即项目验收会。

④ 起草验收报告，形成既定事实。

⑤ 宣布项目结束。

5.5.5 实施计划

"人定胜天"用在 ERP 项目实施中再恰当不过了。项目实施成功的关键因素是人，包括实施顾问、企业的项目小组以及企业的内部员工，还包括潜在的项目利益相关人。那么作为有重要资源的人，如何在 ERP 项目中发挥更大的作用，取得项目的成功呢？俗话"一个萝卜一个坑"，用于描述企业的人力资源状况十分恰当。企业中不会存在没有价值的人，每个人在企业中都扮演了不同的角色。如果在项目的实施中，要求各个部门的领导和关键岗位人员必须参与项目实施，要求各个部门必须投入人员组建内部实施团队，那么应如何协调人力资源呢？如何达到人力资源利用的最大化呢？从项目启动时，项目组织结构的设立就明确了关键用户，如作为内部顾问的主要人员和作为关键用户的辅助人员，都是全程参与项目实施的，是项目小组专职人员。对于非专职人员的项目资源的调动则更为关键，如对各部门的负责人、各部门的最终用户，如何高效利用他们呢？如何能达到项目在调研分析、方案设计、系统建立和上线实施应用各个阶段的效果不打折扣呢？如何让 ERP 系统在企业的各个业务流程中顺畅运作呢？事情是员工来做的，员工不熟悉 ERP 系统、不熟悉业务和流程肯定是不行的，那么这就要求企业所有人员都应参与和投入项目实施的各个阶段，也就是全员参与。ERP 项目是个全员参与的项目，但 ERP 项目实施过程中，企业的日常运作照旧，企业还有突发的事情需要处理，不可能要求企业停止运转来进行 ERP 项目实施，也不可能要求企业偏废业务支持项目实施，业务是企业的盈利来源，不能偏废，那么如何才能有效利用企业的人力资源呢？如何让员工平衡好项目工作和本职工作呢？如何才能保证企业员工在不同的阶段都能够有效地投入，达到效益的最大化呢？例如，在调研阶段，如何保证企业业务和需求能在短时间内被充分挖掘，而不浪费资源？如何保证在方案设计阶段有决定权的部门负责人在百忙之中能投入各个业务方案的细节讨论呢？如何让用户在系统建立阶段充分投入系统的各项纷繁复杂的测试工作，从而保证系统的有效应用呢？这就要求实施顾问和用户双方的项目经理在各个项目阶段开始之前进行通盘考虑，甚至在项目的启动阶段就做好项目从始至终所有的计划和策略，包括调研访谈详细计划、方案设计讨论详细计划、二次开发详细计划、项目培训详细计划、数据收集详细计划、全面系统测试计划和上线切换计划等。

为什么在项目启动阶段制订项目全程的计划更为合理呢？因为这样做，从项目开始，企业高层领导、部门负责人及企业其他业务人员就可以充分认识到项目的重要性和计划性，充分认识 ERP 项目不需要领导和员工的无限投入，但也不可以不闻不问。对于 ERP 项目，企业往往投入巨大，企业高层领导都会比较关注项目的实施，但关注什么、怎么关注，因人而异，不同的企业关注的内容和方式的区别较大。那么从项目的投入和产出角度，给项目一个全面貌的、各阶段的计划和预期成果展示往往更佳。只有保证过程是正确的，才能最终导出正确的结果。从这个角度出发，企业高层关注计划、首肯计划、关注项目过程就是合情合理的，项目组织企业人员的投入在企业内也变得"合法"。当然部分计划与过程中业务方案的相关设计可以不必在项目启动开始就确定，如上线切换详细计划和策略，可以在项目中期方案确定后再进一步确认投入企业资源。

那么如何将项目全程计划和各个阶段详细计划完整展现出来呢？计划中涉及的任务、时间、地点、人员如何布置？ERP 项目实施犹如一场战争，指挥官必须做好每场战役的精密部署，在具体战斗中则要求士兵毫无保留地执行到底。我国古代战争理论也指出，“兵马未动，粮草先行”，这也是“预则立”的思想。以下则从项目过程的需求分析、方案设计、系统建立和上线与支持 5 个阶段所涉及的 6 个详细计划展开说明。

1. 调研详细计划

从调研详细计划说起，调研内容必须详细划分出各个业务流程，并指明各个业务流程的主要调研部门和辅助部门、部门主要参与人员和其他参与人员、负责跟进的内部顾问和关键用户，当然不能遗漏调研的具体时间和地点。调研场所的重要性往往被忽视，笔者曾经多次遇到企业方随意变更调研场所的情况，这会让调研人员认为企业项目小组准备不充分和组织工作无效，并会增加会议成本。

同时项目小组必须保证计划的提前发布，以便各部门进行充分准备。发布计划的同时必须要求实施顾问同时发布已经准备好的详细业务调研问卷，并对调研问题进行必要的解释，同时要求调研主要对象在调研会议前对调研问题进行反馈。从调研工作的展开来讲，则需要项目经理不仅要考虑实施顾问的准备时间，也要充分考虑调研对象的反馈时间，并在过程中要求实施顾问根据各个调研对象对问卷的反应做到不断跟进，保证调研全面细致、没有遗漏。调研结束后，由关键用户编写调研会议纪要，同时实施顾问根据调研结果编写调研分析报告。在过程中，对不清楚的业务流程和问题要与关键用户和业务部门交流，并最终出具报告，由业务部门负责人对报告进行确认。调研分析报告的确认是项目调研阶段的里程碑，同时也标志着项目调研阶段的结束和下一个阶段的开始。

2. 方案设计阶段的详细讨论计划和二次开发详细计划

相对于调研阶段，方案设计阶段涉及复杂的企业业务方案的抉择，各个部门的负责人和业务骨干需要花费更多的时间和精力，更多地参与 ERP 业务方案的讨论和决策，这就要求项目经理必须在项目实施之初制订方案设计阶段的详细讨论计划，部门负责人和骨干人员必须参与其中。实施顾问根据前阶段的调研结果和需求，按照 ERP 业务的标准流程设计企业的未来 ERP 业务流程和业务处理方案，但这些方案是否完全符合企业高层领导和各部门的意愿、是否完全适用于该企业的业务运作，需要企业各部门负责人、各部门业务骨干和各业务关键用户对 ERP 业务解决方案进行充分的学习、理解和掌握后，提出合理化建议。

实施顾问对 ERP 业务解决方案的设计从企业高层领导的角度出发，站在第三方的立场上，充分考虑了企业全局资源的最优化，但 ERP 项目实施涉及业务的深层次问题，覆盖整个企业各个部门的业务和利益，需要高层领导和部门负责人进行平衡和决策。由于针对企业某一特殊业务，ERP 业务解决方案和流程往往不止一两个，实施顾问则需要从不同角度对比可选方案，分析各个方案的优缺点。同时实施顾问应与企业方各部门负责人、业务顾问以及关键用户进行充分的解释和说明，并经过方案讨论会确定具体方案。

对于业务方案，各个企业由于实际情况不同，对实际业务的处理存在差异。有些为了简化业务流程，提高效率，需要牺牲对业务的监控；有些为了提高业务流程的可控性，降低业务和财务风险，需要牺牲一定的工作效率，增加业务流中部分节点的工作量等，这都需要实施顾问和企业方人员在方案讲解和讨论时，进行深入分析和说明。

方案设计中，由于企业实情和需求千差万别，没有一个标准 ERP 软件的功能能够完全满足企业的特殊需求，企业针对ERP软件往往会提出二次开发的需求，这时则需要实施顾问针对二次开发需求进行深入的挖掘，找出企业的深层次需求及其原因。从以往的项目实施中我们可以发现，某个具体企业方部门或业务人员往往从自身的角度出发，没有进行深入的分析，有些二次开发的需求并不是理性、科学的需求，或企业方存在某些错误的观念，认为既然请了咨询公司，那就没有做不到的事情，片面地认为是咨询公司回避工作责任、担心承担太多工作量等情况。对于前一种情况，需要咨询公司的顾问发挥业务专长，从第三方的角度深入挖掘，从业务的源头查找和解决问题。我们通常说“透过现象看本质”，必须通过深入调研，以“打破砂锅问到底”的决心，真正找到问题的根源，对症下药。对于后一种情况，需要实施方和企业方建立更多的信任，或从实施合同中对ERP软件的二次开发内容和工作进行明确的定义，避免由于双方的沟通问题产生信任危机，否则最终的结果只会是双方的利益都受到损害。

即使已经找到企业需求问题的根源，而现有的ERP软件的标准功能确实无法满足企业的需求，也不能立即下达二次开发的指令。毕竟成熟的ERP软件是经过开发商的严格测试才推向市场的，特别是大型ERP软件，如Oracle、SAP开发的软件，其每个业务模块都是高度集成和统一的。在二次开发ERP软件之前，需要对开发进行可行性的分析，特别是对原系统流程和结构进行较大调整时，可行性分析更是必不可少的重要一环。业内人士通常把ERP软件二次开发比喻为一把“双刃剑”。二次开发所引发的业务效率、系统稳定性、开发逻辑与原系统机制的冲突和融合等现象，在此不一一列举。二次开发必须严格遵循软件工程的方法进行。任何偷工减料的短视行为都会为日后系统的运行埋下隐患。

目前几乎每个ERP项目都或多或少存在二次开发，在二次开发工作的开展中，就不得不提各个项目计划中详细计划的其中一项——二次开发的详细计划。这项详细计划由于涉及较多的技术问题，一般由顾问方项目小组的开发技术组长负责。二次开发的详细计划包括详细二次开发业务调研和分析、需求定义、详细设计、代码编写和测试、集成测试和上线等几个方面，除了详细设计和代码编写外，其余各项工作都要求关键用户和业务骨干及最终用户参与，这对企业方而言无疑是一项工作量繁重的任务，但也是不可或缺的工作任务。

作为方案设计阶段的里程碑，方案浓缩了整个项目从调研到设计阶段的调研、详细解决方案（包括二次开发方案）的所有工作，将项目前期的主要成果向企业各个层面人员进行汇报，也成为下一阶段工作开始的标志。

3. 项目培训详细计划

从项目调研阶段开始至项目上线阶段结束，项目培训贯穿了项目的整个周期，项目培训是ERP项目实施效果的关键影响因素。要使用户从理解ERP理论开始到完全掌握ERP软件的详细操作，就必须进行全面的培训。根据以往的ERP项目实施经验，我们也都知道，培训必须贯穿项目的始终，这样才能使用户达到业务熟悉、操作熟练。项目成功实施，大部分取决于用户对业务的正确理解和准确操作。套用企业管理流行的一句话“一流的员工不是招进来的，而是培训出来的”，这句话在ERP项目实施中同样适用。但大部分的项目因为项目周期短暂，往往忽视培训，培训人员、场所、环境、教材、器材等都没有很好地准备，导致大部分培训流于形式，加上培训管理不善、参与培训人员缺乏主动性，项目培训的效果大打折扣。企业用户对ERP理论的学习往往也是“三天打鱼，两天晒网”。而到了系统上线，企业业务真正切换时，员工才发现大部分业务不会操作，临时抱佛脚的大有人在，关键用户和实施顾问到处“救火”的情况时有发生。

毕竟 ERP 项目对于企业而言是一项投入巨大的项目，企业已经为之付出了大量的成本，企业上下都非常重视，所以必须建立必要的激励机制。同时，除了企业层面和项目层面建立激励机制之外，培训如何有效执行，靠什么保障呢？从上述培训问题导致的项目问题可知，建立项目完整的培训体系是非常重要的。不管是项目开始的 ERP 原理培训、功能培训、操作培训、操作手册编写、上岗培训、岗位操作指引等还是最后的上线指导培训，都应纳入项目完整的培训体系。当中还包括对软件开发员和数据库管理员的技术培训等，覆盖企业的所有层面。

针对如此复杂的培训过程，项目经理要编制详细的培训计划，涵盖项目各个阶段的多轮次培训和各单项的详细培训内容，同时还应该包括培训后的测验和上岗考试、操作手册的编写、岗位操作指引的编写等内容。培训计划必须根据每次培训的课程和内容，专门指定讲师（一般由负责顾问担任）、培训教材（由负责讲师专门编写）、培训场所（指定专人负责）、培训器材用品（如投影仪、计算机等工具）、培训软件环境（与企业产品应用环境相同）、培训对象（一般为关键用户、最终用户、骨干人员、部门负责人等）、培训时间（必须为主要岗位人员都能参与的时间）。企业通过日常上机测验和上岗考试对培训效果进行跟踪，将 ERP 培训与上岗考试和个人绩效挂钩，并将其作为员工上岗的重要指标之一。

操作手册和岗位操作指引的编写对关键用户提出了更高的要求。关键用户不仅参与项目实施的全部过程，而且承担 ERP 项目知识转移的重任。关键用户要通过操作手册和岗位操作指引建立企业自身的 ERP 规范和管理体系。

用户的正确操作对保证 ERP 数据的准确性有不可言喻的重要性。只有业务数据准确，才能保证项目的成功实施。

4. 数据收集详细计划

经过项目详细方案设计的确认，项目进入了系统建立阶段。在确认方案设计完成后，基础数据的收集就提上了日程。一个项目的实施所涉及的企业基础数据甚为庞大，解决方案不同，对数据的要求也就不相同。一般静态基础数据包括物料编码信息、产品清单信息、产品工艺信息、计划信息、采购信息、库存信息、生产信息、销售信息、供应商信息、客户信息、财务基础数据（包括会计科目信息、资产信息、成本信息）等。系统上线切换的业务数据量更为庞大。

作为业务运作基础的数据收集，所收集数据的及时性、有效性、一致性和准确性是非常关键的。项目经理对此要统筹规划、具体落实、布置到人。项目经理要指定每项数据的要求完成日期、导入方式及明确责任人和负责顾问，由顾问负责并指导关键用户和最终用户进行具体每项数据的收集。当业务数据涉及多个部门时，项目经理更要安排好具体负责部门和相关配合部门，保证计划按时完成，确保上线数据完整，从而保证数据达到上线要求。

安排数据收集计划的同时，也要求顾问根据各自负责的业务模块，编写并发布数据收集方案，明确数据收集规范的数据格式，指导用户严格按制定的数据方案和数据格式提交数据。开始前安排顾问对数据收集方案和数据格式进行详细讲解，以达到用户对数据格式的理解与项目规范要求一致。

根据导入方式的不同，数据收集可以分为手工录入、接口导入等方式。根据数据量的大小和复杂程度的高低，项目小组可自行选择数据收集方式。对采用接口导入方式的数据，计划编排必须保证接口导入的技术可行性和导入数据与接口的一致。这就要求技术人员提前进行接口导入代码的编写和测试。此工作可以由技术开发组长安排。

历史比较悠久的企业，其基础数据量是非常惊人的。而且旧的历史数据的格式，不管是手工数据还是旧系统的数据都可能与 ERP 系统的数据格式要求存在不一致，这时就需要在系统建立阶段开始前，甚至提前到解决方案设计阶段开始时，就开始历史数据的清理工作，以保证在上线前能完成所有数据的清理工作，如物料编码的清理、物料清单的清理、供应商和客户的往来账清理等。如果企业的基础管理水平较低，可能导致数据的清理工作耗费大量的人力和工时。

5. 全面系统测试计划

系统建立阶段的另一项重要工作就是系统的搭建和测试。系统的搭建和测试完全基于解决方案的设计，所以必须在完成前一阶段工作的基础上开展。系统建立后，检验系统是否正确，是否严格按照详细业务方案的设计流程进行业务的处理，必须经过严格的层层测试和把关，项目必须制订严格、全面的系统测试计划，包括单元测试、用户验收测试、集成测试和模拟测试等。测试方案和策略（系统测试业务用例和数据等）的负责顾问、测试时间、测试环境、测试人员、关键用户、参与用户、测试指导顾问等都要求在测试计划中全部确认，这样系统才可以开展全面的系统测试工作。经过测试后，测试人员填写测试报告，以测试计划要求的测试方案为蓝本，填写具体测试业务的结果数据并与模拟用户的预计结果进行对比，对错误的结果进行分析并查明原因，给予纠正。全面系统测试计划中，集成测试和模拟测试则必须在单元测试和用户验收测试（User Acceptance Test，UAT）完全正确之后进行。对于这两项测试，项目小组应进行精心准备，包括系统环境、测试数据、人员、场所、时间等准备，按业务流程指定不同人员进行测试。测试人员必须是在前期参与项目培训合格的操作员。集成测试和模拟测试以完成企业所有业务的闭环处理、输出各项报表，并输出最终财务报表为标志。测试报告的最终审核确认，代表着测试工作的全面结束。测试报告作为系统建立阶段的里程碑，也标志着系统建立阶段顺利完成。

6. 系统上线切换计划

经过了需求分析、方案设计和系统建立阶段，完成了需求调研、详细方案设计、系统设置和数据收集工作，也就完成了项目的主体工作。到此时，可谓“万事俱备，只欠东风”。系统上线前的主要工作也就剩下了最后的切换初始化工作。也就是解决系统如何初始化，什么数据何时初始化，哪些数据先录入、哪些数据后录入，采用什么方式录入以及由谁来负责录入等问题。切换初始化对各项业务初始化时间的先后顺序要求较为严格。这阶段大量的准备工作在数据收集计划阶段已经完成，切换计划要明确具体上线时间，由上线时间点倒推各项业务数据初始化的各个时间点、具体业务员、部门负责人、关键用户、最终用户和负责顾问。系统上线切换计划对业务人员进行具体详尽的指导，保证系统初始化一次性成功。

系统上线切换计划经过上线讨论会议由项目小组和企业各个部门、各个层面深入讨论、全面沟通达成一致后，在项目上线动员会前统一发布，各部门的具体业务人员根据系统上线切换计划，按照计划的指引有序地完成各项初始化工作。当各项准备工作都已就绪后，企业召开项目上线动员大会。项目上线动员大会由用户方项目经理主持，用户方项目经理对项目的全部情况向全企业进行汇报，并由企业高层领导进行全企业的最后上线动员。

项目动员大会的召开标志着项目上线阶段工作的完成，项目随之进入下一个阶段，也就是运行和维护的阶段。

ERP 项目实施的各个阶段通过项目计划体系的运作，支持项目经理总揽全局，从时间、成本和质量等不同角度对项目进行管理。管控实施各阶段详细计划，充分利用资源，控制项目成本和风险，把好项目质量关，以达到为用户创造良好效益的目的。

5.5.6 实施数据准备

说到数据在 ERP 项目中的重要性，大家常挂在嘴边的一句话是“三分技术、七分管理、十二分数据”，以此来表达对数据的高度重视。经验表明，作为管理改造工程的 ERP 项目，花在系统实现和技术准备上的时间并不多，80%以上的时间是花在贯穿全程的三大任务上，即全程的宣传培训、全程的数据准备和全程的管理变革。这 3 个“全程”缺一不可，其中数据准备的工作量最大。

1. 进行 ERP 系统上线前的数据准备

（1）明确有哪些数据要准备

我们可以将数据分类，确定准备数据的先后顺序，并对每项数据设计一个收集表，下发到各部门，摸底调查。在所有的数据中，物料数据是数量最多、分布最广的。这里所指的物料范围很广，既包括原材料、半成品、产成品，也包括设备、固定资产等。对于物料，我们则是根据物料的某些属性对物料进行归类。我们要把工作重心放在物料数据准备上。

（2）制订编码规则和完成基础数据收集

在明确有哪些数据要准备后，就可以着手编码了。实际上，数据准备工作中最难的是制订编码规则，这也是最占用时间的工作。一个考虑周全的编码体系需要跨部门反复讨论。不同的数据可能有不同的编码结构，但必须遵循以下几项编码规则。

① 唯一性：必须保证一个编码对象仅被赋予一个代码，一个代码只反映一个编码对象。

② 实用性：编码体系应当符合企业的业务特点和管理需求，充分考虑企业发展对信息编码的需求，兼顾企业的现状；从实用性出发，掌握好编码的颗粒度，过细的编码不实用，过粗的编码不管用。

③ 统一的编码结构：编码由一个或者若干不同分类角度的分类码构成；统一的编码结构的含义是任何对象在其整个生命周期内编码保持不变，所有分类码具有相同的编码结构。

④ 标准化：应提高编码的标准化程度，充分考虑与外部环境的接轨而使编码尽可能与相关国家标准、行业标准相吻合，如使用国家标准所确定的行业分类作为行业编码，使用邮政编码作为地区编码等。

⑤ 便于计算机处理：编码将在计算机信息处理系统中得以实现，故编码应当符合数据处理的要求，便于计算机处理。

⑥ 易用性：编码应尽可能好记易用，所以要在满足要求的情况下尽可能短小；常用的编码应尽量避免字母与数字混合，以提高录入效率。

完成编码规则的制订后，依据编码规则逐条确定静态数据和编码，从而完成整个静态基础数据的整理工作。

（3）期初数据准备和系统上线

有了基础数据，就有了运行 ERP 系统的基础。但 ERP 系统上线后，系统里的数据是不是能够反映现实情况，就要看期初数据能不能及时准确地录入系统了。

期初数据反映的是上线那个时间点的数据，过早准备是没有意义的，这些事务处理数据都是动态的，每天都在变化。完成期初数据准备需要制订更精密的时间表，通常会根据以下步骤安排计划。

① 根据 ERP 项目的实施进度，确认上线时间，并进行项目管控。

② 在上线之前一个月内进行全面的库存盘点，并在财务上进行盘盈盘亏处理。盘点时使用新的编码规则。

③ 要求各业务部门在系统上线之前尽可能处理完未结清的订单和应收应付单据，以降低系统切换的难度，同时也减少日后对账的工作量。

④ 在系统上线之前两周，集中人力将静态数据导入或者录入系统。

⑤ 在系统上线时，将库存期初、科目余额和未结单据录入系统。可视数据量的多少适当提前或者滞后录入，但要保持系统中的数据与实际情况相符。

⑥ 在系统上线后的一个月内，通过核对手工账和实物，检查系统数据是否准确，并查出差异所在，进行调整。

2. 数据生命周期管理

至此，整个 ERP 系统上线之前的数据准备工作宣告完成，但作为一个完整的系统，上线只是应用 ERP 系统的开始。相比前期的“痛苦”，上线后保持数据的“纯洁”更为重要。在系统运行期间，还要做到以下几点。

① 成立专门的编码维护部门，根据编码规则添加新的编码。

② 上线后，需要对部分业务流程和操作规程进行调整，以适应系统内的数据流转。

③ 管理员及时处理系统中的异常数据。

④ 定期对数据备份，确保数据完整。同时保证在出现数据“灾难”时可以恢复最近时点的数据，最大限度地减少损失。

⑤ 清理垃圾数据和已经失效的数据。

⑥ 根据业务和管理的需要，增加新的数据或者更改原数据定义等。

3. 保证数据质量的方法

数据质量是数据的生命，因为错误的数据没有任何现实意义，反而是系统无法上线或者掉线的导火索。保证数据质量是时时刻刻要做的事情。在这方面，经验更显宝贵，不过我们还是总结了以下方法。

① 在系统上线前做数据收集工作时，要事先做好要下发的表格。如果数据量较少，可以用 Excel 模板做表格，并锁定不允许修改的部分，以便于汇总、排序。如果数据量比较大，最好另编写一个小程序，以自动控制重复的数据，同时便于同步检查。

② 在系统上线时，先通过管理措施减少期初数据量，再力保每一条期初数据都准确。要尽早对账，因为越晚对账，数据的差异越大，越难对得上。

③ 在系统上线后，要从管理上严格要求业务处理与数据录入同步进行，不能积压单据一次性补录。

做好以上几点便可以控制数据质量。但不管如何努力，数据都不大可能百分之百准确。我们所谈的数据准确是指将数据的错误率控制在可以接受的范围之内，并逐步求精。企业要有一套高效的管理制度保证及时发现并处理数据差异。在 ERP 项目实施期间，企业要做好为数据的损失“买单”的准备，有时重复工作是不可避免的，也可能会因处理账实不符而需要支出财务费用。在应用 ERP 项目期间，对于短期的对不上账的情况，只要控制在范围之内，都可以接受，只要坚持严格管理和定期核查，数据质量很快就会提高。

咨询公司有一套数据质量的评估方法，在系统运行一段时间后做数据评估是提高数据质量必不可少的工作。实际上，不少企业通过数据评估，往往能够发现以前所忽视的管理方面的问题，经过几轮调整后，企业实施 ERP 项目的效益就体现出来了。

本章习题

一、填空题

1. 一般的 ERP 项目规划总的原则是__________________、__________________。

2. 中国以外的 ERP 软件大致可分为两类，一类是基于欧洲企业内部的精细化学管理的 ERP 软件，另一类是____________________。

二、判断题

1. ERP 软件选型时需要考虑 ERP 软件支持数据库的能力，是否能与 Oracle、Sybase、Informix 等主要数据库很好地连接。（　　）

2. 考察 ERP 的功能指标时需要考察软件系统贯彻 ERP 理论是否具有先进性。（　　）

3. 从业务流程上看，国内 ERP 软件更加符合我国的实际情况，更加容易为企业所接受。（　　）

三、选择题

1. 总的来说，ERP 实施项目规划总体上应该有 4 个方面的内容：实施前期任务、（　　）、实施项目过程管理和后期管理。

A. 建设成本规划　　B. 实现目标规划　　C. 应用人员规划　　D. 建设进程规划

2. 下列哪一项不属于 ERP 软件的获取方式？（　　）

A. 购买成熟的 ERP 软件直接应用　　B. 自主开发

C. 购买 ERP 软件和二次集成开发并举　　D. 租用 ERP 软件

3. 企业在选择 ERP 软件时，必须充分考虑企业自身的特点和各个软件的特点，在遵循科学合理的选型原则上，尽量找到适合自己的 ERP 软件，提高实施成功率。下列哪一项不是具体选型时应遵循的原则？（　　）

A. 绿色环保原则　　B. 成本效益原则　　C. 成熟性原则　　D. 安全性原则

四、简答题

1. ERP 项目实施要具备哪些基本条件？

2. ERP 项目规划的主要工作是什么？

3. 哪些因素导致 ERP 项目实施不可控？

第6章 咨询顾问视角：管理诊断与ERP系统的导入

【学习目标】

✧ 掌握管理诊断的方法和业务流程重组的核心内容。
✧ 熟悉 ERP 系统的导入步骤。
✧ 了解 ERP 系统的应用推广与改善的内容。

导入案例

江苏悦达盐城拖拉机厂的ERP咨询服务

1. 咨询背景

江苏悦达盐城拖拉机厂（以下简称“盐拖”）是中小型拖拉机的重点生产厂家，行业排名前列。随着盐拖生产规模的不断扩大和市场竞争的加剧，其对企业应变能力和整体动态控制、协调能力的要求越来越高。企业内外信息极度膨胀，现有的传统粗放式管理手段很难支撑企业健康、持续地发展。企业高层领导从国际市场的开拓合作中深刻认识到，企业想要持续保持竞争优势，唯有加速新产品的开发并规范企业管理行为。

2. 咨询服务的主要内容

（1）企业信息化战略规划

盐拖站在全局的角度对企业进行了诊断、分析，在了解企业所处行业、发展阶段、目标、战略，认清其核心能力及管理中存在的主要问题的基础上，针对产品设计及其生产经营全过程制订具有行业特色并能满足其个性化需求的企业信息化战略规划。

（2）ERP 项目策划选型

盐拖在预定的 ERP 项目范围内，明确项目的具体目标、范围及详细需求，给出信息化项目需求报告。编制标书，面向国内外 IT 企业进行广泛招标，确定最为合适的合作伙伴，协助企业完成软件产品及合作伙伴的选型。为盐拖提供从项目团队建设建议、选型工作步骤建议、需求分析、编制标书、建立评估模型、评估和考评建议到协助合同评审等选型工作的全过程服务。

（3）ERP 项目过程监理

盐拖对项目过程实施质量控制、进度控制和成本控制，职责重点在于对 ERP 项目过程的监督、建议、协调和控制。秉承客观、公正、科学的原则来履行自己的职责，与甲乙双方精诚合作，在项目建设过程中给双方提出专业的项目管理与控制建议，发现并预警 ERP 项目实施过程中的风险，及时解决问题，共同将企业信息化项目推向成功。

ERP 咨询服务的内容包括哪些？

ERP 咨询顾问应当具有一定的技术基础、行业知识以及项目管理知识，具体表现为对企业经营战略和经营管理层面存在问题的诊断，通过分析产生问题的原因，提出改进方案（建议）。当受诊企业接受改进方案（建议）后，进一步负责培训人员，帮助指导企业实施改进方案。

6.1 管理诊断

管理诊断即由具有丰富经营理论知识和实践经验的专家与企业有关人员密切配合，应用科学的方法找出企业经营战略和经营管理上存在的问题，分析产生问题的原因，为受诊企业提出改进方案（建议）。当受诊企业接受改进方案（建议）后，专家便负责培训企业有关人员，指导企业实施改进方案（建议）。管理诊断是推动企业健康发展的一种经济管理活动。

6-1 管理诊断

企业进行管理诊断，有利于企业战略和企业信息化战略的实现。管理诊断方法包括标杆分析法、鱼骨图、业务流程分析法、信息流程分析法等。

6.1.1 企业战略与信息化战略

实现企业战略需要信息化战略的支持，信息化战略为企业经营战略服务。企业信息化战略规划是从组织的宗旨、目标和战略出发，对企业内外信息资源进行统一规划、管理与应用，从而规范组织内部，提高工作效率和顾客满意度，最终增强企业竞争优势，实现企业的长远发展。它从企业全局出发，以实现企业的长期发展战略为根本目的，通过规划一个基本的信息体系结构，利用信息控制企业行为，辅助企业进行决策，从而帮助企业实现战略目标。研究表明，企业战略规划与信息技术战略规划的联系程度对战略目标的实现有重大影响。

为了对信息化战略进行系统规划从而实现其价值，汉德森于 1989 年提出了一整套进行信息系统战略规划的思考框架，帮助企业检查企业经营战略与信息架构之间是否一致，这一框架被称为战略一致性模型（Strategic Alignment Model，SAM），如图 6-1 所示。

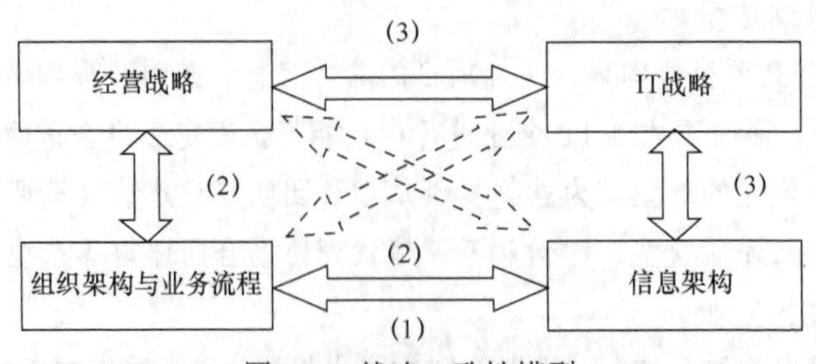

图 6-1 战略一致性模型

该模型分为企业（图 6-1 左）和 IT（图 6-1 右）两个领域。同时将企业分为企业经营战略及组织架构与业务流程，IT 分为 IT 战略和信息架构，即 IT 基础设施和流程，这 4 个部分之间相互关联、相互影响。

经营战略明确界定：企业范围，即企业参与竞争的领域，它决定了企业的产品、顾客、经营范围和竞争力量（包括供应商、替代者、可能的进入者）等；核心竞争力；经营方式，即企业进入特定市场的方式是独市、联盟、合作还是外包。

组织架构和流程包括：组织管理结构，即责任和授权架构，如组织有多少个层次，决策权是集中还是分散等；流程，指关键业务功能将如何操作或流转，其本质就是价值链。很多情况下流程的重组依赖于 IT 的改变，IT 的更高效使用常要求对流程进行重组。

IT 战略包括：技术范围，包括对组织而言关键的技术，如电子图形处理技术、机器人技术、多媒体技术等；系统竞争力，指对于企业战略的创建和扩展而言至关重要的信息技术特性，如信息连通性、可访问性、可靠性等；IT 治理方式，指技术的所有形式或者技术联盟的可能性，如 ERP 等 IT 应用系统是自行开发的还是购买的等。

IT 基础设施定义了基于 IT 服务的信息技术元素的集合，包括网络、硬件设备和基础软件等。IT 流程主要指的是 IT 功能和设计的实现过程，如应用开发、系统管理控制或操作流程等。

在遵循这一模型制定企业信息化战略时，需要将所有的战略目标和措施都一一列出。基于此，企业需要在所有应用系统中找出功能比较集中和迫切需要的系统，进而制定企业信息化战略。

简单地说，ERP 需求分析应当从企业战略开始，这也是 ERP 咨询顾问的首要工作。

6.1.2 管理诊断方法

1. 标杆分析法

（1）标杆分析法的定义

标杆分析法（Benchmarking）又称基准化分析法，就是将本企业的各项活动表现与从事该项活动最佳者进行比较，从而提出行动方法，以弥补自身不足。标杆分析是将本企业经营的各方面状况和环节与竞争对手或行业内外的一流企业进行对照分析的过程，是一种评价自身企业和研究其他组织的手段，是将外部企业的持久业绩作为自身企业的内部发展目标，并将外界的最佳做法移植到本企业的经营环节中的一种方法。实施标杆分析法的企业必须不断对竞争对手或一流企业的产品、服务、经营业绩等进行评价来发现自已的优势和不足。

总的来说，标杆分析法对企业所有能衡量的东西给出一个参考值。标杆分析法着重于对流程的研究分析。

菲利普·科特勒解释说："一个普通的公司和世界级的公司相比，在质量、速度和成本绩效上的差距高达 10 倍之多。标杆分析法是寻找在公司执行任务时如何比其他公司更出色的一门艺术。"其实我国古代战略名著《孙子兵法》也提到，"知己知彼，百战不殆；不知彼而知己，一胜一负；不知彼不知己，每战必殆。"这是很简单的道理。

（2）标杆分析法的作用

① 通过对竞争对手实施标杆分析法，有助于确定和比较竞争对手经营战略的组成要素。

② 通过对行业内外的一流企业实施标杆分析法，可以从任何行业中表现出色的企业那里得到有价值的情报，以便改进本企业的内部经营，建立起相应的赶超目标。

③ 通过对跨行业的技术型企业实施标杆分析法，有助于自身技术和工艺方面的跨行业渗透。

④ 通过对竞争对手实施标杆分析法，可发现本企业的不足，从而将市场、竞争力和目标的

设定结合在一起。

⑤ 通过对竞争对手实施标杆分析法，可进一步确定本企业的竞争力、竞争情报、竞争决策及其相互关系，这是进行研究对比的三大基点。

（3）标杆分析法的层次和类型

根据所针对的企业运作层面不同，标杆分析法可以分为 3 类，即战略层的标杆分析法、操作层的标杆分析法和管理层的标杆分析法。战略层的标杆分析法将本企业的战略和对照企业的战略进行比较，找出企业成功的战略关键因素。操作层的标杆分析法主要比较成本和产品的差异性，重点是功能分析，分析结果一般与竞争性成本和竞争性差异有关。管理层的标杆分析法涉及企业支撑功能的分析，主要包括对人力资源管理、营销规划、管理信息系统等的分析。其特点是较难用定量指标来衡量。

根据选择的标杆对象与欲评价的作业流程的不同，标杆分析法一般可分为以下 3 种类型。

① 内部流程标杆分析。指一个企业内部不同部门、据点、分支机构的相同作业流程的相互评量比较，主要目的在于迅速采取措施解决用户问题。以图书馆为例，比较总馆与各分馆间参考服务的作业流程，可寻找出全馆内最佳参考服务典范与解决参考服务过程中所共同遭遇的问题。图书馆通过内部流程标杆分析较容易搜集到丰富的资料，通常可以提供 15%的改善可能性，呈现出图书馆问题的清晰图像。内部流程标杆分析的最大优点在于所需的资料和信息易于取得，并且获得的信息不必经过费心的解释说明便可以转换到自身部门内，故不存在“资料鸿沟”。另外，在分化程度过高的企业内，内部流程标杆分析还可以促进部门之间的沟通。内部流程标杆分析的缺点是视野狭隘，不易找到最佳作业典范，并且学习的对象局限在企业内部，很难为企业带来创新性的突破。另外，若是有内部倾轧的问题存在，内部流程标杆分析易于造成偏见，使人员与人员之间无法互相学习。

② 外部竞争性流程标杆分析。以企业同业竞争对手的产品、服务、作业流程作为评量比较的标杆，试图找出自身的优势或弱点。以图书馆为例，在该方法下，以同性质、声誉卓著的图书馆同业为标杆，比较彼此的图书采购流程的差异，进而效仿对方的优点。运用此种标杆分析法需要充分配合的标杆，通常可以提供 20%～25%的改善机会。除了信息极具竞争价值之外，外部竞争性流程标杆分析的另一优点与内部流程标杆分析相同，那就是对企业本身与竞争对手的做法在比较上会较为容易，并且一旦需要将竞争对手的流程转换到自身企业也不会有太大的困难。一般而言，作为学习对象的竞争对手即使采用的技术或作业方式与企业本身不尽相同，至少也极为类似，所以从竞争对手处获得的信息可以很快地运用在自身组织内部。但竞争性流程标杆分析的最大缺点是相关信息的收集比较困难。

③ 功能性流程标杆分析。功能性流程标杆分析的对象不限于同业，而是选择一个特定功能或作业流程，针对在这个领域内已具有卓越性的企业进行标杆分析。这种标杆分析法的主要标杆不是企业本身，而是该企业的某一项作业典范流程。以图书馆为例，为增强馆员人力资源管理效能，图书馆应向人力资源管理水平较高的企业“取经”，即进行功能性流程标杆分析。此种标杆分析法经常可以引导企业进行突破性的思考，有助于创新服务与作业流程的提出。功能性流程标杆分析最大的优点在于可以刺激企业产生许多极具创意的经营思路。来自产业外界截然不同的观念与做法很容易对处于封闭环境下的企业造成莫大的刺激，进而激发其做出许多具有创新性的举动，使企业内原有的运作方式发生重大转变。功能性流程标杆分析的另外一个优

点是容易寻求到真正的最佳作业典范，毕竟“人外有人，天外有天”。功能性流程标杆分析的缺点是在资料的收集上可能受限于距离（对方可能在不同的国家），因此企业必须投入较多的资源来进行初级资料的收集，或加入付费的企管顾问数据库收集资料，否则就只能通过次级资料来分析。虽然如此，但因为功能性流程标杆分析可以激发组织进行创新性的突破，所以尽管实行困难，它仍然被普遍认为是最具效益性的标杆分析法。

（4）标杆分析法的实施流程

一般的标杆分析法实施流程如下。

① 确定要实施标杆分析法的具体项目。

② 选择实施对象。确定了实施标杆分析法的具体项目后，就要选择具体的标杆分析法实施对象。通常，竞争对手和行业领先企业是实施标杆分析法的首选对象。

③ 收集分析数据。收集本企业的情况和被实施标杆分析法的企业（可以是竞争对手，也可以是非竞争对手）的情况。分析数据必须建立在充分了解本企业目前的状况及被实施标杆分析法的企业状况的基础之上，数据必须主要针对企业的经营过程和活动，而不仅仅针对经营结果。

④ 确定行动目标和措施。找到差距后进一步要做的是确定缩短差距的行动目标和应采取的行动措施，这些目标和措施必须融入企业的经营计划。

⑤ 实施计划并跟踪结果。标杆分析法是发现不足、改善经营并达到最佳效果的一种有效手段，整个过程必须包括定期衡量和评估实现目标的程度。如果没有实现目标，就需修正行动措施。要注意，研究较复杂的流程需花费较多的资源，且注意力容易分散从而会失去焦点，研究较简单的流程则能获得的改善成果比较有限，两者需要平衡。

下面是一个标杆分析法的适当流程范围示例，如表 6-1 所示。

表 6-1　标杆分析法的适当流程范围示例

流程	范围太大	范围太小	适当
客户服务	客服中心业务	接听电话礼仪	客户抱怨处理
人力资源开发与管理	人力资源管理	员工请假流程	人员招聘流程 教育训练规划执行
物流与后勤	物料入库与分销配送	物料编号方式	库存管理
服务	医院服务系统	挂号流程规定	门诊服务流程

2. 鱼骨图

（1）鱼骨图的由来

问题的特性总是受到一些原因的影响，咨询顾问一般会通过头脑风暴找出这些原因，并将它们与特性结合起来，按相互关联性将问题整理成层次分明、条理清楚，并标出了重要原因的图形。这种图形称为特性要因图，因其形状如鱼骨，所以又称鱼骨图，它是一种透过现象看本质的分析方法。

（2）鱼骨图的类型

① 整理问题型鱼骨图（各原因与特性值间不存在因果关系，而是结构构成关系）。

② 原因型鱼骨图（鱼头在右，特性值通常以“为什么……”来写）。

③ 对策型鱼骨图（鱼头在左，特性值通常以“如何提高/改善……”来写）。

（3）鱼骨图的制作

制作鱼骨图分两个步骤：分析问题原因/结构、绘制鱼骨图。

① 分析问题原因/结构

A. 针对问题选择层级方法（如人机料法环）。

B. 进行头脑风暴，分别找出各层级、类别所有可能的原因及其因素。

C. 将找出的原因进行归类、整理，明确其从属关系。

D. 分析选取重要原因。

E. 检查对各原因的描述，确保语法简明、意思明确。

分析要点如下。

a. 确定大原因（大骨）时，现场作业一般从“人机料法环”层级着手，管理类问题一般从“人事时地物”层级着手，应视具体情况决定。

b. 大原因必须用中性词描述（不说明好坏），中、小原因必须使用价值判断（如“不良”）。

c. 进行头脑风暴时，应尽可能多而全地找出所有可能的原因，而不仅限于自己能完全掌控或正在执行的内容。与人相关的原因应从行动而非思想态度方面着手分析。

d. 中原因跟特性值、小原因跟中原因有直接的关系，对小原因应分析至可以直接确定对策的程度。

e. 如果某种原因可同时归类于两种或两种以上原因，请以关联性最强者为准。必要时可以考虑使用三现主义：现时到现场看现物，通过相对条件的比较，找出相关性最强的原因进行归类。

f. 选取重要原因时，不要超过 7 项，且原因应标示在鱼尾末端。

② 绘图鱼骨图

A. 填写鱼头（按为什么不好的方式描述），画出主骨。

B. 画出大骨，填写大原因。

C. 画出中骨、小骨，填写中小原因。

D. 用特殊符号标示重要原因。

绘图要点：绘图时，应保证大骨与主骨成 60 度夹角，中骨与主骨平行。

（4）鱼骨图的使用步骤

① 查找要解决的问题。

② 把问题写在鱼头上。

③ 召集同事共同讨论发生问题的可能原因，尽可能多地找出原因。

④ 把相同的原因归类，在鱼骨上标出。

⑤ 征求大家的意见，总结出正确的原因。

⑥ 拿出任何一个原因，研究为什么会产生这样的原因。

⑦ 针对问题的答案再问为什么，这样至少深入 5 个层次（连续问 5 个问题）。

⑧ 当深入第 5 个层次，认为无法继续进行时，列出这些问题的原因，而后列出至少 20 个解决方法。

（5）鱼骨图案例

鱼骨图是咨询顾问常用的进行因果分析的一种方法，其特点是简捷实用，比较直观。现以某炼油厂情况作为实例，采用鱼骨图分析法对其市场营销问题进行解析，如图 6-2 所示。

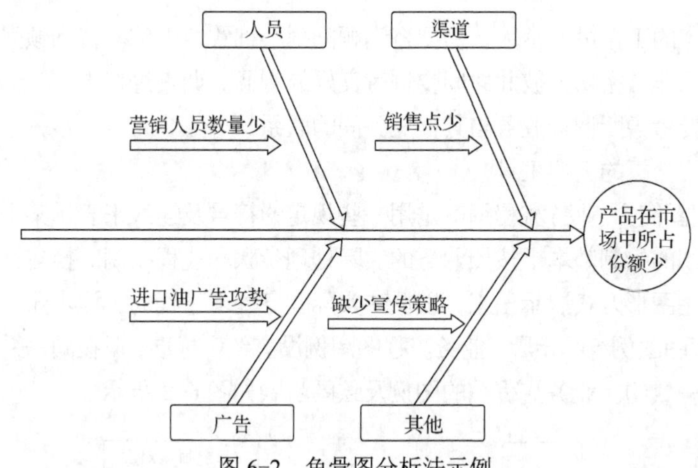

图 6-2 鱼骨图分析法示例

图中的鱼头表示需要解决的问题，即该炼油厂产品在市场中所占份额少。根据现场调查，可以把产生该炼油厂市场营销问题的原因概括为 4 类，即人、机、料、法。在每一类中包括若干产生这些原因的可能因素，如营销人员数量少、销售点少、缺少宣传策略、进口油的广告攻势等。将 4 类原因及其相关因素分别以鱼骨态势展开，形成鱼骨图。

下一步的工作是找出产生问题的主要原因，为此可以根据现场调查的数据，计算出每种原因及其相关因素在问题产生过程中所占的比重，以百分数表示。例如，通过计算发现，“营销人员数量少”在问题产生过程中所占比重为 35%，“广告宣传效果差”为 18%，“小包装少”为 25%，三者在问题产生过程中共占 78%的比重，可以认为是该炼油厂产品市场份额少的主要原因。如果我们针对这三大原因提出改进方案，就可以解决整个问题的 78%。该案例也反映了“二八原则”，即根据经验规律，20%的原因往往产生 80%的问题，如果由于条件限制，不能 100%地解决问题，只要抓住全部原因的 20%，就能够取得解决问题的 80%的成效。

3. 业务流程分析

业务流程分析（Business Process Analysis，BPA）的目的是形成合理、科学的业务流程，在分析现有业务流程的基础上进行业务流程重组，从而产生新的更为合理的业务流程。咨询顾问业务流程分析的主要工具是业务流程图（Transaction Flow Diagram，TFD），它是一个反映企业业务处理过程的“流水账本”。业务流程分析能够帮助企业确定流程工作与合作建模的基本要素，更好地分析理解其同其他要素的关系，如业务目标、业务策略、面对的问题、产生的影响、组织机构参与者或者相关的企业架构。咨询顾问运用业务流程分析首先要进行业务流程调查，掌握业务流程调查的方法。

（1）业务流程调查

① 任务。业务流程调查的主要任务是调查系统中各环节的业务，掌握业务的内容、作用，信息的输入、输出，数据存储和信息的处理方法及过程等。它是掌握现行系统状况、确立系统逻辑模型不可缺少的环节。

② 方法。业务流程调查应顺着原系统信息流动的过程逐步进行，内容包括各环节的处理业务、信息来源、处理方法、计算方法、信息流经去向、提供信息的时间和形态（报告、单据、屏幕显示等）。

业务流程调查的工作量非常大，需要咨询顾问耐心细致地工作。咨询顾问、系统开发人员与用户之间的联系非常密切，彼此之间要进行良好的沟通。调查过程中，咨询顾问既要完成自身工作任务，又要考虑所调查业务与其他业务间的联系。

（2）业务流程分析的主要工具

① 业务流程图简介。业务流程图就是用一些规定的符号及连线来表示某个具体业务的处理过程。业务流程图的绘制基本上按照业务的实际处理步骤和过程绘制。换句话说，业务流程图就是将“文本”用图形方式展示出来，以反映实际业务处理过程的“流水账本”。

② 业务流程图图例绘图步骤。业务流程图图例没有统一标准，但在同一系统开发过程中所使用的图例应是一致的。业务流程图的图例及绘图步骤如图 6-3 所示。

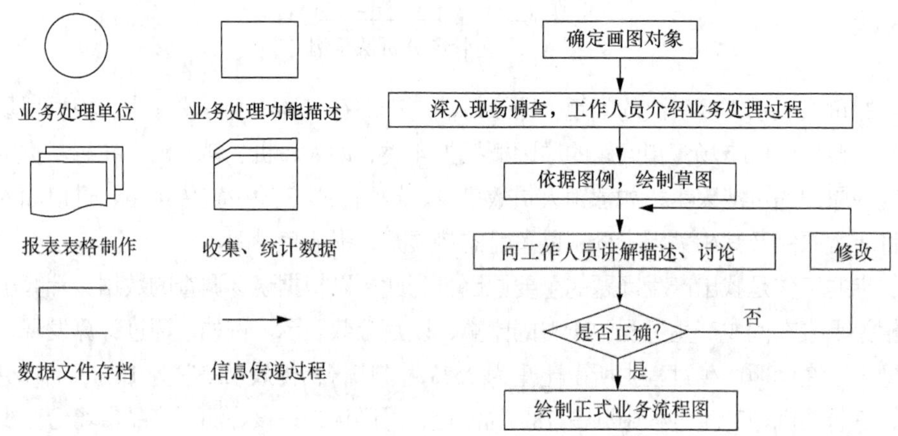

图 6-3　业务流程图的图例及绘图步骤

（3）业务流程分析的步骤

根据对组织结构图和业务功能体系图的分析结果，可决定下一步重点调查的部门，然后对该部门的业务信息、业务流程等进行详细调查。业务流程分析的目的是了解各个业务流程的过程，明确各个部门之间的业务关系，明确处理每个业务的意义，为业务流程的合理化改造提供建议，为系统的数据流程变化提供依据。

业务流程分析是要将企业具体的业务活动过程（内容、步骤等）描述出来，并对此进行优化。具体步骤如下。

① 绘制各部门的业务流程图。

② 与各部门业务人员讨论业务流程图是否符合实际情况。

③ 分析业务流程中存在的问题（有无不合理流程/环节）。

④ 与各部门业务人员讨论，提出改进方案。

⑤ 将新业务流程图提交决策者，以便确定合理的、切合实际的业务流程。

经过调研，某企业采购部门的业务流程如下：采购部门查询库存信息及客户需求，若商品的库存量不能满足客户的需要，则填写相应的采购订货单，交给供应商提出订货请求。供应商按采购订货单的要求发货给该企业采购部门，并附上采购收货单；采购部门在验货后，如果发现货物不合格，则填写采购退货单，将货物退回供应商；如果合格则送交库房。库房管理人员再进一步审核货物是否合格，如果合格则填写入库单，登记流水账和库存账目；如果不合格则填写退货单交主管审核，审核通过后退回给供应商。

由此，可绘制出图 6-4 所示的采购部门的业务流程图。

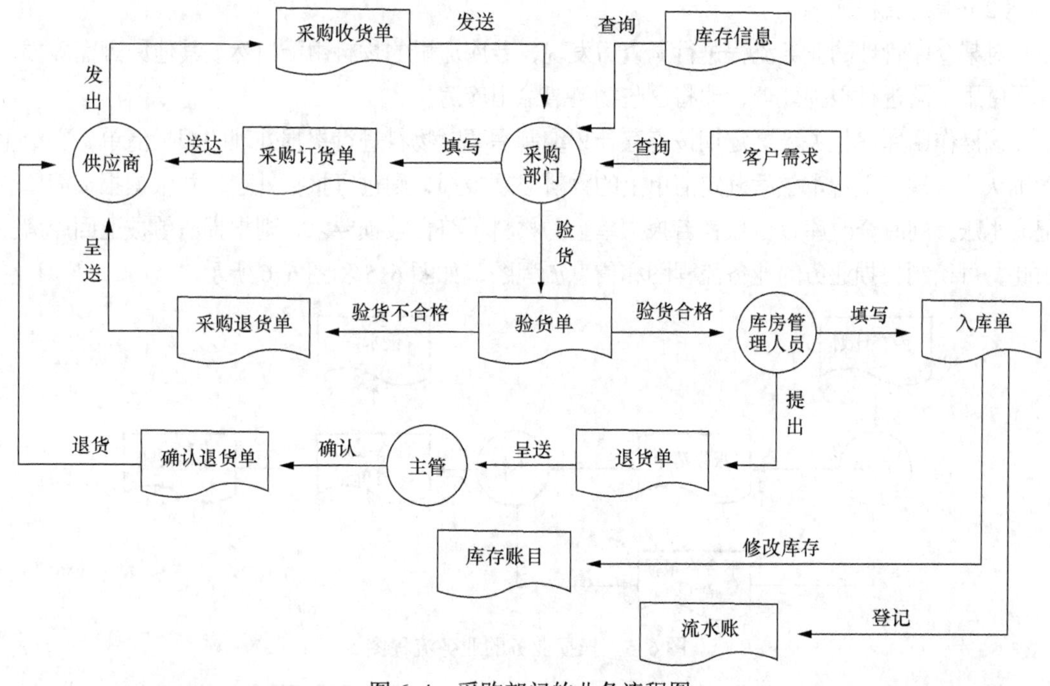

图 6-4　采购部门的业务流程图

4. 信息流程分析

信息流程是记录业务流程中作业事件形成的数据流，维护、更新与企业业务活动相关的资源、参与者、作业地点等最新实体数据，反映业务活动效率及投入、产出的经济关系，向信息使用者报告对计划、组织、执行、控制和评价业务流程有用的信息。

（1）信息流程分析内容

在业务流程分析的基础上，除了对每一个小流程做输入处理和输出处理外，还要进一步做信息流程分析。比较传统的办法是收集所有相关的票据，理清票据信息的来龙去脉，核查每一项信息的定义和用途，并对那些定义不清、用词多样的信息加以规范。例如，某企业的几种出入库小票上分别印有“入库量”和“过秤量”的字段项，追究其定义后发现二者内涵一致，企业应当对此类字段值予以统一化处理。此外，有些字段虽然是长期沿用的，但没有实际意义，这类冗余的数据字段应当予以取消。

分析信息的来龙去脉有助于咨询顾问找出信息的集成关系，借助管理信息系统消除重复劳动和无效作业。分析票据信息的构成，有助于在选择软件时分析 ERP 系统提供的相关报表格式和内容是否能够满足企业管理的需要。

在信息处理上，有一些事务具有两重性，如物料从仓库到车间，对仓库来讲是“发料”，对车间来讲是“领料”，二者在一个出库事务中同时发生。从大的范围来讲，企业的销售订单在客户方是采购订单，企业的采购订单对供应商来讲是销售订单。信息系统可以通过一次操作同时生成相关双方的单据。

有些业务可能有多种处理方案（多种信息流程）。例如，在销售作业中，买方、收货方、付款方、出具发票方和发票寄往地址等会有多种组合，都要 列出，作为 ERP 软件选型时对软件功能进行考察的依据。

（2）信息流程案例

对某仓库管理的业务流程进行调查后发现，若库房里的物料由于自然或其他原因而破损，且不可用，需进行报损处理，即将这些物料清除出库房。

该操作由库房相关人员定期按库存计划编制需要对物料进行报损处理的报损清单，交给主管确认、审核。主管审核后确定清单上的物料必须报损，则进行报损处理，并根据报损清单登记流水账，同时修改库存台账；若报损单上的物料不符合报损要求，则报损清单被退回库房。由此，可绘制报损业务的业务流程图和信息流程图，如图 6-5 和图 6-6 所示。

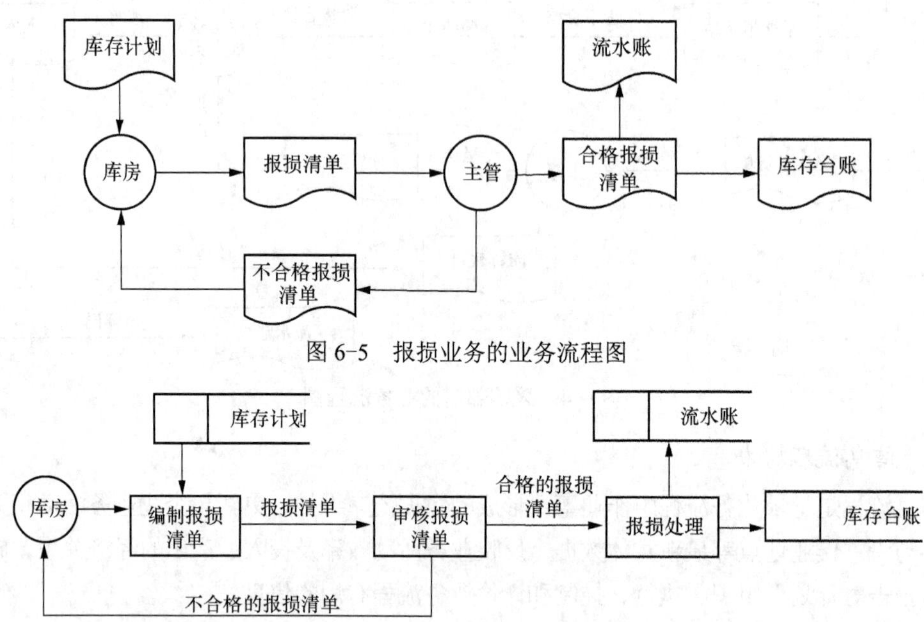

图 6-5　报损业务的业务流程图

图 6-6　报损业务的信息流程图

6.2　业务流程重组

企业管理现代化是现代管理思想、现代化组织管理方法和手段的结合体。ERP 这种反映现代管理思想的软件系统的应用，必然要求有相应的管理组织和方法与之相适应。因此，ERP 与业务流程重组的结合是必然的。不同行业、不同性质的企业，业务流程重组的形式不可能完全相同，企业可根据自身经营实际情况选择合适的业务流程改进方法和改进顺序。

6-2　业务流程重组

6.2.1　业务流程重组的核心内容

业务流程重组理论是当今企业和管理学界研究的热点，于 1990 年由著名企业管理专家迈克尔·汉默和詹姆斯·尚皮提出，美国的一些大企业，如 IBM、科达、通用汽车、福特汽车等纷纷推行业务流程重组，试图利用它发展壮大企业。实践证明，这些大企业实施业务流程重组以后，都取得了巨大成功。

业务流程重组的奠基人迈克尔·汉默和詹姆斯·尚皮认为，业务流程重组是对企业的业务流程做根本性的思考和彻底重建，其目的是在成本、质量、服务和速度等方面取得显著的改善，使企业能最大限度地适应以顾客（Customer）、竞争（Competition）、变化（Change）为特征的现代企业经营环境。在这个定义中，根本性再思考、彻底性再设计、显著的改善和业务流程成为备受关注的4个核心内容。

根本性再思考表明业务流程重组所关注的是企业核心问题，如“我们为什么要做现在这项工作”“我们为什么要采用这种方式来完成这项工作”“为什么必须由我们而不是别人来做这份工作”等。通过对这些企业运营根本性问题的思考，企业将会发现自己赖以生存或运营的商业假设是过时的，甚至是错误的。

彻底性再设计表明业务流程重组应对事物进行追根溯源。对已经存在的事物不是进行肤浅的改变或调整性的修补完善，而是抛弃所有的陈规陋习，并且不需要考虑一切已规定好的结构与过程。创新完成工作的方法，重新构建企业业务流程，而不是改良、增强或调整。

显著的改善表明业务流程重组追求的不是一般意义上的业绩提升或略有改善、稍有好转等，而是要使企业业绩有显著的增长、极大的飞跃和产生戏剧性的变化，这也是业务流程重组工作的特点和工作取得成功的标志。

1. 实施业务流程重组后的企业的变化

（1）以客户为中心

全体员工以客户而不是以领导为中心，每个人的工作质量由客户做出评价，而不是由企业领导评价。

（2）企业管理面向业务流程

将业务的审核与决策点定位于业务流程执行的地方，缩短信息沟通的渠道和时间，从而整体提高企业对客户和市场的反应速度。

（3）注重整体流程最优化的系统思想

按照整体流程最优化的目标重新设计业务流程中的各项活动，强调流程中每一个环节的活动都要尽可能实现增值最大化，尽可能减少无效的或不增值的活动。

（4）重视并发挥每个人在整个业务流程中的作用

崇尚团队合作精神，并将个人的成功与其所处的业务流程的成功当作一个整体来考虑。

（5）强调面向客户和供应商来整合企业业务流程

企业在实施业务流程重组的过程中，不仅要考虑企业内部的业务流程，还要对企业自身与客户、供应商组成的整个价值链的业务流程进行重新设计，并尽量使企业与外部只有一个接触点，使企业与客户、供应商的接口界面化、流程化。

（6）利用信息技术手段协调分散与集中之间的矛盾

在设计和优化企业业务流程时，强调尽可能利用信息技术手段实现信息的一次处理与共享，将串行工作流程改造成为并行工作流程，协调分散与集中之间的矛盾。

2. 业务流程重组的主要做法

业务流程重组作为一种重新设计工作方式、设计工作流程的思想，是具有普遍意义的，但在具体进行业务流程重组时，必须考虑本企业的实际情况。主要做法如下。

（1）合并相关工作或工作组

如果一项工作被分成几个部分，把每一部分再细分，分别交由不同的人完成，那么每一个人都会出现责任心不强、效率低下等情况。而且，一旦某一个环节出现问题，这样的安排不但不易于查明原因，而且不利于整体工作的进展。在这种情况下，企业可以把相关工作合并或将整项工作都交由一个人来完成，这样既提高了效率，又使员工有了工作成就感，从而鼓舞了士气。如果合并后的工作仍需几个人共同完成或工作比较复杂，则应成立团队，由团队成员共同完成一项复杂的工作，还可以建立数据库和信息交换中心来对工作进行指导。在这种工作流程中，大家共享信息，一起出主意想办法，能够更快更好地做出正确判断。

（2）工作流程的各个步骤按其自然顺序进行

在传统的组织中，工作在细分后的组织单位间流动，一个步骤未完成，下一步骤就开始不了，这种直线化的工作流程使得工作时间大为加长。而按照工作流程本身的自然顺序，是可以同时进行或交叉进行的。这种非直线化的工作方式可大大加快工作速度。

（3）根据同一业务在不同工作中的地位设置不同的工作方式

传统的做法是，对某一业务用同一种工作方式处理，因此要针对这项业务设计出在最困难、最复杂的环境中工作时所运用的处理方法，然后把这种方法运用到所有适用于这一业务的工作中。这样做存在着很大的复杂性和困难。因此，可以根据不同的工作设置出对这一业务的若干种处理方式，这样就可以大大提高效率，也使工作变得更为便捷。

（4）模糊组织界限

在传统的组织中，工作完全按部门划分。为了使各部门不发生摩擦，又会增加许多协调工作。业务流程重组可以使严格划分的组织界限模糊甚至使各个部门超越组织界限。如根据超级市场信息网传送的销售和库存情况，决定什么时候生产多少、送货多少，并不一味依靠销售部门统计的数据，同样，这也就避免了很多协调工作。

6.2.2 业务流程设计

企业业务流程设计的原则为：遵循环境要求、满足客户的需求和资源约束。

1. 企业业务流程设计的前提为遵循环境要求

企业在一个特定的环境中运营，必然要受到环境的约束。企业的主要环境约束为法律法规。企业流程设计的前提是不违反法律法规，如与健康、安全、环保等相关的法律法规，因此，企业的产品设计流程中必须增加健康、安全、环保相关的设计，生产流程中也必须考虑环保流程。

2. 企业业务流程设计的核心为满足客户的需求

企业业务流程是企业为实现既定目标而开展的系列活动，要以提高产品和服务的质量来满足客户需求为中心。客户的需求一般可表述为：在适当的时间、方便的地方，以低的价格获得高质量的产品和服务。从中可以归纳出决定客户满意度的 4 个指标：产品质量、服务质量（售前、售中、售后、客户关系管理）、产品价格（管理费用、低成本优势）、响应时间（新产品设计开发延滞时间、交货延滞时间）。客户满意度的 4 个指标是企业业务流程质量的评估标准，对业务流程质量的要求是在保证产品质量和服务质量的前提下，降低流程成本、加快流程速度。

3. 企业业务流程设计的重点为资源约束

企业的资源主要为组织资源和技术资源。组织资源包括人（决策者、员工）、客户、渠道（供应商、销售商）、知识、制度和文化等。技术资源包括信息技术、设计技术、生产技术、仪器设备等。企业的业务流程必然要受到企业组织资源和技术资源的约束。产品或服务相同的企业，资源不同，企业业务流程不同。企业应充分分析自身的资源约束，设计符合实际条件的企业业务流程。

6.2.3 业务流程改进

1. 业务流程改进的方法

目前，业务流程改进有两种方法，即系统化改造法和全新设计法。其中，系统化改造法以现有流程为基础，通过对现有流程的消除浪费、简化、整合以及自动化等活动来重新设计流程的工作。全新设计法是从流程所要取得的结果出发，从零开始设计新流程。这两种业务流程改进方法的选择取决于企业的具体情况和外部环境。一般来说，外部环境相对稳定时，企业趋向于选择系统化改造法，以短期改进为主；在外部环境剧烈波动时，企业趋向于选择全新设计法，着眼于长远发展而进行较大幅度的改进工作。从多数企业的具体情况来说，常用的方法是系统化改造法，而且最好以业务流程图的形式表现出来。

在企业客户服务流程中，客户的诉求需要经过多个环节才能得到响应。然而对于网络化的企业来说，其管理理念之一是对客户需求的“快速响应”，这种多环节的运作模式显然不合适。于是，基于信息化平台的新的客户服务流程就必须加以改进。

优化后的流程可表述为：在客户信息进入新系统后，其需求立刻在企业诊断系统中得到响应，诊断系统直接向各相关部门发出指令，指挥相关部门满足客户的具体需求；同时，整个服务过程进入知识库，供故障研究与分类部门进行深入分析和总结。这样，一个自动化的“快速响应”系统就形成了。

2. 业务流程改进顺序

企业进行业务流程改进常先进行组织建设。组织建设是业务流程改进的前提，因而企业需要建立由专业人员组成的业务流程改进执行小组，并任命一位具有高层决策权的领导担任小组负责人。

项目小组的主要职责包括描述、分析和诊断现有的业务流程，提出改进计划，制订并细化新流程的设计或改造方案，最终落实新方案。

有了项目小组之后，就要制定企业业务流程改进目标，明确列出业务流程改进的范围，启动业务流程改进工作：首先项目小组组织企业各级员工描述企业流程现状，进行岗位职责描述并绘制流程图；其次分析并找出阻碍目标实现的因素；最后项目小组向企业领导汇报结果并得到确认后，开始设计业务流程改进方案。初步方案出台后，还要研讨与分析比较新的流程效率与效益以及其可行性，从而确定业务流程改进方案。

6.2.4 流程重组案例

福特汽车公司（以下简称“福特”）是美国的汽车巨头之一，但在20世纪80年代初，福特像许多美国大企业一样面临着竞争对手的挑战。想方设法削减管理费和各种行政开支是他们面对竞争的主要对策。福特的应付账款部门有500多名员工，负责审核并签发供应商供货账单的应付款项。按照传统的观念，这么大的一家汽车公司，业务量如此庞大，有500多名员工处理应付账款合情合理。但当时也有人提到，设法利用计算机等设备，使办公实现一定程度的自动化，能提高20%的效率就很不错了。

促使福特认真考虑"应付账款"工作的是日本马自达汽车公司（以下简称"马自达"）。马自达是福特参股的一家公司，尽管其规模远小于福特，但也有一定的规模。马自达负责应付账款工作的只有5名员工。5∶500，这个比例让福特的经理再也无法泰然处之，应付账款部门本身只是负责核对"三证"，符则付，不符则查，查清再付。整个工作大体上都是围着"三证"转的，自动化也帮不了太大的忙。应付账款本身不是一个流程，但采购却是一个业务流程。福特经理的思绪集中到流程上，重组的火花渐渐产生了。重组后的业务流程完全改变了应付账款部门的工作和应付账款部门本身。重组后，福特应付账款部门只有125人（不到原来的25%），而且部门不再负责应付账款的付款授权，这意味着业务流程重组工程为福特的应付账款部门节约了超过75%的人力资源。

福特应付账款部门原本的工作是接收采购部门送来的采购订单副本、仓库的收货单和供应商的发票，然后将3类票据放在一起进行核对，查看其中的14项数据是否相符。应付账款部门人员绝大部分时间被耗费在核对14项数据由于种种原因造成的不相符上。应付账款部门重组前的业务流程如图6-7所示。

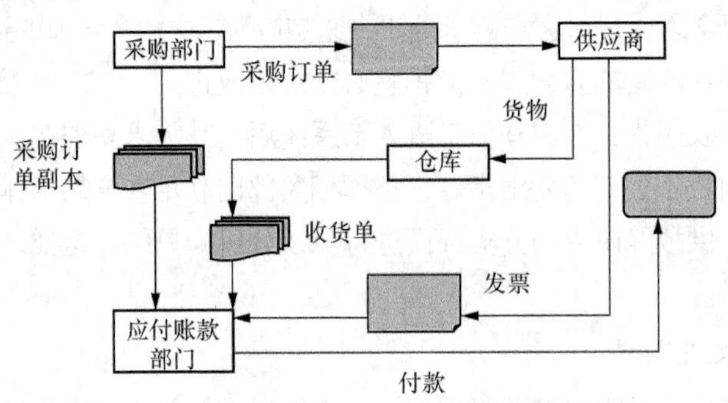

图6-7 应付账款部门重组前的业务流程

业务流程重组后，应付账款部门不再需要发票，需要核实的数据项减少为3项：零部件名称、数量和供应商代码，采购部门和仓库分别将采购订单和收货确认信息输入计算机系统后，由计算机进行电子数据匹配。应付账款部门重组后的业务流程如图6-8所示。

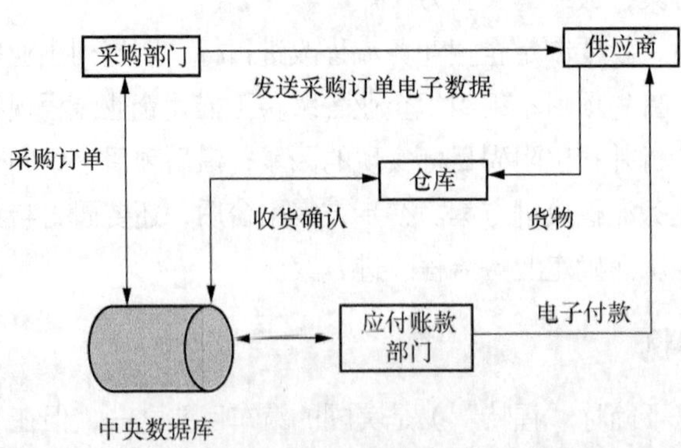

图6-8 应付账款部门重组后的业务流程

6.3 ERP 系统的导入与改善

6-3 ERP 系统的导入与改善

近年来，随着网络环境及技术的成熟，ERP 系统的导入成为企业工作的重中之重，被视为企业生存和与其他企业竞争的基础。但由于 ERP 系统的导入是对企业业务进行全面性的整合，涉及企业财务、库存、供应链等多个层面，再加上导入本身就是相当复杂的，因此，对于 ERP 系统的导入，企业总是慎之又慎。

不同架构的企业，对变革的态度不同，因此在导入 ERP 系统时做出的决策也不同，企业可根据实际情况选择适合自己的导入方式，同时在导入 ERP 系统后，企业还应对 ERP 系统不断地进行改善。

6.3.1 ERP 系统的导入

在导入 ERP 系统前，咨询顾问要协助进行领导层培训及 ERP 原理的培训。主要的培训对象是企业高层领导及今后的 ERP 项目小组成员，帮助他们掌握 ERP 的基本原理和管理思想。这是成功应用 ERP 系统的思想基础。因为企业的各级管理者及员工才是真正的 ERP 系统使用者，真正了解企业的需求，只有他们理解了 ERP 系统，才能判断企业需要什么样的 ERP 系统，才能更有效率地运用 ERP 系统。

模拟是指在基本掌握系统功能的基础上，选择主要功能的原型，将各种必要的数据录入系统，带着企业日常工作中经常遇到的问题，组织项目小组进行实战性演练，提出解决方案。模拟也称会议室模拟，可集中在机房进行。

进行了一段时间的测试和模拟运行之后，针对模拟中出现的问题，项目小组会提出一些相应的解决方案，在这个阶段就要将与之对应的工作准则与工作规程初步制订出来，并在以后的实践中不断完善。这时就可在企业内部正式导入 ERP 系统。

ERP 系统的导入方式主要有两种：一是一次导入方式，二是分阶段导入方式。一次导入方式是指在整个企业组织构架和业务流程中同时导入 ERP 系统。其结果是时间短、速度快，在很短的时间内就能完成新旧系统的转换，产生革命性的效果，ERP 系统对企业带来的协调性、整合性的效益会马上显现出来。但同时，由于企业旧的系统已经全部被替换了，一旦企业业务流程出现了问题，将很难找到相应的补救措施，这样有可能给企业造成巨大的损失。分阶段导入方式是指在企业导入 ERP 系统时，不是一次性全面导入，而是先在核心系统或核心流程和核心企业中导入并运行，测试修正完善了，再在周边系统和周边企业中导入。其结果是导入的时间比较长、所需的费用高，更有可能由于 ERP 系统的导入时间太长，引起企业员工的积极性下降甚至不满，从而影响 ERP 系统的成功导入。分阶段导入 ERP 系统给企业带来的效益虽然不能马上显现，但由于新旧系统同时在运行，使在 ERP 系统的运行测试过程中出现的问题，能够得到及时的处理，而不会给企业带来大的损失。又由于 ERP 系统是逐步推广的，企业的业务流程重组一般也做得比较好，所以分阶段导入 ERP 系统也能让其与企业磨合得较好。企业可根据以下情况进行导入方式的选择。

① 企业规模小，或者企业处于起步阶段可选择一次导入方式。企业规模大、经营业务多、

业务流程复杂可选择分阶段导入方式。

② 企业组织架构简单，没有子公司或分公司，或者虽然有子公司和分公司，但数量少且关系简单明了，可选择一次导入方式。相反企业组织架构庞杂，有大量的子公司和分公司，且总公司和分公司及其子公司之间，以及分公司和子公司内部之间的关系过于复杂，可选择分阶段导入方式。

③ 企业经营比较规范，管理水平比较高，尤其是已实施了 ISO9000 的企业，其业务流程重组已经做得符合 ERP 系统的导入要求，可以采用一次导入方式。而对于一些经营比较混乱，管理水平比较低，想借 ERP 系统的导入改变企业现状的企业一般应选择分阶段导入方式。

④ 核心系统由于其资源数据服务的共享程度高应选择一次导入方式，不能把有资源服务共享的组织或系统分阶段导入，否则会导致数据共享难度高，甚至出错。如果周边系统的共享程度低，分阶段导入时，新旧系统的同时运行并不会影响企业的顺利运营，则选择分阶段导入方式。

⑤ 如果企业有跨国子公司或分公司，因各国的文化、制度背景不同，建议采用分阶段导入方式，更有利于 ERP 系统的成功导入。

6.3.2 ERP 系统的应用推广

一个新系统被导入企业后，咨询顾问的工作其实并没有完全结束，而是转入业绩评价阶段和下一步的后期支持阶段。这是因为咨询顾问有必要对系统应用的结果做一个小结和自我评价，以判断系统的应用是否实现了企业最初的目标，从而在此基础上制订下一步的工作方向。还有就是由于市场的发展，将会不断有新的需求提出，再加上系统的更新换代、计算机技术的进步都会对原有系统构成新的挑战，所以无论如何，咨询顾问都必须在巩固的基础上，通过自我业绩评价，确定下一步的工作方向，再进行改进，不断地巩固和提高。总的来说，咨询顾问要协助企业建立企业绩效监控系统和帮助企业建立自我完善机制。

6.3.3 ERP 系统的改善

成功上线 ERP 系统并不等于为 ERP 项目实施画上了句号。实质上，ERP 项目实施是个持续改善的过程。ERP 系统的改善包括以下几个方面的内容。

（1）数据的准确性问题

保证数据的准确性是企业信息化成功的关键。ERP 系统成功上线后，很多情况会导致基础数据不准确。其主要原因包括思想上的麻痹、人员的调动、培训不足等。所以，在后续改善中，要不定时抽查数据、核查数据。

（2）流程的巩固

万事万物都有惯性，人也不例外。新的流程对员工来说，还是个新的事物，员工还没有养成习惯。所以，要防止旧的工作流程“死灰复燃”“旧病复发”。

（3）新进人员的培训

随着企业的发展，人员的流动是非常正常的事情。企业每年都会从市场上招聘一大批新人，又会有一大批旧人从企业中离去。如何让新人能够非常快地进入角色，熟悉 ERP 系统的理念和操作，是一个大问题。

（4）不要追求时髦，随意扩大功能模块

有些企业看到 ERP 系统前期的应用效果比较好，在 ERP 系统刚上线不久后，就要上线客户关系管理、电子商务。员工还没有全部消化 ERP 系统现有的功能，就让他们去了解、学习新的功能，这对员工而言是一个很大的挑战。

（5）不要随意削减员工

ERP 系统成功上线后，由于工作效率提高，有可能会产生“人浮于事”的情况。这时，企业不能随意削减员工，否则容易造成员工对 ERP 系统的排斥。

（6）一定要坚持“一把手工程”

实施 ERP 项目时，“一把手”是促进项目实施成功的非常关键的因素。ERP 系统成功上线后，“一把手”仍然非常重要。“一把手”不定时地查询系统资料，有利于增强员工对 ERP 系统的责任心。

6.3.4 ERP 系统持续改进的策略

1. 数据改进策略

对 ERP 系统应用过程出现的数据问题进行持续改进的具体措施如下。

（1）对基础数据进行收集、整合，保证基础数据的准确、及时、有效

基础数据涉及的面非常广，以致数据准备工作的难度非常大，涵盖了企业所有可见信息和不可见信息。另外，基础数据准备的工作量非常大，各类信息的记录从几条到几十万条不等，而每条记录所包含的字段有时多达几十个。数据准备工作是日后 ERP 系统正常运行和有效持续改进的重要基础。

（2）制定基础数据管理制度

制定基础数据管理制度一要成立专门的跨职能数据小组，理顺企业信息流。因为数据准备是一项庞大而烦琐的工作，所以制定基础数据管理制度首先要充分了解企业的信息流情况。跨职能数据小组在数据准备前期要面临的第一个问题就是确定工作范围，考虑以何种组织形式来进行这项工作，以便搞清楚有哪些数据需要准备。因此，成立专门的跨职能数据小组来分析确定数据准备的范围、制订工作计划、确定数据收集方法有助于提高数据准备的工作效率。二要规范数据，采用统一的数据存储格式。录入原始数据时，在系统内部确定统一的录入格式。计划、生产、销售、采购、仓库等部门的基础数据录入的效率和准确度是 ERP 系统运作的关键问题。注意在 ERP 系统上线切换前将库存初始数据、科目余额和未结单据录入系统，以保证系统中的数据与实际情况相符。

（3）运行过程中的基础数据的清理

数据清理主要通过数据检测，清除数据的错误和不一致性来改善数据的质量。首先，分析系统数据并对数据进行检查。数据检查可从以下 3 个方面着手：一是完整性检查，包括数据数量、类型的完整性和字段的完整性；二是正确性检查，检查数据的真实性和准确性，以免出现员工操作失误甚至数据造假的情况。三是唯一性检查，主要从两个角度来检查，一方面检查是否是多物一码，即多个对象采用同一个编码；另一方面检查是否是一物多码，即一个对象有多个编码。

其次，重新修订编码规则。根据预定义的清理规则及相关数据清理算法重新修订编码规则。

修订编码规则是为了确保系统数据编码的唯一性。一个考虑周全的编码体系需要不同部门反复研究讨论。不同的数据有不同的编码结构，编码结构既要符合企业的业务特点和管理要求，又要兼顾企业的现状，同时还要尽可能符合易记的原则，以提高录入的效率。

最后，要修正错误数据。主要是手工或自动地修正错误数据或处理重复数据。

（4）持续保持数据“纯洁”

持续保持数据“纯洁”就是要对数据进行持续的维护，对重要数据的变动实行动态跟踪管理，这样有助于保持数据准确的延续性。而清晰定义各个数据操作人员的权限，对于企业基础数据的日常维护和综合数据模块运行的稳定性是极为重要的，对于关键业务数据保密性的要求及重要业务数据更改的权限，都必须严格定义。

2. 人员改进策略

（1）完善企业管理模式，为 ERP 系统的持续改进提供组织上的保障

ERP 是基于科学管理的信息平台，整个思想理论框架十分明晰，其最大优势在于能够帮助企业消除一切冗余的物流、资金流、信息流的传递方式，而使物流、资金流和信息流以最优化方式进行信息综合集成。只有优化企业管理模式，才能使 ERP 系统真正发挥作用并产生效益。

（2）企业项目中心支持小组与外部专家结合，实施项目管理

ERP 项目的实施一般是采用项目管理的方法。当 ERP 系统成功上线后，系统的改进、优化与升级也可以参照项目管理的方法。在依靠外部专家的基础上，成立项目中心支持小组，培养内部人才。企业对内部人员进行再教育和培训能为 ERP 系统的持续改进提供强大的动力支持，这同时也是一种根本的保证。

（3）人员再培训，提高人员素质

人是 ERP 系统应用中的关键影响因素，人的持续改进对 ERP 系统来说非常重要。从观念层面来看，应使人员认识到自己在整个 ERP 系统中所担任的角色，认识到自身工作的重要性，使其从思想上接受新的工作方式，最大限度地减少人员对 ERP 系统使用产生的抵触情绪，以便减少使用 ERP 系统时出现的错误。从技术上讲，应做好知识转移工作，使内部人员从软件开发商和咨询公司汲取专业的知识、经验和技能，逐步熟悉 ERP 系统，熟练操作 ERP 系统，同时根据企业实际情况对系统做必要的维护。

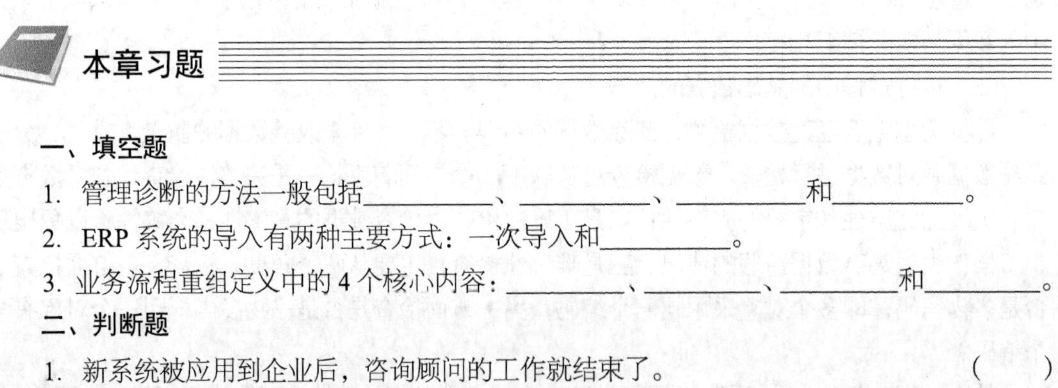

本章习题

一、填空题

1. 管理诊断的方法一般包括__________、__________、__________和__________。

2. ERP 系统的导入有两种主要方式：一次导入和__________。

3. 业务流程重组定义中的 4 个核心内容：__________、__________、__________和__________。

二、判断题

1. 新系统被应用到企业后，咨询顾问的工作就结束了。（　）

2. ERP 系统成功上线后，ERP 项目实施工作就画上了句号。 ( )

3. 数据的准确性是企业信息化成功的关键。 ( )

三、选择题

1. 咨询顾问的首要工作是进行（ ）。

A. 企业战略分析　　B. 企业流程分析

C. 企业信息化战略分析　　D. 高层实施信息化的信心

2. 确定客户服务流程的实施标杆分析法的适当流程范围是（ ）。

A. 客服中心业务　　B. 接听电话礼仪

C. 客户抱怨处理　　D. 客户关系管理

3. 咨询顾问在进行鱼骨图分析时，通常采用的工具是（ ）。

A. 业务流程图　　B. 业务流程重组

C. 鱼骨图　　D. 标杆分析法

四、简答题

1. 简述管理诊断的方法及其内容。

2. 什么是标杆分析法?

3. 简述业务流程分析的步骤。

第7章　开发商视角：ERP系统的设计与定制

【学习目标】

- ✧ 掌握ERP系统设计的主要内容、ERP系统开发的主要方法。
- ✧ 了解ERP系统二次开发的必要性。
- ✧ 熟悉ERP项目培训的内容。

导入案例

SAP公司的ERP系统二次开发的需求与实现

SAP公司是目前全球最大的ERP软件公司之一，其已将自己的ERP产品打造为应用行业最广、业务功能最全的ERP系统。但SAP公司仍为用户提供了全面、便捷的二次开发环境，以便满足用户对表单打印格式的需求；满足用户在ERP系统标准功能和流程中提出的个性化控制的需求；满足用户提出的ERP系统标准功能缺失的程序开发需求；满足用户购置其他专业管理系统后，与ERP系统进行数据交换和业务协同的接口开发需求。

当用户向ERP系统的实施或维护团队提出二次开发的需求时，如何判断这些需求是否合理、是否有更好的解决方式，是SAP公司首先需要考虑的问题。以下对4类需求进行逐一分析，以帮助SAP公司做出更为合理的判断。

1. 对表单打印格式的需求

SAP公司在ERP系统中为用户预置了大量的表单打印格式，但不同企业的表单格式不同，使用习惯也各异，因此，针对购销合同、入出库单据、会计凭证等表单打印，基本上都要进行二次开发。表单打印与查询报表的主要区别在于，报表对于数据分析的灵活性要求更为严格，而表单打印对格式的要求更为严格。进行表单打印的二次开发前，必须与用户确认好表单的内容格式、纸张大小、打印机类型等。

2. 在ERP系统标准功能和流程中提出的个性化控制的需求

SAP公司为用户在应用ERP系统标准程序中预留了丰富的增强接口，开发人员可根据用户要求找到相应的接口进行二次开发，插入检查、控制代码和修改代码。ERP系统增强接口的种类有很多，常见的主要有两种。一种是用户出口，对应早期面向过程开发的程序设计下预留的用户定制函数，通过对这些函数的输入输出参数进行处理，编写适合用户自己业务逻辑的功能和流程，以起到影响标准功能的流程和数据的作用。另一种是业务插件BAD（Business Add-In），它是一种后期使用面向对象概念来实现功能增强的方法，每个增强针对某一业务对象提供一组方法，实现相关业务不同处理阶段的检查、控制和修改等操作。

3. ERP 系统标准功能缺失的程序开发需求

用户对 ERP 系统的需求往往是没有止境的，他们通常不会对 ERP 系统有一个明确的功能界定，认为花那么多钱买一套 ERP 系统，其就应该完成任何可以通过计算机处理的工作。这时需求人员需要擦亮眼睛，如果确定要通过 ERP 系统的二次开发实现该功能，那一定要确保该功能与 ERP 系统的标准功能有紧密的数据集成与交换关系，或用户已经习惯在这个系统上工作，而该功能又不会对系统带来太多的负担。

4. 与 ERP 系统进行数据交换和业务协同的接口开发需求

由于 ERP 系统在企业中处于核心地位，用户购置实施了新的信息管理系统后，大多需要与 ERP 系统进行数据交换和业务协同。如果用户添置的是数据仓库、商务智能等决策分析系统，则接口主要用于接收 ERP 系统的各类主数据及业务处理、财务记账结果，为该系统提供数据基础，生成分析报表。

企业信息化的发展还会表现为企业之间数据的交换需求不断增多，甲方创建采购订单自动触发乙方生成销售订单，这类数据交换需求也需要在各自的 ERP 系统进行接口设计与开发才能满足。

讨论

（1）SAP 公司如何为用户提供二次开发？二次开发会不会破坏系统的标准性？

（2）可以避免对 ERP 系统进行二次开发吗？

购买成熟的 ERP 产品具有一定的局限性，但在 ERP 项目实施时，企业用户可以基于标准的 ERP 产品与开发商，根据自身特定的需求进行适当的调整，使上线的 ERP 系统针对性更强，真正解决企业的实际问题，提高 ERP 系统的工作效率。在 ERP 市场激烈竞争的今天，绝大多数开发商非常热衷于通过这样的“量身定制”提高用户满意度，拓宽自己的市场。ERP 系统的定制就是根据用户的具体需求为其“量身定制”仅仅适合其自身的软件产品，是管理理论和管理经验的具体化、逻辑化；是根据企业自身管理模式和流程，甚至更多被实践证明行之有效的管理规律的落地。企业自身的管理经验将体现在 ERP 系统的思想、流程、报表内容、统计分析项目、管理层级、信息决策中。这样“量身定制”出来的 ERP 系统可以高效地与企业接轨，大大提高企业的资金使用率，提高员工的工作效率，降低成本。

7.1 ERP 系统规划分析

开发商在真正开始为企业设计开发其所需要的 ERP 系统之前，首先要对整个 ERP 项目的情况进行整体的规划分析，并根据开发设计的需要进一步明确用户的需求，把用户的商业性需求转换为技术性需求。

7-1 ERP 系统规划分析

7.1.1 ERP 系统规划

开发商首先要为 ERP 系统进行整体规划，在规划阶段主要进行以下 3 项活动。

（1）界定要开发的系统模块

开发商的系统分析人员必须识别和选择要开发的系统模块。企业典型的做法是组织考察所有系统模块，并运用业务影响或关键成功因素（Critical Success Factor，CSF）来对这些系统模块进行优先级排序。

我们要分析ERP系统所支持组织的战略目标，如果系统分析人员能正确回答，则说明其要开发的系统是必须开发的；回答不正确意味着会开发错误的、失败的系统，浪费组织大量的人、财、物。要想知道组织的战略目标，可采用关键成功因素法进行分析。关键成功因素是一种对组织获得成功起关键作用的因素，决策的信息需求往往来自这些关键成功因素。

关键成功因素法就是要识别连接系统目标的主要数据类型及其关系，它所使用的工具是鱼骨图。从图7-1中可以看出，某企业的目标是缩短造船周期，图中矩形框中标注的是影响该目标实现的关键原因，横线上所注的是影响这些原因的因素。企业可从此图中找出关键成功因素。

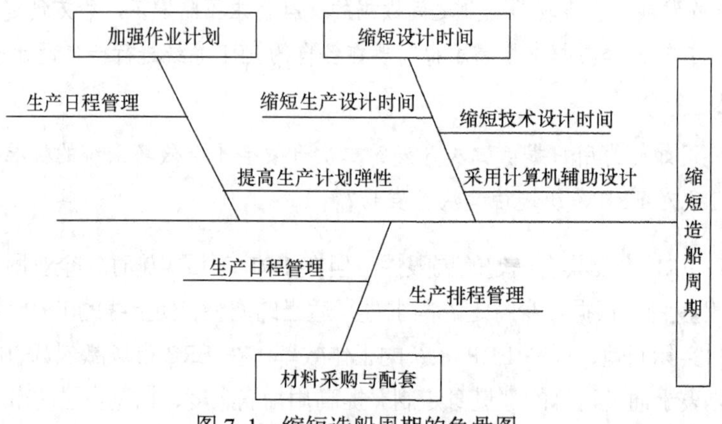

图7-1　缩短造船周期的鱼骨图

（2）确定ERP项目范围

开发商的系统开发人员必须要定义ERP项目的范围，并且为项目开发编写ERP项目范围说明书。制订项目范围说明书时要明确定义企业高层领导对系统的需求，该范围说明书提出系统最基本的定义，项目范围通常在书面的项目范围文件中被定义。定义项目范围非常重要，因为它能帮助系统开发人员和企业用户避免范围蔓延和功能蔓延。范围蔓延指的是项目范围增大到超出原技术所设定的范围。功能蔓延指的是企业会不断要求系统开发人员增加一些最初的需求中不包含的功能。

（3）制订ERP项目计划

一个完整且详细的项目计划是表明整个系统开发工作开始的重要标志。项目计划定义了系统开发中全部要完成的活动，以及这些活动所涉及的“谁在什么时间做什么事情”的问题，包括所有要实施的活动，完成这些活动所需的人力、时间和成本等内容。项目计划是保证准时交付一个完成的、成功的管理信息系统的基础。图7-2所示的是某系统开发的项目计划。一般而言，完成这一系统开发工作需要设置一个项目经理，他是这个项目计划和管理方面的专家，负责定义和制订项目计划并跟踪计划的执行，以保证所有关键项目里程碑准时完成。例如，完成计划可能是一个项目里程碑事件。

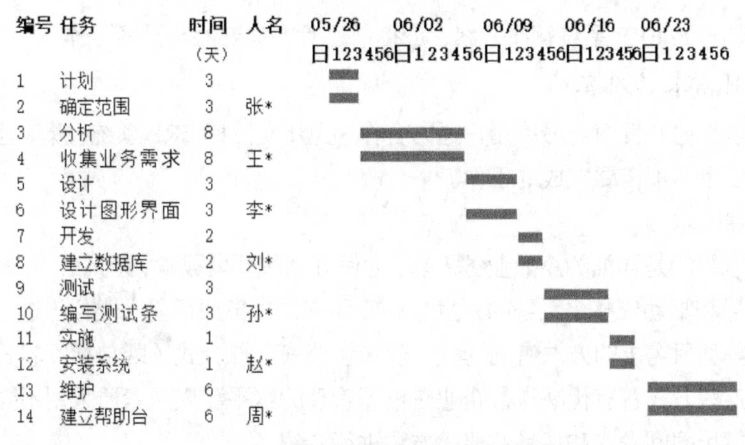

图 7-2　某系统开发的项目计划

7.1.2　ERP 系统分析

ERP 系统分析的主要任务是进行项目需求分析。正确理解项目需求是获得有效的“量身定制”的 ERP 系统十分重要的前提。理解项目需求是指在充分了解用户情况，包括了解用户生产、财务以及管理流程后，与用户一起讨论对项目的具体要求，根据其现行体制中的不足及目前所需等信息，制订一套用户对子项目的需求方案。理解项目需求阶段是开发商与用户沟通的重要阶段。理解项目需求要完全从用户的需要及实际情况出发，为用户合理地应用系统提供了基本保障。

1. 理解项目需求的作用

需求是一切工程活动的基础。例如，设计活动一定是依据需求而开展的；在产品集成活动中，各个组件之间的接口必须满足事先确定的接口需求，否则会造成接口不匹配；验证活动也用于检验获得的产品和产品组件能不能满足各自事先定义好的需求；确认活动是为了确保产品可以满足用户的需求及实际操作场景对其的要求。此外，需求也是项目计划活动的关键输入内容。例如，项目的规模估计、成本估算等必须参考需求来进行。

理解项目需求对于 ERP 项目的实施起到了非常重要的作用。

（1）从业务层面了解企业的概况与业务流程

理解项目需求可以加深对企业整体运营情况的了解，如企业背景、主要生产特点（包括主要生产的产品）、组织架构、人员职责等。如果是上市企业，可以通过企业的官方网站下载财务报告等相关信息，加深对企业的了解。

（2）对相关模块人员的岗位和职责进行了解

在理解项目需求的过程中，企业与开发商之间的沟通会加深，开发商进而会了解企业的一些潜在文化，识别企业人员对 ERP 项目实施的态度（是积极支持，还是无所谓，或是消极抵触等），这有助于实施顾问在日后的沟通中有效减少项目实施的阻力。无数项目经验告诉我们，在 ERP 项目实施过程中，有效的沟通是十分重要的。

（3）通过理解需求了解企业对 ERP 系统的期望

企业实施 ERP 项目是为了满足企业的某些需求或解决企业的一些问题，所以对于企业方所提出的期望需求及待解决的问题，实施顾问应该详细记录，在未来设计 ERP 系统时要给予重点考虑，对自己不熟悉的 ERP 系统解决方案，应提前进行方案熟悉与准备工作。

2. 理解项目需求的内容

理解项目需求需要开发商与最终用户通力合作，为开发目标 ERP 系统收集、理解和表达需求。这一阶段有以下两项需要完成的工作。

（1）收集项目需求

ERP 项目需求指的是详细的企业业务需求，为保证系统开发成功，系统必须满足这些需求。ERP 项目需求引导和驱动着整个系统的开发。一般而言，收集项目需求类似于进行一项调查。从形式来讲，收集项目需求的方法有问卷式、现场访谈式、混合式（既包括问卷式，也包括现场访谈式）等。这些方式各有优缺点，企业应根据管理的水平和人员素质采用不同的方式。这里简单地对比较常用的问卷式和现场访谈式方法进行介绍。

① 问卷式。一般开发商会根据多年的实施经验，总结出收集需求的标准问卷。问卷内容一般与 ERP 系统的设计有关。问卷式方法适用于管理水平、人员素质较高的企业。否则，在一些管理水平、人员素质较低的企业中使用该方法，易引起企业方相关人员的反感。因为做这类型的问卷类似于让企业方做试卷，相关人员填写的内容很可能不全面，使得企业方与实施方之间缺少很好的沟通。

② 现场访谈式。现场访谈式一般是不可缺少的收集需求的方法。这种方法要求实施顾问有较强的项目经验。实施顾问根据对需求计划的理解，与企业方进行详细访谈。实施顾问需做好引导，让企业方透彻、清楚地回答实施方关心的问题。同时要求实施顾问有速记的能力，将访谈的内容快速而准确地记录下来。尤其是一些重要的问题，要认真沟通和详细记录。现场访谈式的缺点在于，实施顾问提出的问题可能不全面、不系统，没有提出一些重要的问题；另外，若不能很好引导企业方，其回答可能会与项目无关，影响访谈效率与效果。很多情况下，实施顾问是以之前的问卷为依据，进一步开展现场访谈的，这样的现场访谈是对问卷很好的补充和完善。

（2）对需求进行排序

一旦定义了全部的项目需求，就要将它们按重要性进行排序，并且以正式的可充分理解文件（一般称为需求定义文件）确定下来。企业用户对需求定义文件签字表示认可，表明用户批准所有的项目需求。一般来说，项目计划最重要的里程碑之一就是用户对项目需求的批准。

如果对项目需求掌握得不明确或不充分，那么实施顾问在评价项目需求时要考虑的关键事情之一就是确定发现错误的代价。在需求确认阶段，发现一个错误并进行修正的代价相对较小，因为实际必须做的事情是修改一些文字材料和浪费一些人力。然而如果在后续阶段发现一个错误，修改起来的代价就会变得巨大，不得不修改系统。图 7-3 所示是在生命周期不同阶段发现错误的成本，从图中可以看出，系统开发生命周期修改错误的成本随发现错误时间的延迟，呈现指数阻尼正弦曲线增长趋势。

3. 理解项目需求的过程

理解项目需求的过程主要分成前期准备阶段及正式理解阶段。

（1）前期准备阶段

在前期准备阶段可以通过以下途径来快速了解企业的现况，如企业网站、信息披露（如上市公司的各种公开性文件）、售前资料（如工作说明书）等。

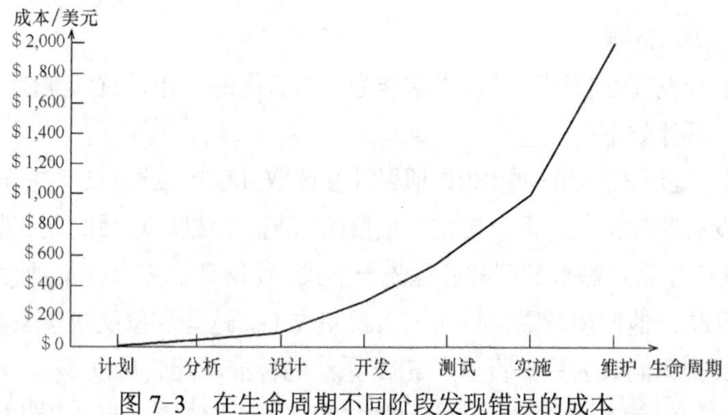

图 7-3 在生命周期不同阶段发现错误的成本

编制需求理解计划。以生产计划模块为例，在介绍 ERP 系统的标准功能时，一般会按组织架构、基础数据、计划管理、车间执行等几个部分来介绍，同样，在编制需求理解计划时也可按这几个部分来进行编制，保证工作思路的一致性（未来在制订业务蓝图、系统实现阶段的单元测试等时均可按这几个部分进行）。需求理解计划应包括需求理解的内容（问卷）、需求理解的时间、需求理解的准备工作（要求用户准备表单、记录、文件等）、需求理解的参加人员。

（2）正式理解阶段

在准备好需求理解计划后，就进入正式理解阶段。根据我们的一些实践经验，以下因素会影响需求理解的质量。

① 理解需求的对象：其应该是企业的骨干，应对所理解的需求对应的业务范围十分熟悉；否则会影响理解需求效果。

② 理解需求的场地：为了保证理解需求的效果，除了通过现场访谈方式收集需求之外，应避免在用户的办公室内交流，主要是因为办公室环境不安静，而且办公室往往有被谈话对象的业务，在办公室交流会使其不能专注。另外，被谈话对象在办公室里有可能会觉得有一定的约束而不能畅所欲言。所以，最好在会议室里小范围地进行详细讨论。

③ 理解需求的几个步骤：首先，实施顾问进驻调研地点后，应召开调研前的会议，请双方人员进行自我介绍；其次，实施顾问应说明需求调研的范围、目的与意义，引起用户的重视，并取得用户的支持；再次，进行需求调研，并在需求调研结束后，再次召开由参与人员组成的会议，通报需求调研的内容与结果，目的是让双方确定需求调研内容是否完整与正确，形成当日需求调研的会议纪要；最后，整理需求调研记录，形成最后的需求调研报告，与用户确定报告内容是否有比较重大的遗漏、是否需要进行补充调研等。

4. 把握项目需求的关键点并注意存在的误区

在理解项目需求的过程中要把握以下关键点，并注意可能存在的误区。

（1）把握项目需求的关键点

在实际理解项目需求的过程中，经常会有实施顾问在与用户交流的过程中所问的问题与项目无关，而相关的问题又问得不够深入。那么怎样理解需求才是项目所需的呢？这里有一个非常重要的原则：理解需求是与未来 ERP 系统设计息息相关的，与下阶段的业务蓝图设计相关。而未来的 ERP 系统设计与业务蓝图设计大部分是基于系统标准功能的。所以，实施顾问要做到对系统的标准功能特别熟悉。简而言之，实施顾问要带着“心中的系统功能”去理解项目需求。

（2）注意项目需求的误区

企业用户以及开发商都将理解项目需求作为一项必需的工作，但在理解项目需求的实践中，仍存在一些误区，具体如下。

① 理解需求只是形式。有一些 ERP 项目往往选取几家单位试点，先后进行多次推广。存在一些实施顾问没有参加试点，而直接推广项目的情况。而推广项目的业务蓝图往往参照试点单位，于是这些推广项目对需求的理解往往流于形式，使得理解需求在某种意义上就是走过场。甚至有些企业方反映，他们理解需求只用一天就完成了。这些现象反映了理解需求不被重视的情况，甚至有的实施顾问认为只负责推广 ERP 系统的标准功能就可以了。

② 需求越少越好。有些实施顾问对自己的技术水平不够自信，担心用户提出比较复杂的需求，所以，在理解需求阶段，故意对一些需求不去做调研，甚至回避用户的一些需求。理解需求阶段并非系统实现阶段，不需要出具详细的解决方案。此时的任务是充分了解企业的业务现状，只有充分了解需求，识别重要的需求，才能保证日后设计的系统方案真正满足需求。

7.2 ERP 系统设计开发

开发商一旦理解了企业的 ERP 项目需求，就可以进入 ERP 系统设计开发阶段。

7-2 ERP 系统设计开发

7.2.1 ERP 系统设计

ERP 系统设计开发阶段的主要目标是构建一个运行系统规划的技术性蓝图。在上述项目需求分析阶段，最终用户和信息技术专家一起从逻辑观点出发形成对开发系统的项目需求，但产生的项目需求文档没有考虑支持系统的技术或技术框架。当进入设计阶段时，项目小组要从物理或技术的观点出发考虑 ERP 系统，即接受需求分析阶段产生的项目需求，并设计技术框架。以下是在 ERP 系统设计阶段将要做的主要工作。

1. 设计技术框架

技术框架定义了系统运行所需的硬件、软件和通信设备。大部分系统运行在由用户使用的工作站和运行应用软件的服务器组成的计算机网络上。通信上要求可以访问互联网和允许最终用户拨号连接远程服务器。在设计最终技术框架之前，企业应该代表性地探究一下几种不同的技术框架。一般来说，企业所选的技术框架有以下几种。

（1）非集中式框架

一个非集中式框架包括信息共享很少或没有信息共享的系统。概括地说，这种框架存在于用户或部门开发的独立系统或应用软件中，它们没有任何的中央控制机制。这种框架给用户开发满足他们需要的应用软件，以及保持用户对软件进行控制的自由。同时，这种框架通常允许数据复写，有可能会频繁地导致数据不一致。另外，因为有太多独立的系统，共享应用程序和信息非常困难。

（2）集中式框架

一个集中式框架在一个中心区域或者中心主机中共享信息系统。这种框架决定了信息系统框架是集成的、整合的。因为典型的框架、应用软件和信息被存放在企业单一的主机上。集中式框架最大的优点就是它给予了企业高度的控制权，使得两个方面变得很容易：一是高度控制硬件、软件和程序与操作的标准；二是高度控制对信息的存取。但集中式框架的缺点是缺乏灵活性、适应能力弱。

（3）分布式框架

分布式框架是指通过网络分配 IT 系统的信息和处理能力的框架。分布式框架将所有的信息系统连接起来，使所有地点都能够共享信息和应用程序，也称资源共享式计算模式。分布式框架的主要优点在于能够将处理活动分配给最有效率的地点。

（4）客户机/服务器框架

客户机/服务器框架是分布式框架出现后发展起来的一种计算模式。网络系统上的计算机系统分成客户机与服务器两类。其中服务器可能包括文件服务器、数据库服务器、打印服务器、专用服务器等。网络节点上的其他计算机系统便成为客户机。客户机/服务器框架指应用程序被分配在客户机和服务器上。一套信息系统在将所有信息存储集中在服务器的同时，将功能分配给网络上互联的计算机。

客户机/服务器框架的主要优点就是它可以从服务器上卸载应用程序和信息。但与之相伴的缺点是，因为处理发生在许多客户端，客户机和服务器之间的交互非常频繁，信息必须在客户机和服务器之间快速流动，所以系统的复杂性大大提高，客户机/服务器在网络性能方面具有很大的承载量。

（5）多层客户机/服务器框架

随着互联网的飞速发展与广泛应用，越来越多的企业利用互联网技术来建设自己的管理信息系统。该模式实际上是一种多层客户机/服务器框架，如图 7-4 所示。该框架的优点是因为此框架基于 HTTP，所以可以对 Web 服务器上的超文本文件进行操作，使得管理信息系统在技术上实现了集格式化文本、图形、声音、视频信息为一体的高度交互环境，使信息处理的广度和深度大为增加。另外，该框架由于采用统一的、与平台无关的通信协议，可独立于计算机的软硬件平台。不同的站点和部门对信息技术框架的需求不同，所以企业应根据实际需要进行技术框架的选择。

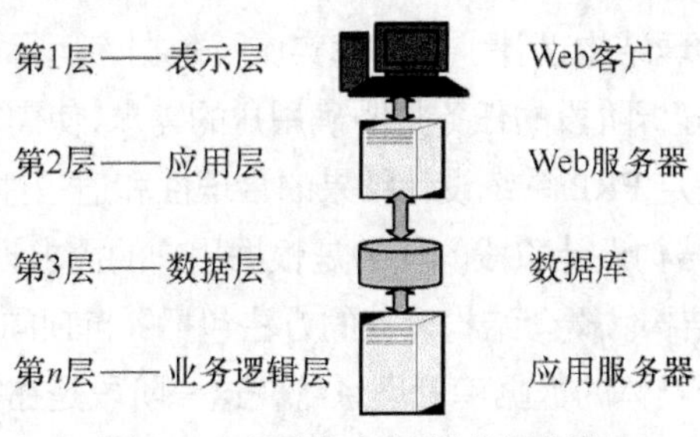

图 7-4　多层客户机/服务器框架

2. 设计系统模型

建模是一种通过绘图的方式来描述设计的活动。模型中包括对屏幕、报告、软件和数据库等每件事的描述。设计阶段有许多需要完成的不同类型的建模活动，其中具有代表性的是图形用户界面设计。图形用户界面设计是为整个系统设计信息系统屏幕模型的能力，它是人机友好程度的重要评价指标。

7.2.2 ERP 系统开发

ERP 系统开发需要利用设计阶段所产生的详细设计资料，并要将它们转化为实际系统。这一阶段的标志就是从逻辑设计转换为物理实现。这一阶段包含以下两项主要工作。

1. 建立系统技术框架

为了建立系统，必须建立系统运行的平台。在开发阶段，需要购买和装备所需的设备，以支持在设计阶段所设计的技术框架。每个 ERP 软件开发商都有自己的实施途径，如果想详细了解这些理论知识，可以向项目管理办公室（Project Management Office，PMO）、ERP 软件开发商等索要相关的资料。

一般而言，ERP 系统技术框架设计需遵循以下原则。

① 科学实用原则：该原则是系统技术框架设计的根本出发点，立足于科学技术，用于满足企业真实的业务需要。

② 经济性原则：尽量利用现有资源，坚持在先进、高性能的前提下合理投资，确保在成本最低的情况下获得最大的经济效益和社会效益。

③ 安全可靠性原则：尽可能减少因系统技术框架发生故障而造成业务无法正常运行的情况，同时，设计中还要规划安全体系的建设，提高系统的整体安全性。

④ 先进成熟性原则：在 IT 飞速发展的今天，规划的产品和技术应具有一定的前瞻性，能够适应未来一段时间内企业业务的需求和技术发展的趋势；同时，应该兼顾产品和技术的成熟性，保证系统技术框架的整体安全性。

⑤ 开放与可扩展性原则：系统技术框架应尽可能地使用开放式技术，并充分考虑其可扩展性，满足不断发展变化的企业业务和技术需求。

⑥ 统一标准化原则：尽可能采用业界公认的行业标准或技术标准，降低实施和管理的复杂度。

2. 建设数据库

数据处理是 ERP 系统的基础，只有把数据处理技术与管理结合起来，才能真正发挥 ERP 系统的作用。按照标准的设计方法，ERP 系统数据库建设应分为 5 个阶段：需求分析、概念结构设计、逻辑结构设计、物理结构设计、数据库实施及数据库运行和维护。

① 数据库建设的需求分析阶段的任务是明确用户的需求，使需求分析结果能够准确反映用户的实际需求。这将直接决定 ERP 系统设计结果的合理性和适用性。

② 数据库建设的概念结构设计阶段的任务是根据用户的需求设计数据库的概念模型。数据库是整个 ERP 系统的信息结构。概念结构设计的方法包括：自顶向下、自底向上、逐步扩张和混合策略。概念模型独立于具体的数据库管理系统，这一阶段是在需求分析的基础上，设计出能够满足用户需求的各种实体，以及表达出它们之间的关系，可用 E-R 图来表示。建立综合性的 E-R 图能够化解冲突，并能产生一个被所有用户共同理解和接受的概念模型。如 ERP 系统中的工资管理模块在设计规划中涉及的实体有部门、人事、工资、操作人员，如财务部门：李某；工资：3000 元；操作员：王某。

③ 数据库建设的逻辑结构设计阶段的任务是将概念结构设计阶段完成的概念模型转换成

能被选定的数据库管理系统支持的数据模型。数据模型可以由实体联系模型转换而来。将 E-R 图转换为关系数据模型时需要遵循以下原则：每一实体集对应一个关系模式；实体间的联系一般对应一个关系，联系名作为对应的关系名，不带有属性的联系可以去掉；实体和联系中关键字对应的属性在关系模式中仍作为关键字。

④ 数据库建设的物理结构设计阶段的任务是按照逻辑设计阶段的数据模型构建现实的数据库。不同的数据库产品在物理环境、存取方法和存储结构上有很大的差别，能供设计人员使用的设计变量、参数范围也很不相同，因此没有通用的物理设计方法可遵循，只能给出一般的设计内容和原则。设计优化的物理数据库结构，能在数据库上运行各种事务时做到响应时间短、存储空间利用率和事务吞吐率高。物理结构设计阶段涉及的具体内容有：库文件的组织形式、存储介质的分配、存取路径的选择以及确定数据库的存储结构等。

⑤ 数据库实施及数据库运行和维护。目前 ERP 系统中比较常见的数据库是 SQL Sever 和 My SQL。SQL Sever 是微软开发的，数据存储量比较大，而且保存数据较为稳定、安全。My SQL 的数据存储量也比较大（但比 SQL Sever 略小），主要有存储速度快的优势。不过 My SQL 在 ERP 系统中应用得越来越少，现在通常用作网站的数据存储。此外还有 Access 和 Oracle 等数据库在 ERP 系统中也有应用。Access 数据库简单易用，但存储量很小，而且不稳定，安全性不高，主要应用于非常小的 ERP 系统。Oracle 数据库是 Oracle 公司的标志性产品之一，又称巨型数据库，数据存储量非常大，是目前世界上最大的数据库之一，但操作相当复杂，而且成本极高，所以一般中小型 ERP 系统不会考虑使用该数据库，只有超大型 ERP 系统可能选择 Oracle 数据库。

7.2.3 ERP 系统测试

开发出来的 ERP 系统要经过测试才可以交给用户。系统测试是为了发现错误而执行程序的过程，它不仅是系统开发阶段的有机组成部分，而且在整个项目工程中占据相当大的比重。系统测试是保证系统质量的关键环节，直接影响着系统的质量评估。系统测试不仅要讲究策略，更要讲究时效性。验收测试作为系统测试过程中的最后一个环节，对系统质量、系统的可交付性和项目的实施周期起到“一锤定音”的作用。

1. ERP 系统验收测试现状

验收测试是一种有效性测试或合格性测试。它是以用户为主，软件开发人员、实施人员和质量保证人员共同参与的测试。ERP 系统作为提高企业管理创新能力的有力工具，其定义、设计、开发、实施和应用的过程都遵循一定的规律。这些规律具体表现在系统过程控制、质量保证和系统测试等方面。验收测试关系到 ERP 系统能否成功验收、能否平稳步入维护期、能否快速获得效益。ERP 系统验收测试的全面性、效率性、科学性、规范性、彻底性在广大制造型企业和 ERP 软件开发商眼中还是一个值得继续讨论的话题。

当前很多人对 ERP 系统验收测试工作存在一些误解，具体如下。

① 由于 ERP 系统通常比较复杂且规模巨大，人们可能更多地关注它多变的需求定义、个性化解决方案、定制化开发过程，却忽视了验收测试工作。这些“只重视开题和过程，不重视结题和维护”的做法，最直接的后果就是，形成一个个延期工程或“烂尾”项目。

② ERP 项目的实施工作做好了，用户就可以把系统“跑起来”了；文档移交了，客户签

字了，就没有什么必要做验收测试了。这种误解源于对验收测试的目的、流程、方法和意义缺乏正确的认识。

③ 验收测试是用户的事，与开发商无关。事实上，只有两者密切配合，才能提高测试效率。

④ 将验收测试理解成给用户做演示。验收测试要讲究策略，它不是走过场，而需要有计划、有步骤地执行，要进行科学的用例设计。

⑤ 验收测试就是验证系统的正确性。验收测试和其他的测试一样，既要验证系统的正确性，又要发现系统错误。只不过，验收测试以确认系统功能是否满足需求为主。

2. ERP 系统验收测试的流程及原则性问题

系统包括程序、数据和文档，ERP 系统验收测试的对象应当涵盖这 3 部分内容。验收测试要以企业用户为主，ERP 开发商应积极配合；或以第三方测试为主，用户和开发商共同配合。

在 ERP 系统验收测试过程中，系统实施人员要适时配合和敦促用户做好验收测试的各项准备工作，按计划、按步骤执行验收测试，形成规范的测试文档，客观地分析和评估测试结果，并跟踪不合格现象；对系统存在的问题要分级分类管理，必要时要进行回归测试，确保所有问题都得到解决，最终成功通过验收。

在测试方法上，由于验收阶段的特殊性，一般以黑盒测试和配置复审为主，以自动化测试和特殊性能测试为辅，用户、系统实施人员和质量保证人员共同参与。

进行 ERP 系统的验收测试要注意以下几个原则性问题。

① 验收测试始终要以经双方确认的 ERP 系统的需求规格说明和技术合同为准，确认各项需求是否得到满足、各项合同条款是否得到执行。

② 验收测试和单元测试、集成测试不同，它以验证系统的正确性为主，而不是以发现系统错误为主。

③ 对验收测试中发现的系统错误要分级分类处理，直到通过验收为止。

④ 验收测试中的用例设计要具有全面性、多维性、效率性，能以最少的时间在最大程度上确认系统的功能和性能是否满足需求。

7.3 ERP 系统用户化和二次开发

交付 ERP 系统只是一个阶段性的工作，真正实施 ERP 项目的核心并不在这里。对于设计开发部门而言，ERP 系统上线貌似标志着工作任务完成，但对一个 ERP 项目来说，真正的实施之路才刚刚开始。在越发强调服务重要性的今天，ERP 软件开发商不应在 ERP 系统交付之后就不再过问企业 ERP 项目的实施情况，而应协助企业进行 ERP 项目实施，尤其要在 ERP 系统刚刚提交时的用户化和二次开发中发挥重要作用。

7-3 ERP 系统用户化和二次开发

7.3.1 用户化和二次开发的必要性

引进 ERP 系统，是很多企业在面对信息技术进步及市场竞争多元化的不二之选。许多国内外著名公司基于自身的信息技术水平，并根据企业整合的方法论开发了完整且复杂的 ERP 系统，堪称企业参考模型的最佳典范。但是不同企业的业务流程与文化特质是不同的，在导入 ERP 系统的过程中经常会发生 ERP 系统无法满足企业本身需求或与企业不合适的状况，因而企业产生了 ERP 系统用户化和二次开发的需求。所以在实施 ERP 项目的过程中，用户化和二次开发就成为必不可少的组成部分。

随着市场竞争的加剧，在几年前实施的 ERP 项目已经不能完全支撑企业的业务，对于首席信息官来讲，现有阶段的任务不是重新进行 ERP 项目的实施，而是在 ERP 系统现有的基础上，更加有效地发挥系统本身的价值使其满足业务的需求。反映在 ERP 系统应用过程中，做好用户化和二次开发就显得非常重要。

"我们知道，上线 ERP 系统只是一个阶段性的工作，真正 ERP 系统的核心不并在这里，ERP 系统上线这个阶段对软件开发商而言是完成了任务，但对一个企业而言，路才刚刚开始。"业内某著名 ERP 实施专家指出。纵观现状，现阶段的 ERP 系统已经满足了企业业务的基本需求，但是很难满足企业的个性化需求，对于首席信息官来讲，ERP 系统不外乎几种形式：第一，企业购买现有的 ERP 开发商的产品，如用友、金蝶、Oracle 等的产品；第二，企业自主开发适用于企业实际情况的产品；第三，选用一部分的 ERP 产品，然后企业自身的技术人员进行开发。这 3 种形式构成了首席信息官选择 ERP 系统用户化和二次开发的基本模式。

现阶段，随着企业业务需求加剧，传统的"进、销、存"3 种模式的生产已经不能满足企业业务的正常需求，企业需要更加精准的决策工具在竞争中取得胜利。一份调查资料显示，全球 75%的首席信息官在 2010 年开始选用商务智能系统，同时企业对于客户关系管理系统也是越来越青睐。我们知道，商务智能系统的分析需要底层数据的支持，没有底层数据的支持，商务智能系统就是一个"空架"了。只有从 ERP 数据中读取数据，然后经商务智能系统进行分析，得出一套科学、合理的报表，才能为企业的决策层提供有利的市场工具。现阶段的状况是不同的商务智能系统开发商提供了大量标准的商务智能系统和 ERP 系统的接口工具，但目前在 ERP 领域中，还没有一个非常成型或者标准的商务智能系统出现，这就导致了企业首席信息官在应用商务智能系统时，要对 ERP 系统进行必要的用户化和二次开发。不仅仅是商务智能系统，客户关系管理等系统的应用同样也需要和 ERP 系统融合。因此，ERP 系统的用户化和二次开发在企业中显得尤为重要。

ERP 系统的用户化和二次开发如图 7-5 所示。

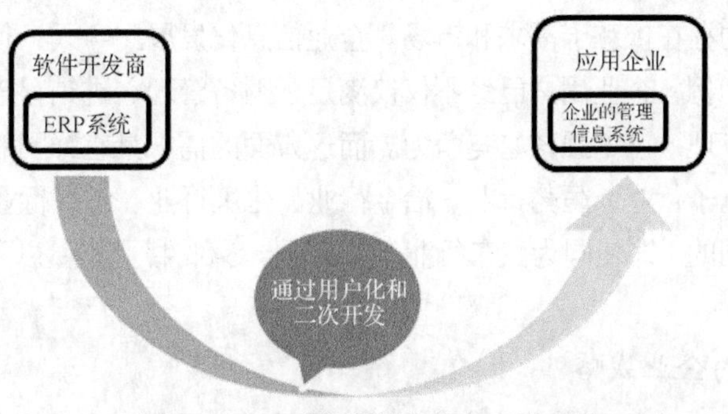

图 7-5　ERP 系统的用户化和二次开发

7.3.2 用户化和二次开发的含义

当企业需求无法直接通过软件设计研发部门所提交的ERP系统得到满足，且企业对所确定的需求不能做出让步时，我们必须通过适当调整ERP系统来使企业需求得以满足。用户化和二次开发就是在这种情况下经常会采取的解决问题的方法。用户化和二次开发是两个容易搞混的概念，用户在项目的实施中对二者往往不能很好地区分，但是如果不加以区分地将它们混为一谈，就会出现很多弊端。从工作量和难易度看，用户化远远小于二次开发，而且它们各自适用的原则、步骤都是不同的。

1. 用户化的含义

一般将不涉及ERP系统中具体程序的变动称为用户化。实施用户化需要项目实施小组的批准。如修改报表格式，如果ERP系统中有报表生成功能或其采用第四代语言，则业务人员不需要掌握很多计算机知识就可以自行设置报表格式。

2. 二次开发的含义

一般将涉及ERP系统中具体程序的变动调整称为二次开发，即以引入成熟、套装软件的形式针对用户实施ERP项目时，对不适用的系统功能进行的修改。虽然通过调整系统参数的方式也可以满足部分用户的需求，但在很多情况下，系统通过可调整参数所达到的灵活性非常有限。若用户的业务需求无法通过系统参数调整得以实现，就必须通过二次开发来实现。

7.3.3 用户化和二次开发的任务

尽管用户化和二次开发在含义上不尽相同，但它们的目的都是使ERP系统更加适合企业，满足企业的实际需求，为企业带来实在的效益。用户化和二次开发主要可以完成以下任务。

1. 国外软件的本土化

每个国家在历史、地理、政治、经济、文化等方面的条件各不相同，反映到企业中，企业在管理模式、管理方法等方面必然有所不同，所以企业自然会对ERP这样的管理信息系统提出不同的要求。而这些要求对大部分国外软件来说是无法完全实现的，这就产生了对软件进行用户化和二次开发的需求。这种用户化和二次开发常常是可以广泛应用于多家国内企业的，具有本土化的特点。

2. 满足不同行业的需求

某种软件产品的存在依赖于需求和市场。企业信息化发展到今天，行业细分需求的特点日益明显。以制造业为例，企业用户已经不仅仅满足于财务管理、进销存管理，还要求对生产制造过程进行现代化管理，以增强核心竞争力。而这方面的需求具有鲜明的行业特点：同样是制造业，机械行业、电子行业、医药行业、冶金行业、化工行业、纺织行业、汽车行业等对ERP系统的要求都是不同的。即使同为汽车行业，总装厂、零部件厂、毛坯厂对ERP系统功能的要求也各有不同。

3. 适应不同的企业战略

一个ERP系统是一个通行的解决方案，它的设计反映了针对企业通行业务的基本原则。开发商试图使系统进行最佳的操作，但是“最佳”的含义往往是由开发商而不是由用户定义的。

在多数情况下，系统能使企业的业务运行效率比以前高，但是在有些情况下，系统的设计恰恰损害了企业的最佳效益。因此，在具体实施 ERP 项目以前，开发商必须对企业、企业所处的行业、企业的客户以及竞争对手等因素进行具体分析，对业务进行合理的分析和调整来保持并增强企业的核心竞争力。当 ERP 系统的某些理念与企业的核心竞争力有冲突时，企业就需要对 ERP 系统进行适当的调整。通过合理的配置，甚至二次开发来满足企业的需求，而不是一味地修正企业来适应系统。

4. 适应企业的特殊需要

有些使用 ERP 系统的公司是集团企业，作为集团企业的成员公司可能会在不同的时期分别使用自己的 ERP 系统，或者类似的信息系统。而作为统一管理这些成员公司的母公司，出于信息化管理的需要，必然希望能对这些不同的 ERP 系统中的信息进行汇总管理，这就要求各个成员公司的 ERP 系统能够提供符合母公司要求的格式的数据。这些数据经常是系统本身不能提供或者不能按要求的格式提供的，这就涉及 ERP 系统的用户化或二次开发工作。所以，使用不同系统的集团企业常常需要进行接口程序的用户化或二次开发工作。另外，每个企业的生产过程是不一样的，对生产过程的管理与控制也是千差万别的，所以用户往往会提出本企业的一些特殊要求。这些要求可能是部分流程逻辑的改变，也可能是提供一些特殊格式的报表，但是其共同的主旨是为满足企业独特的需求，对通用系统进行用户化或二次开发工作。

7.3.4 二次开发的风险

ERP 系统涉及企业的管理、生产、经营等方面，对于企业的竞争、生存起着非常重要的作用。企业在 ERP 系统二次开发过程中将对部分程序进行改动，所以 ERP 系统的二次开发存在一定风险，一旦出问题将会给企业带来“灭顶之灾”。因此企业在选择对 ERP 系统进行二次开发之前要对可能存在的风险有所了解。

1. ERP 系统的二次开发通常会涉及系统模块的改动

在二次开发中要增加或修改系统的功能，一般需要专业的程序开发人员和实施顾问来完成。二次开发需要软件开发商提供支持二次开发的工具，还可能需要有系统的源程序。这些可能需要支付额外的费用，而且并不是每个软件开发商都愿意提供源程序。一般来说，应该尽量减少或避免二次开发。

2. 易造成系统的不稳定或崩溃

ERP 是个错综复杂的系统，各个模块都是一个有机的整体。若要修改其中的一个功能，其影响的不单单是现在这个功能，还可能影响其他功能，造成系统的不稳定或崩溃。

3. 影响项目实施周期

二次开发的时间一般比较长，由于受开发人员的技术水平及其和业务人员之间的沟通等因素的影响，需要一定的时间让技术和业务人员沟通才能共同完成，所以，做二次开发时，首席信息官要合理安排时间。

4. 二次维护和升级风险大

对于 ERP 系统的二次开发，如果已经改动了企业原 ERP 系统的核心代码，以后如果核心人员流失，对于企业便会造成较大的损失。同时，所需要的维护和升级的风险也将进一步加大。

7.3.5 二次开发的注意要点

ERP 系统二次开发存在很多的风险，但 ERP 系统二次开发又必须做，那么首席信息官应该怎么办？如果因为害怕承担风险，而不去做好用的系统来满足企业的需求，那么系统的价值将无法体现。企业首席信息官在做 ERP 系统二次开发时，有以下几点需要注意。

1. 不要修改核心代码，做好原有 ERP 备份

一般来说，把数据从 ERP 系统中导出，利用二次开发的程序进行处理后再导入系统，这是一个比较稳妥的方法。系统升级时，数据导入导出部分的变动不会太大，而且即使有变化，也容易进行相应的维护。而一旦修改了核心代码，当新的业务数据不断积累后，再次升级就无法保证数据的完整性。

2. 做好 ERP 系统二次开发的成本控制

资料显示，二次开发的成本是考核首席信息官能力的一个非常直接的指标。它包括有形成本与无形成本。有形成本如进行二次开发的 ERP 系统的授权费用、实施费用等；无形成本如企业投入的精力、时间及在系统转换过程中可能对企业正常工作造成的影响。企业首席信息官要尽自己的最大努力把这些成本降到最低。

业内资深专家曾经指出："首席信息官对于企业的 ERP 系统二次开发前期要做一个良好的规划，要对二次开发的成本做出一个大致的预算，如总项目金额的 5%等。预算做出以后就需要进行跟踪控制。在软件选型阶段就可以发现一些明显的二次开发需求，首席信息官最好能够把这时的二次开发成本转至软件开发商。"

3. 为企业争取尽可能大的利益

首席信息官在就 ERP 系统二次开发与软件开发商的沟通过程中，应尽可能为企业争取最大的利益。任何企业的应用信息系统都会遇到升级的问题，首席信息官在和软件开发商签订合同时，就应该把二次开发的成本、利益都考虑到，尽可能地让开发商和企业一起做好二次开发，这样可以在系统和企业业务的熟知程度方面做到"互利互补"。

4. 寻找二次开发合作伙伴

如果不用软件开发商提供的服务或者是企业自身开发的系统，首席信息官就需要去寻找二次开发合作伙伴。选择合作伙伴时要选在同行业内有成功案例的。首席信息官应多去参考备选合作伙伴的用户使用情况，同时要结合企业 IT 部门自身的情况，选择合适的二次开发合作伙伴。

5. 避免因开发人员流失使项目陷入困境

人才一直是企业最大的财富，对于首席信息官来讲，也是一样，开发人员对于企业同样重要。在企业 ERP 系统二次开发的过程中，开发人员流失对于 ERP 系统的二次开发项目来说非常不利，容易让项目进入一个死循环。而且在进行人才招聘时，过多的招聘环节也会使项目的总体进度变慢。如何留住人才是每一个首席信息官在 ERP 系统二次开发过程中要考虑的一个重要问题。

6. 系统最好少改，但完全不改的可能性也很小

ERP 系统本身汇集了很多大企业优秀的生产管理经验，因此，首席信息官要尽可能少改系统。但市场是不断变化的，业务是不断变化的，ERP 系统也是需要变化的，同时，会出现新管理需求，不改 ERP 系统的可能性非常小。但笔者认为，ERP 系统的核心不应该改动。既然二次开发存在一些管理上的问题，遵循“能够少改别多改，若能不改胜少改”的原则是正确的。但是，在成熟套装软件实际应用的过程中，二次开发往往是无法避免的，较小规模的如新增或修改原有的报表程序，较大规模的可能涉及新增原本不存在于系统中的字段或文件档案，并新增或修改原有录入或作业处理程序。

ERP 系统二次开发也是为了服务于此信息管理系统而为实现企业的管理目标服务。如果离开这个目标一味受制于业务部门的需求，ERP 系统只会越来越难以管理，最终会造成管理的混乱而不是提升。因此首席信息官做 ERP 系统二次开发前，必须进行规划，确认此开发是否能使企业管理水平有所提高、是否有利于业务流程的顺畅运行。

7.4 ERP 项目培训

ERP 项目培训在 ERP 项目实施中十分重要。如果 ERP 项目实施出现问题，几乎可以肯定是人的问题，而不是计算机的程序问题或技术上的其他问题。成功实施 ERP 项目的企业通过把人送到企业以外的学习班学习，并为留在企业内的人提供教育课程等途径来完成 ERP 项目培训。

7.4.1 培训的对象

在 ERP 项目实施中，最先接受培训的应该是企业总经理和部门经理。培训能使他们了解需要掌握的原则，以便他们在安装和使用 ERP 系统时应用，为掌握更多与 ERP 系统有关的知识，管理基层工作人员奠定坚实的基础。

有些企业把 ERP 项目实施的责任局限在生产和库存控制的负责人和少数部门经理的身上，而没有归结于高层领导，这将导致他们的 ERP 系统遇到不必要的严重风险，系统不能实现预期的目标，员工很快就会对 ERP 系统失去兴趣。更糟的是，当经理希望使用 ERP 系统这种科学管理工具时，却发现自己已经错过 ERP 系统为他们提供的宝贵的管理良机。

因此，加强对管理人员的培训，培养业务人员对 ERP 的认识是很重要的。我们要从分析、判断、管理控制的角度去培训相关人员，对于从事不同工作的对象提供不同的培训计划，同时也要加强系列化的培训教育，使培训贯穿在整个 ERP 项目实施过程中。培训、培训、再培训是 ERP 项目实施的必要手段。

经过培训的企业领导除了要对 ERP 有全面的认识外，还必须认识到以下几点。

① ERP 项目具有长期性、艰巨性、复杂性、阶段性的特点。企业领导必须时刻保持清醒的头脑。

② 咨询、监督、培训贯穿 ERP 项目的实施过程。从立项到实施的始终，它们直接关系到 ERP 项目实施的质量，甚至成败。

③ 必要的资金保证。资金不足而仓促上线 ERP 系统的唯一结果是浪费更多的资金。

7.4.2 培训的目标

培训是信息应用的重要环节，建立信息培训机构是 ERP 系统得以正常运行的保证。例如，车间班组的信息人员是完成企业信息工作的主要群体，也是企业内部调离、升职流动率最高的群体，只有不断地培训这个群体才能确保企业信息管理系统的正常运行。

培训含有教育和训练两重意义。前者侧重于哲理和概念，讨论 ERP 系统的原理和运行机制问题，讨论如何运用 ERP 系统解决经营生产业务中发生的问题，主要说明“为什么要这样做，有什么必要，产生什么效益”，是一种面向业务的培训。后者侧重于应用方法，主要说明“怎样做”，是一种面向系统的培训，一般安排在“教育”之后，结合 ERP 项目的实施进行。ERP 系统同手工管理的主要区别之一在于它是一种规范的系统，它要求各级管理人员有严肃的工作作风，要求各个岗位人员都要用严谨的态度对待各种信息。

在 ERP 系统中，每一个数据、名词和术语都有严格的定义，每一项事务处理都有严格的程序。它要求每个使用人员不仅要知道本岗位的工作要求，还要了解本岗位的工作质量对其他岗位工作的影响，从全局和系统的角度理解和做好本职工作。各岗位人员只有对 ERP 系统有了全面的理解和统一的认识，明白 ERP 项目实施的必要性和效益，变被动的“要我干”为主动的“我要干”，才能在 ERP 项目的实施过程中齐心协力、步调一致。因此，我们必须十分重视和突出培训工作。在培训工作中，我们要防止单纯讲解系统及其技术的现象出现，不能忽视观念更新和行为规范方面的教育；重视对人员的培训，实质上是把提高人的素质、调动人的积极性作为搞好企业管理的首要工作。ERP 系统的功能再强，还是要靠人去运用，而只有在人们学会运用 ERP 系统时，它才能真正发挥作用。

7.4.3 培训的类型

培养企业自己的软硬件技术队伍是保证 ERP 系统有效运行的重要条件。在 ERP 项目实施过程中，培训是十分重要的环节，培训工作要贯穿实施的全过程并分层次不断深化。从不同的角度，培训可分为以下几类。

1. 对企业高层领导的培训

在完成立项分析并初步决定应用 ERP 系统之后，需要对企业高层领导及时进行 ERP 系统管理理念培训，这是 ERP 系统成功应用的思想基础。这是极其重要而又经常被企业忽视的一个阶段，即 ERP 系统应用前的“洗脑”阶段。这种培训就是我们在选型时对企业高层领导做的培训。培训的目的之一是让企业高层领导形成共识，理解为什么 ERP 系统是管理改造项目，且离不开高层领导的支持；目的之二是让企业高层领导对 ERP 系统的应用有一个正确的预期。

2. 对项目小组的培训

对项目小组的培训包括项目管理的培训、实施方法的培训、ERP 系统功能的培训。ERP 项目实施对企业来说是一个大型工程，成功实施 ERP 项目离不开成功的项目管理，所以项目小组成员必须了解项目管理的一般概念和方法。

3. 对最终用户的培训

对最终用户的培训就是让用户知道怎么操作系统才是企业最能够接受的。

4. 对技术人员的培训

对技术人员的培训包括对系统管理人员进行培训（基本的 ERP 知识的介绍、网络的建立，如何辅导企业员工进行 ERP 系统的操作，ERP 系统中服务器和客户端的配置安装等）和对开发人员进行培训（程序的编写、编码的编写）等。

5. 对新流程的培训

在 ERP 项目实施中，最难的是企业的管理模式必须做出很大的改变，即进行业务流程重组。如此，ERP 项目实施完成后，企业员工都要进行全新业务流程的培训。

6. 对数据分析的培训

ERP 系统正常运行后，会产生很多有用的数据。如果不能利用这些数据，就不能很好地发挥 ERP 系统的作用，所以企业要知道如何分析数据，用数据分析结果为企业决策提供依据。为了扩大培训规模，企业应当建立一支教员队伍，结合本企业的实际，编制适合本企业用的培训教材与讲义。从企业外部请专家和软件开发商的实施顾问来开展培训是必要的，但是企业外部的专家、实施顾问只能起到一种催化剂的作用，而本企业的教员由于熟悉企业情况，可以对比过去与现行管理，说明 ERP 系统如何解决手工管理解决不了的问题，现身说法，更容易被企业人员所接受。培训不怕重复，企业可以用不同的方式从不同的角度反复讲解和讨论培训内容。接受培训的人员的工作岗位应当稳定，培训后要立即投入 ERP 项目实施工作。培训完毕应有考核，颁发结业证书并给予奖励。企业可以通过誓师大会、动员会、发上岗证等方式使员工人人重视 ERP 系统的培训与应用。

总之，培训是一个极其重要的因素。培训工作贯穿整个 ERP 项目实施过程，企业员工应始终对其给予高度重视。

本章习题

一、填空题

1. ERP 系统规划阶段主要进行 3 项活动：界定要开发的系统模块、确定 ERP 项目范围和____________。

2. ERP 系统设计阶段的主要工作包括_________和_________。

3. 系统工程技术中，控制系统复杂性的两个基本手段是“分解”和_________。

二、判断题

1. ERP 项目需求越少越好。（　　）

2. 验收测试是企业的事，与开发商无关。（　　）

3. 验收测试就是验证系统的正确性，以确认系统功能是否满足需求为主。（　　）

三、选择题

1. ERP 系统分析阶段的主要任务是（　　）。

A. 系统规划　　B. 项目需求分析

C. 确定里程碑式事件　　D. 进行业务培训

2. 一般将涉及 ERP 系统中具体程序变动的调整称为（　　）。

A. 用户化　　B. 二次开发

C. 系统设置　　D. 软件本土化

3. 下面哪一项不是结构化生命周期法的优点？（　　）

A. 建立面向用户的观点　　B. 严格区分工作阶段

C. 有助于推广目标系统的思想　　D. 自顶向下进行开发

四、简答题

1. ERP 系统设计阶段的主要工作有哪些？
2. 简述 ERP 系统验收测试的流程及原则。
3. 简述结构化生命周期法的优点。

第 8 章　监理视角：ERP 项目管控与评价

【学习目标】

- ✧ 掌握研究 ERP 系统应用绩效评价的意义和 ERP 系统应用效益分析。
- ✧ 熟悉 ERP 项目绩效评价的意义和特点。
- ✧ 了解 ERP 项目监理的体系结构和内容。
- ✧ 熟悉 ERP 系统应用评价的相关知识。

导入案例

基于平衡计分卡的ERP项目绩效评价案例

W 公司是徐州一家专门从事散料搬动核心装置及设备研发、设计、生产与销售的高新技术企业。该公司在进行信息化建设前，绝大多数的数据采集与指令下达均采用传统的纸质方式，可控制性差、信息传递不及时以及数据准确性不足，这对销售的统计分析、财务的成本核算与往来账务处理、生产计划的编制与跟踪都造成了极大的困扰。为解决上述问题，公司于 2012 年 9 月下旬开始实施 ERP 项目，现对其 ERP 项目实施后的效果进行绩效考评，采用的方法为平衡计分卡法。

1. W 公司的 ERP 项目绩效评价过程

（1）确定评价指标体系

成立评价专家小组并以专家组为核心，集思广益收集意见，讨论确定 ERP 项目的评价指标体系，最终确定 W 公司 ERP 项目的评价指标体系为 4 个一级指标、10 个二级指标、25 个三级指标。评价指标体系确定后，再借助 yaahp 软件构建层次结构模型。

（2）确定指标权重

层次结构模型建立后，需要确定指标在各层次结构中的权重，此时一般采用 1～9 级标度对指标的重要程度进行赋值，再通过两两比较确定判断矩阵，以此确定各具体指标相对于目标指标的重要程度。在具体操作上可采用问卷调查法，设计问卷调查表，由项目评价专家组打分，最后形成各层次指标的评分表，对结果进行讨论修改，最终形成统一意见，将结果汇总，再进行指标权重计算。评分结果出来后，利用 yaahp 软件进行指标权重计算。

（3）计算综合评价值

所选取的目标指标是依据该公司所订立的 3 年计划总结出来的该公司既定目标指标，而实际值来源于 W 公司 2014 年 1 月至 6 月的数据信息。在确定指标权重及指标实际值、规范值的基础上，依据公式，借助 Excel 软件计算各层指标的加权平均值，最终得到 W 公司 ERP 项目综合评价值：M=0.7870。

2. W 公司的 ERP 项目绩效评价结果

W 公司综合评价值 M 为 0.7870，对比公司历史值及同类型企业综合评价值来看，属于中等偏上水平，说明 ERP 项目确实带来了 W 公司生产效率及管理水平的提高，但还有较大的上升空间，需继续优化和改进。

（1）财务层面

在平衡计分卡所包含的 4 个层面（财务、内部业务流程、学习与成长、客户）中，财务无疑是核心层面，因此，W 公司将财务指标的权重比例定得最高，为 0.3569，说明该公司非常重视 ERP 项目的实施给公司绩效（财务指标）带来的影响。

（2）内部业务流程层面

ERP 项目实施后最显著的变化就是优化了企业内部业务流程，其指标权重为 0.3064，说明了其重要性。从该层面指标权重可以看出，业务流程的改进优化和效率的持续提高是关键，这与 W 公司在信息化建设前存在的突出问题相关。

（3）学习与成长层面

W 公司是一家高新技术企业，对 W 公司而言，技术研发尤为关键，所以 W 公司重视学习与成长、加大研发力度、不断增强开发新产品的能力，从而使企业在竞争中立于不败之地。

（4）客户层面

W 公司在发展的十余年间，持续注重技术创新，部分主营产品技术水平已经处于国内领先水平，有了一批稳定的客户，所以在指标权重中，客户未占据最突出的位置。

讨论

（1）实施 ERP 项目的效益可以定量评估出来吗？

（2）实施 ERP 项目的效益可以从哪些方面来衡量？

对于任何一件事，成功总是相对的而非绝对的。孩子们得到一件喜欢的玩具是成功；学生的成功可能是考试得了高分；升职对员工来说往往意味着成功，所以成功的判断标准是目标得到了实现。本章结合 ERP 项目特点，讲述 ERP 项目管控与评价的相关内容。

8.1　ERP 系统应用绩效评价

复杂多变的环境、激烈的市场竞争促使 ERP 快速发展，ERP 对于企业生存发展的战略意义和重要性与日俱增，企业对 ERP 的价值也寄予了很高的期望。在近 20 年的发展变化中，尽管企业在实施、应用 ERP 方面已经取得了显著的成效，但是仍然面临诸多问题。ERP 系统应用绩效评价成为这诸多问题中备受业界关注的一个。评价不仅是结果的显示，也是信息化战略实施的导航系统、系统控制的仪表盘、项目过程管理的指示器。

8-1　ERP 系统应用绩效评价

8.1.1　绩效评价

1. ERP 系统应用绩效的界定

ERP 系统应用绩效评价的研究是对企业实施 ERP 项目后的工作成绩及效率效果进行评议

和考核，评价的目的是从企业实施 ERP 项目的目的和战略出发，考察应用 ERP 系统给企业经营和管理带来的影响。

2. 研究 ERP 系统应用绩效评价的意义

总的来说，我国企业的 ERP 实施及应用水平与国外某些企业相比还有很大的差距，主要原因在于国内外企业实施 ERP 项目的基础与背景不同。

国外企业从 20 世纪初就开始致力于企业内部管理水平的提高，陆续采用了泰勒的科学管理法、质量统计控制法、库存控制法、生产计划和作业排序的优化法、全面质量管理法等一系列科学管理方法，其内部已经建立了较强的管理基础。从外部环境看，社会化分工协作体系和行业供应链结构也已经经历了长时间的合理化重组，且在应用上有了浑厚的积淀。在此基础上，ERP 管理模式的引入和信息技术的应用对 ERP 系统来说如虎添翼，使 ERP 系统的应用“水到渠成”，并取得了巨大的经济效益和管理效益。

而我国多数企业应用 MRPⅡ/ERP 系统要比国外企业晚了至少 10 年，存在缺乏扎实的科学管理基础、内部管理基础薄弱、业务流程不够合理等问题。此外，还存在缺乏综合型人才、缺乏统一的规范和标准，以及外部支撑配套环境尚未形成等问题。

大型企业信息化建设的跟踪调查结果显示，实施和应用 ERP 系统的企业中，只有少数的企业开始进入成熟的应用阶段。大多数企业对 ERP 系统的使用仍然停留在表面的应用层面，企业还不能把管理和信息系统两者充分地结合起来，使 ERP 系统更好地为管理服务。非常多的企业以一腔热情，在 ERP 系统的软件及其配套硬件上投入了非常高的成本，ERP 系统在一个大型企业的上线往往需要上千万元资金的投入，同时企业在人力资源和组织结构上也投入了很高的改革成本和机会成本，但是没有得到理想的应用效果，导致投入和产出不能对称或根本无法量化。

因此，深入研究我国企业 ERP 的实施应用过程，为其提供系统、可行的指导方案，降低系统实施的风险，从而提高实施成功率，显得极为必要和迫切。

另外，ERP 系统应用绩效评价研究，不但能完善现有实施绩效评价体系，而且能推动企业个体的信息化战略变革，增强其综合竞争力。从 ERP 项目的实施过程来看，多数企业在实施过程和日常应用中遇到了很多问题，换言之，对ERP 系统应用绩效的定期评估和测评本身就是 ERP 项目管理的一部分。因此，对 ERP 系统的应用进行绩效评价成为当务之急。

3. ERP 系统应用绩效评价的特点

对 ERP 系统的成功进行定义和评价一直是 ERP 系统研究领域最具挑战性的问题之一。很多学者认为，ERP 系统是一种社会技术系统，对 ERP 系统的评价不是一个简单的技术项目评估问题，而是一个复杂的社会过程。ERP 系统是一种集财务管理模块、生产控制管理模块、物流管理模块及人力资源管理模块为一体的综合控制管理系统，其复杂性和对企业的影响程度超过了以往任何一种单一功能的管理信息系统，对 ERP 系统应用绩效进行评价也变得更加复杂和困难。ERP 项目的成功实施不仅可以归结于企业的财务因素，更重要的是高层管理人员的支持、企业内部流程以及企业员工素质等非财务因素。因此，在 ERP 系统应用绩效进行评价时，需要考虑的不仅是财务因素，还需要考虑非财务因素。另外，由于 ERP 系统给企业带来的效益不仅仅是直接效益，还有大量的无形效益、间接效益、长期效益及滞后效益，这使得对 ERP 系统应用绩效进行评价变得更加复杂。因此，单纯靠单一的绩效评价体系和方法已经不能满足要求。

此外，ERP 系统应用绩效评价既要定性地反映企业应用 ERP 系统后在管理方面有哪些明显的改进、提高和创新，又要利用相关的经济指标定量地反映企业综合能力和管理过程中出现过的问题的改善情况，应重点突出企业管理创新。ERP 系统应用绩效评价具有以下特点。

（1）ERP 的定义存在不确定性，很难清楚界定应用绩效的范围

当初，加特纳集团是通过一系列的功能标准来定义 ERP 的。超越 MRP Ⅱ范围的集成功能、支持混合方式的制造环境、支持能动的监控能力、支持开放的客户机/服务器计算环境等，这不仅仅是用来描述 ERP 的。从企业应用的角度看，ERP 系统应包括哪些功能、实现哪些信息的集成等还缺乏一个明确的界定。同时，从总体上看，国内企业信息化水平参差不齐，能够完整实施 MRP Ⅱ、实现物流同资金流集成的企业不多，更谈不上全局级应用 ERP 系统了。实际上，很多企业仅仅使用进销存系统或闭环 MRP，或者只应用了 ERP 系统的少数几个模块。仅仅停留在局部（部门级）的应用，就很难确定哪些效益是 ERP 系统产生的。

（2）ERP 属于企业全局级的应用，所产生的整体效益、评价范围难以明确界定

信息化建设的投入和产出之间存在难解的数量关系。信息是通过渗透、激活和协调其他生产要素来发挥作用的，而 ERP 系统通过将整个企业的资源纳入管理，影响企业运作的各个方面，提高整体运作效率，这是信息集成的优势所在。然而能够提高全局效益的因素很多。例如，有些企业在应用 ERP 系统的同时，也在开展企业流程再造、全面素质管理等，这些管理的变革都能提高企业的整体效益，很难清楚界定哪些效益是因应用 ERP 系统提高的。同时，各评价要素之间的关系错综复杂，有过程要素，有结果要素，有些要素之间甚至互为因果，如何认识这些要素的属性、理清它们之间的关系，是选取 ERP 系统应用绩效指标评价的关键。

（3）ERP 系统的应用具有特殊的技术经济特点

① ERP 系统的应用既可以产生直接效益，又可以产生间接效益；既可以形成有形利益，又可以形成无形利益；既可以带来战术利益，又可以带来战略利益。

② ERP 系统发挥作用所需的时间较长，有明显的滞后效应。

③ ERP 系统的应用几乎影响企业生产经营的各个方面，其可能会对企业的生存发展产生根本性影响，所以 ERP 系统所产生的绩效和对企业的影响很难被确定和量化，传统的项目技术经济评价体系不适用于对现代企业 ERP 系统的应用绩效进行评价。

④ ERP 系统的应用绩效受行业特点、企业发展阶段等各种因素的影响。对于不同行业的企业和处于不同发展阶段的企业来说，ERP 系统的应用绩效所表现的形式各不相同，具有明显的个性化特征。例如，制造型企业应用 ERP 系统所带来的零部件缺件率降低、生产周期缩短等效益，不可能在零售型企业的 ERP 系统应用绩效中体现出来。因此，如果对 ERP 系统的应用绩效进行评价缺乏统一的标准，那么评价的指标体系就应具有很强的灵活性、个性和创新性，整体框架具有一定的延续性。

（4）ERP 系统的绩效监控具有动态性

ERP 作为一项投资，往往伴随着较长的投资回报期，如在业绩提升方面的潜在效益在短期内不能实现。有国外学者曾指出，企业会因为 ERP 项目的实施而保持一段时间的混乱状态，企业的业绩也会较实施前差，企业不会在 ERP 项目实施后当即产生效益，必须等到员工熟练使用系统或企业流程运作顺畅后，效益才会逐步产生，ERP 系统需要 2～5 年甚至更久的时间才会对企业业绩产生正面影响。这些研究表明 ERP 系统的绩效监控具有动态性，在不同的时期，ERP

系统应用绩效的评价指标体系必定不能相同，并且要剔除宏观因素或其他重大事件的影响，以免削弱 ERP 项目的实施行为对企业业绩的影响。

8.1.2 ERP 项目实施的驱动因素分析

本节主要从 3 个方面展开讨论，即驱动因素、过程因素和成败因素研究。因素研究是 ERP 系统应用绩效研究的重要内容，驱动因素与 ERP 项目实施的预期利益紧密相关；过程因素影响着 ERP 项目的有效应用；成败因素是构成 ERP 绩效评价指标的直接来源。其中， ERP 项目实施的高失败率使其成败因素成为相关理论和企业界的研究热点。

1. ERP 项目实施的驱动因素

企业实施 ERP 项目出于自身发展的一种需要，在这个阶段中，企业大多在管理上出现了这样或那样的矛盾，如生产计划变化频繁、库存严重积压、市场信息传递不及时、产品设计更改频繁等。这些问题严重制约了企业的发展，企业必须切实解决好这些管理问题，全面提高企业的管理水平、发挥管理效益，才能使企业不至于在激烈的市场竞争中被淘汰。

目前，专门针对 ERP 项目实施的驱动因素的研究并不多，具有代表性的观点主要集中在两个方面，一是有人认为驱动因素主要有 5 个，依次为竞争动机、效率动机、技术动机、经营动机和战略动机。二是有学者以制度理论、资源依赖理论、资源基础理论、交易成本理论为研究架构基础，建立了一个“决定企业实施 ERP 项目”的完整整合模型，其中决定 ERP 项目实施的变量为制度压力变量（竞争对手压力、协作厂商压力）、效率压力变量（低成本策略、差异化策略）、抗拒压力动机变量（建构成本、软件差异、导入方式、ERP 出现时间、企业成立时间、企业组织规模），这些评价指标较为全面地反映了 ERP 项目实施的驱动因素。

2. ERP 项目有效实施的过程因素

IT 项目的实施一般遵循 6 个阶段：初始期、采用期、适应期、接受期、常规期、扩散期。有学者将这一流程应用到 ERP 项目的实施上，建立了过程因素决定模型，如图 8-1 所示。

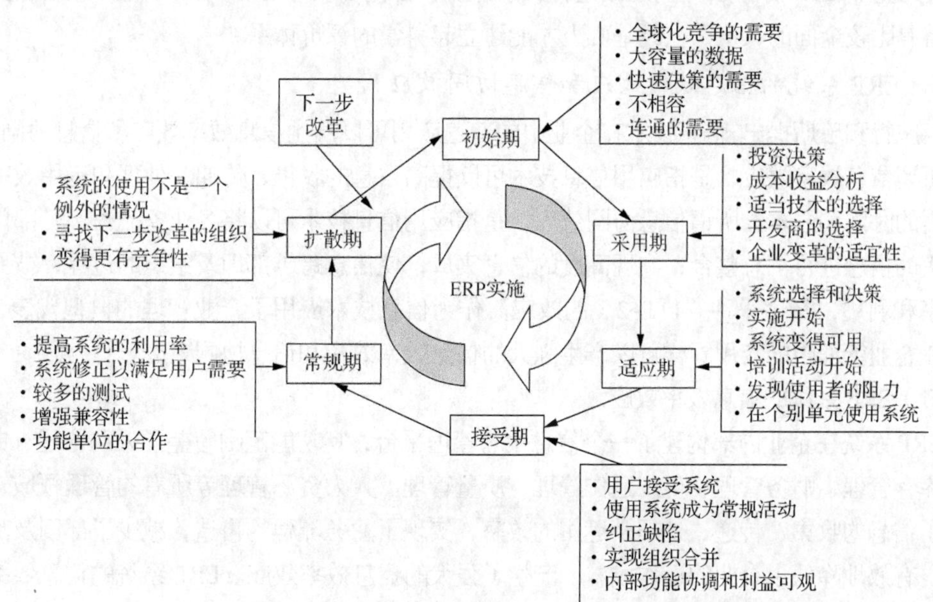

图 8-1 ERP 项目实施的过程因素决定模型

3. 对 ERP 项目实施效果的影响因素

关于 ERP 项目实施效果的影响因素，国外的研究多从组织因素着手，如图 8-2 所示。

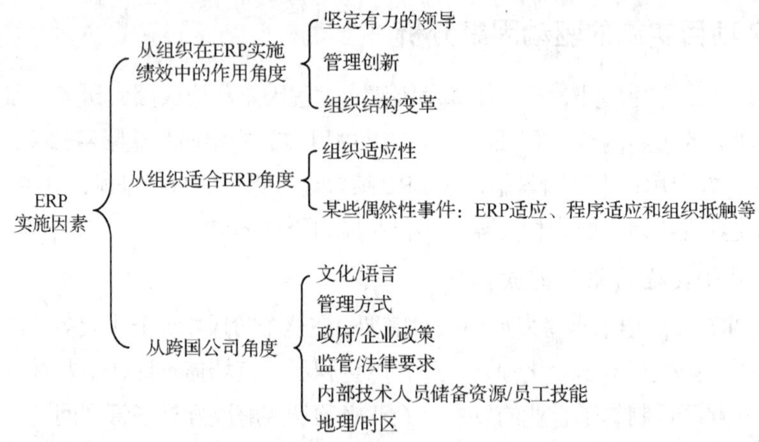

图 8-2　国外对于 ERP 项目实施效果影响因素的研究

国内对于 ERP 项目实施效果的影响因素的研究也大多采用实证研究的方法，确定领导因素、业务流程重组、项目管理、变革管理和外部支持 5 类因素为我国企业 ERP 项目实施效果的影响因素。其中，业务流程重组和变革管理对我国企业 ERP 项目实施的影响最大。外部支持的一个子因素——咨询公司的帮助，被证实在我国企业的 ERP 项目实施过程中作用不明显。另有学者研究表明，ERP 项目的实施是 ERP 系统应用绩效最重要也是最直接的因素，企业先天条件虽然不能显著影响 ERP 系统应用绩效，但它会对 ERP 项目的实施过程产生显著的正向影响。

8.1.3 ERP 系统应用带来的效益

要对企业 ERP 系统应用的绩效进行科学评价，首先必须对 ERP 系统应用可能给企业带来的效益有比较全面的认识，在此基础上才能建立起科学的评价体系。

1. ERP 系统的信息效率效应和信息协同效应

德威特和琼斯提出，信息技术在企业中的普遍应用可以产生信息效率效应和信息协同效应。

所谓信息效率效应，是指应用信息技术可以提高信息的收集、传递、处理和运用效率，节约所需的时间和成本；所谓信息协同效应，是指应用信息技术可以将各业务流程、各部门及企业个人的信息进行汇总整合，实现高度的信息集成，使信息跨越部门及组织的边界，被更多的人共享和利用，产生一种“1+1>2”的效应。作为信息技术应用于企业管理的典型代表，ERP 系统在企业管理中的应用同样可以产生强大的信息效率效应和信息协同效应。

（1）ERP 系统的信息效率效应

ERP 系统在企业内部构建了一个信息化的管理平台，其功能范围覆盖了采购管理、销售管理、库存管理、财务管理、生产运作管理、质量管理、人力资源管理等所有的管理领域，大大提高了信息的收集、传递、处理及运用的效率，实现了业务流程的再造，减少了部门及员工的数量，有效地降低了企业的运作成本，产生了强大的信息效率效应。ERP 系统的信息效率效应主要体现在两个方面：管理与生产效率的提高和企业运营成本的降低。

① 管理与生产效率的提高。应用ERP系统之后，企业原有的人工管理平台被电子化的ERP管理平台所取代，企业的计划管理、采购管理、库存管理、销售管理、财务管理及人力资源管理等主要业务流程的处理效率大大提高。例如，企业生产作业计划的编制需要对订单、销售预测、库存状况、工艺路线、在产情况、设备能力等许多方面的信息进行综合考虑，而在人工管理下，对这些信息的收集、处理需要耗费大量的时间和精力，并且由于很难对信息进行精确的处理，使得计划的编制更多地依赖于经验的判断，导致生产作业计划不准确，生产负荷不均衡，生产管理人员的大量时间用于进行生产的调度及应急处理。有了ERP系统以后，不仅生产作业计划的编制效率大大提高，而且通过需求管理、物料需求计划及能力需求计划，使得生产过程中的物料短缺情况减少，生产和装配过程的中断情况减少，直接劳动力的生产率得到提高。以ERP系统作为通信工具后，文档的传递工作减少，混乱和重复工作减少，从而使间接劳动的生产率提高。使用ERP系统还可以提前编制出能力需求计划，有效进行能力平衡，从而减少加班并提高生产率。

② 企业运营成本的降低。运营成本是企业为了维持正常的生产经营活动而产生的支出，它的高低直接反映该企业生产和盈利能力的强弱。运营成本主要包括采购成本、库存投资成本、制造成本、管理费用、营销费用等企业运营需要的各种支出。通过应用ERP系统，企业能够记录各种不同生产过程的运营成本，最重要的是能够了解为何会需要这些运营成本及不同业务状态下运营成本的变动情况，从而为降低运营成本提供良好的分析基础。与此同时，由于ERP系统使用了许多自动化的业务流程，企业在逐步减少人工处理信息环节的过程中能相应降低其在劳动力上的投入，从而使运营成本降低。

（2）ERP系统的信息协同效应

ERP系统能实现企业内部信息的高度集成与共享，使任何业务部门的管理人员在进行业务处理时，都能及时获取其他业务流程或部门的相关信息，从而提高效率、降低业务处理成本。同时，ERP系统还支持企业间的电子数据交换，在一定程度上支持企业间的协同运作，因此，ERP系统能够在企业内部部门之间及企业之间产生较强的信息协同效应。

实现信息集成就是一项数据或一条信息由某个部门的某位员工负责，在规定的时间录入系统，存储在指定的数据库中，按照一定的运算方法对其进行加工处理。也就是说，同样的数据或信息不再需要第二个部门或其他员工再录入一遍。这样可以减少重复劳动、提高工作效率、降低出现差错的概率。

做到信息集成本身不是最终目的，实现信息集成是为了信息共享。所有与某项业务流程有关的授权人员都可以从指定的数据库中调用原始数据和加工处理后的信息，按照一定的格式显示在相应的记录和报表上。实时了解相关信息对加快企业的响应速度至关重要。不同岗位的员工均是根据同一个数据源，及时采取必要的决策和措施，来增强企业的应变能力和竞争力。

信息的集成与共享能实现集成化的应用，为企业决策建立起完善的数据处理体系和信息共享机制。不过，在实际应用中，很难严格地区分ERP系统的应用所带来的某种效益是源于信息效率效应还是源于信息协同效应。事实上，ERP系统的应用所带来的许多效益都是信息效率效应与信息协同效应共同作用的结果。据美国生产与库存控制学会统计，使用一个MRPⅡ/ERP系统，平均可以为企业带来以下经济效益：库存降低30%～50%，延期交货降低80%，采购提前期缩短50%，停工待料降低60%，制造成本降低12%，管理人员减少10%，生产能力提高10%～

15%。而这些效益有许多都是 ERP 系统的信息效率效应与信息协同效应的共同体现。

2. 应用 ERP 系统带来的直接效益和间接效益

应用 ERP 系统不仅能使企业业绩提高，更重要的是引进了先进的管理思想、管理模式、管理机制、管理方法，促进了企业管理的变革。一般而言，人们更多地将应用 ERP 系统为企业带来的效益分为直接效益和间接效益两个部分。直接效益一般表现为企业应用 ERP 系统以后的各种经营业绩的提高。直接效益大多可以从定量的角度进行分析。间接的效益更多反映了企业的行为实践，其中许多间接效益是无法直接量化的。相对于直接效益来说，间接效益更为深刻，两者有密切的关系，但又并非总是完全一致。有时，企业虽然没有好的行为实践作为支持，但可能有好的业绩表现，不过这种好的业绩表现肯定是脆弱的、暂时的；相反，如果一个企业有好的行为实践，其业绩表现则必然会越来越好。

（1）直接效益

应用 ERP 系统带来的直接效益主要体现在以下几个方面。

① 全面降低企业运作成本。首先，ERP 系统能有效降低企业的采购成本。ERP 系统把供应商视为自己的外部工厂，通过采购计划与供应商建立长期稳定、双方受益的合作关系。这样既确保了物料供应，又为采购人员节省了大量的时间和精力，使其不再陷于繁杂的采购业务中，可以有较多的时间和精力对采购工作进行有价值的分析。

其次，应用 ERP 系统可降低原材料、在制品与成品的库存量。应用 ERP 系统之后，由于有了好的需求计划，企业在生产经营的各个环节可以在恰当的时间得到恰当的物料，从而不会存在多余的库存。根据统计资料，应用 ERP 系统之后，库存量一般可以降低 30%～50%。应用 ERP 系统可降低库存管理费用，库存管理费用包括仓库维护费用、管理人员费用、保险费用、物料损失和失盗费用等。库存管理费用通常占库存成本的 25%。应用 ERP 系统可减少库存损耗，一方面，库存量减少，库存损耗也随之减少；另一方面，ERP 系统对库存记录的准确性有相当高的要求，为保证库存记录的准确性而实行循环盘点等方法，能够及时发现造成库存损耗的原因，并及时予以消除，从而可以使库存损耗减少。

再次，ERP 系统在提高企业整体管理水平的同时，能有效减少各类管理人员（财务人员、库存管理人员、销售与市场人员、人力资源管理人员等）的数量，从而降低人力资源成本。

最后，由于强化了生产作业管理，损失和返工费用减少；信息的高度共享与自动传输减少了各类报告的数量及其复制、印刷的费用，降低了行政管理成本及工具和设备的维护成本，总运输成本降低。

可以说，应用 ERP 系统对企业运作成本的降低是全面的、普遍性的。

② 提高效率，增强企业的创新和学习能力。应用 ERP 系统之后，由于减少了生产过程的物料短缺、生产和装配过程的中断等情况的发生，劳动生产效率得到提高。各种实时业务信息都集中存储在中央数据库中，通过 ERP 系统所提供的信息分类、过滤和汇总机制，业务人员和领导层能随时获取自己所关心的各种信息，减少文档生成及传递的工作量，减少信息的重复输入，从而带来了工作效率的大幅提高。例如，在 ERP 系统的支持下，客户发票处理时间大大缩短、订单及时录入率提高、订单精确性提高，这些都带来了工作效率的提高。此外，应用 ERP 系统时，可以提前制订能力需求计划，以便合理安排生产作业计划，从而减少加班等情况。

同时通过企业 ERP 专业培训，以及 IT 方面的知识培训和管理学知识的培训，员工的学习能力大幅增强，也可使企业立足于管理创新，增强企业的创新能力和学习能力。

③ 提高客户服务水平，增加产品销售量，增加利润。ERP 系统作为计划、控制和通信的工具，使得市场销售和生产制造部门可以在决策及日常活动中有效地相互配合，从而缩短生产提前期，迅速响应客户需求，按期交货。客户服务水平的提高将带来产品销售量的增加，从而带来利润的增加。同时市场预测准确率、订单准确率等指标也有较明显的变化。

根据上述分析，新增加的利润就等于库存成本降低产生的利润、采购成本降低产生的利润、生产率提高产生的利润、产品销售量提高产生的利润之和。这也是传统意义上人们所说的管理信息系统给企业带来的可量化的回报。

④ 提高产品质量，增强企业可持续发展能力。在应用 ERP 系统的过程中，企业的员工在自己的岗位上按统一的计划做自己的工作，企业解决了生产混乱、物料短缺的问题，工作有条不紊地进行。企业的工作质量提高了，产品质量也可以得到相应提高。事实上，ISO9000 系列所认证的正是企业的工作质量，而对于 ERP 系统来说，质量管理是必要的功能模块。因此，通过应用 ERP 系统，质量管理更有了技术上的保证，也增强了企业的可持续发展能力。

⑤ 财务成本降低，增加可用的流动资金，增强企业资本运营能力。库存成本、采购成本降低，生产率、销售量提高，可用的流动资金势必会增加。由于客户服务水平的提高和需求反应时间的缩短，应收账款减少。又由于 ERP 系统能够准确及时地反映企业和供应商及客户的往来信息，企业能加强对流动资金的管理，尽可能早地收回应收账款，在合理范围内延迟应付账款的支付，从而增加可用的流动资金，增强企业资本运营能力。

⑥ 提高信息准确率和信息及时率。信息准确率和信息及时率是反映企业信息资源利用效率的主要指标。企业业务模式创新和业务流程的优化，以及管理人员素质的提高，可以大大提高信息准确率和信息及时率。

（2）间接效益

应用 ERP 系统带来的间接效益主要体现在以下几个方面。

① 加强企业管理，提升企业形象。企业管理包括管理理念、协同商务、基础管理、员工素质 4 个方面。通过 ERP 系统的应用，上至企业高层，下至一般的管理人员，他们都能不同程度地接受一些新的管理思想，并将其落到实处。通过信息化管理，企业基层管理人员和员工素质也会得到大幅度的提高，主要表现在企业的规章制度、工作文档、基础数据、个人能力和行为准则等方面。

企业形象包括企业经营决策、管理规范、商业信誉和行为影响 4 个方面。企业有了 ERP 系统，能够准确分析企业的生产经营状况，给企业的采购、交货、财务、成本等方面的处理速度和准确率带来了极大的改善，从而为企业的生产经营决策提供了更可靠的决策依据。同时，ERP 系统的应用还将促使企业形成业务规范、管理规范、组织规范、流程规范和个人行为规范等，在很大程度上推动企业创新和可持续发展，提升企业形象。

② 对企业战略的支持。每个企业都有自己的发展战略与竞争战略。ERP 系统的应用如果能与企业的战略相结合，则可为企业经营战略的实施提供有力的支持。在这种情况下，ERP 系统有可能成为企业的战略信息系统（Strategic Information System，SIS）。

当企业实施成本领先战略时，ERP 系统的应用能有效降低整个供应链上各个环节的成本，如采购成本、库存成本、生产成本、销售成本、人力资源成本等，从而为企业的成本领先战略提供强有力的支持。

企业实施差异化战略时，ERP 系统也能提供一定的支持。在 ERP 系统的支持下，销售人员在接受订单时，就能够给予客户准确的承诺。同时，ERP 系统的应用能显著提高产品的按期交货率，缩短满足客户需求的时间，这一切能使企业给客户提供一种有别于竞争对手的良好的服务，是企业差异化战略的一种体现。

ERP 系统能够支持多国家、多地区、多语种、多币制、多工厂的应用，能够支持不同的生产计划模式和混合型生产管理环境，这能够对企业实施国际化战略及多元化发展战略提供有效的支持。

此外，ERP 系统对企业的联盟战略、扩张战略、前后向一体化战略等也都提供了相应的支持。

③ ERP 系统对企业流程重组和管理变革的支持。ERP 系统的成功应用往往需要对企业原有业务流程进行重组，这一点已被大多数研究者所接受。ERP 系统是先进管理思想和现代信息技术相结合的产物，而 ERP 系统中的先进管理思想集中体现在高标准的业务流程和遍布于其中的各个关键业务控制点上。任何 ERP 系统的应用都会对企业的业务流程重组给予充分的重视与考虑。因此，ERP 系统的应用可以说是一个结合先进思想和自身实际并采用一些技术手段来进行企业管理和业务变革的过程。

ERP 系统对企业流程再造和变革管理的支持主要表现在：流程的透明度和规范化程度提高，理顺和规范业务流程；消除业务处理过程中的重复劳动，实现业务处理的标准化；提供数据集成；企业管理的基础工作得到加强，工作的质量进一步得到保证；企业职能部门精简，中高层管理人员减少。业务流程重组的核心是企业从“职能型”向“流程型”转变。业务流程重组通过打破原有的职能和部门界限，重新组织企业的业务流程，把原来分散的活动用流程的观点优化后组织起来，创造新的“流”，为工作流的过程管理打下基础。业务流程重组将企业的整个组织结构从“金字塔式”结构向“扁平式”结构转变，以提高企业对市场变化做出反应的灵敏度。业务流程重组的出现实现了交易链的扁平化，与之适应的企业组织结构也应做相应的变革，改革的基本思路应当满足交易链的扁平化要求，遵循“精简、统一、效能”的原则，即减少管理层次，增加管理幅度，企业高层领导与基层执行者直接联系，及时、全面地把握信息，灵活应变，使企业更具灵活性、适应性和创新性，从而节约人力成本、降低管理费用、增强企业市场竞争力。

④ ERP 系统对人员素质提高和企业文化建设的支持。ERP 系统的应用过程是导入思想、树立观念和改变工作方式的过程，是对企业管理进行的一次彻底改造，是对企业文化的重新塑造。

在应用 ERP 系统的过程中，通过对人员的培训和对系统的持续应用，人员素质逐步提高，人员的竞争意识和学习意识得到了加强。在提高工作效率后，员工有更多的时间和机会参加培训和自我学习。通过应用 ERP 系统，企业建立了一支既熟悉现代管理又能熟练应用信息技术的复合型员工队伍。企业的竞争力主要体现在人才优势上，而人员素质是应用 ERP 系统的先决条件，人员素质的提高也是应用 ERP 系统的必然结果。

企业文化决定了组织的决策模式，指导组织行为并规范所有成员的个人行为。企业文化在可见层次是指“我们在这里做事的方式”，而在深层次则包含信念、价值观及在整个组织中待人接物的态度。企业文化的持久性和影响深度确保了组织行为的延续性，由此可知企业文化是组织的一项重要资产。ERP 项目实施这样的大工程不仅会改变企业员工的行为，同时也会不可避免地触动企业员工的信念、价值观等，也就是触及企业文化。

ERP 系统是追求精细化管理的管理信息系统，引入 ERP 系统后，各职能部门的工作划分更加明确，即责任、权限、任务明确。追求精细化管理有助于企业员工改变过去那种自由散漫的工作作风，形成精益求精的工作作风。

ERP 也是面向业务流程的管理信息系统，强调流程之间、部门之间、员工之间的协调配合，提倡团队协作精神。ERP 系统的应用改变了企业文化中的本位观，使企业整体合作的意识和作用增强，有助于员工团队协作精神及创新精神的增强，有助于员工树立全局观意识及增强责任心。例如，在 ERP 系统中，市场销售、库存管理与生产制造部门之间就形成了从未有过的、深刻的合作，各部门协同努力满足客户需求，赢得市场。

⑤ ERP 系统对提高企业生活质量的支持。成功应用 ERP 系统的用户都能体会到企业的生活质量得到了明显的改善。这方面的效益是出乎预料的。原因很简单，好的运营计划使企业的整体工作协调起来，执行一个协调的运营计划当然要比被一个混乱的计划驱使要愉快得多。例如，在生产过程中，企业员工的工作更有秩序，时间花在有序执行计划上，而不是忙于对出乎意料的情况做出紧急反应。有序开展工作使企业员工感受到了企业生活质量的提高。

8.2 ERP 项目监理

实施 ERP 项目具有高风险性：在大型 ERP 项目的实施中，首席信息官面临着项目环境、组织变革、流程调整、技术决策、项目管理等方面的种种风险。面对历史项目的失败教训及业界对 ERP 项目实施成功率之低的恐惧，首席信息官自然就会想到引入项目监理来控制和化解这些问题。

8-2 ERP 项目监理

8.2.1 ERP 项目监理的含义

ERP 项目监理不仅在形式上，更在理论和方法及策略上与其他项目监理有着很大的不同。传统的监理体系常被概括为“三控两管一协调”，即质量控制、进度控制、投资控制、合同管理、信息管理和协调，这些源于土建工程监理，适用于现场工作项目。技术含量较高的 ERP 项目监理（I）应该是在传统监理的理论（T）基础上以企业管理（M）为核心，同时由于 ERP 项目属于计算机实施软件的项目，因此需要软件工程和检测技术（S）作为工具。当然 ERP 项目监理并不是简单的三者相加，而是一个动态函数关系 $I=f(T, M, S)$，可进一步通过动力学模型来分析其内在关系。

8.2.2 ERP 项目监理的体系结构

从 ERP 项目监理的体系结构中可以看出，ERP 项目监理没有传统监理的理论就谈不上监理，在“三控两管一协调”中，监理的协调是保证项目“和谐”开展的重要手段，而企业管理是 ERP 项目的核心，脱离具体的企业业务管理，监理就会失效。大型的 ERP 项目本质上是管理项目，而不是技术工程项目，它面临着复杂的需求界定问题、系统迁移问题、系统优化问题，以及大量的内部沟通和外部沟通问题。对于游离于科学与艺术之间的企业管理工作来说，很难找到同一套标准用于监理项目双方的工作。尤其是在当前企业界处于剧烈的变革时期，许多不确定因素此消彼长的时候，从企业的管理信息化工作中形成结构化的标准，即将管理信息化工作变为可编码化的知识，是比较困难的。在当前 ERP 项目监理隐含较多的意会知识时，监理工作很大程度上取决于执行项目监理的人员的技术经验和艺术协调能力。这就对 ERP 项目监理人员提出了更高的要求，需建立系统的、基于方法论的思维方式。

ERP 项目监理方法论的基础是监理方需在项目相关者的多方博弈中起到消除因信息不对称而出现的“囚徒困境”，保证各方的收益最大化，从而保证项目的成功。其终极目标是为企业带来价值，因此我们在探讨方法论时要“以终为始”，明确“灯塔”和“指南针”。

8.2.3 监理的 5 个阶段

ERP 项目的“以终为始”就是在项目开始时明确项目的终极目标，即在监理开始时就为项目的验收提供相应的规范、标准和验收清单。这样一方面可保证 ERP 项目的知识转移及进行过程控制，另一方面可为项目验收提前做好准备。其中 ERP 项目的验收清单可按项目的生命周期分 5 个阶段列出，具体如下。

1. 实施准备

实施准备阶段达成的目标包括明确甲方（客户方）乙方（ERP 实施方）双方的项目经理人员，组建双方实施小组；双方项目组成员清楚和理解项目实施的目标和方法；双方项目组共同拟定一份项目实施主计划，规划出整个项目的实施进程；企业高层信息化建设知识和 ERP 理念的培训；召开项目启动大会。双方确认成果包括项目组织/通讯录、项目实施主计划/资源需求计划、系统环境部署建议、工作任务书、项目章程、项目预算计划、质量保证计划、项目实施标准文档、阶段成果评估。该阶段里程碑为召开项目启动会。

2. 蓝图设计

蓝图设计阶段达成的目标包括让客户了解软件系统的功能、管理思想以及应用流程（知己）；了解客户业务和需求，分清主次（知彼）；进一步界定细节需求边界；在业务调研的基础上帮助企业发现并确定企业现存的主要问题，分析这些问题，并找出导致这些问题的原因，编制业务规划；产品需求匹配，确定需求差异，做特殊业务处理的二次开发准备；编写解决方案初稿。双方确认成果包括业务解决方案初稿、个性化开发方案、系统编码方案、系统参数配置方案、接口方案。该阶段里程碑为需求分析报告确认和业务解决方案确认。

3. 系统建设

系统建设阶段达成的目标包括培训及知识转移；测试业务蓝图设计方案的可行性和有效性；准备将蓝图设计转换成企业实际操作流程，进行解决方案的优化与验收。双方确认成果包括测试计划/方案、培训总结报告、静态数据准备方案及表单、方案测试报告和解决方案终稿。该阶段里程碑为解决方案验收。

4. 上线切换

上线切换阶段达成的目标包括完成上线前的相关准备工作、保证动态数据的按质按量完成；系统正式上线；完成新旧的系统替换工作；新系统可以处理企业的日常业务。双方确定成果包括客户内部支持体系、系统权限配置方案、最终用户培训总结、用户标准操作手册、切换方案、系统切换报告、上线切换报告。该阶段里程碑为上线准备与切换总结。

5. 上线及上线支持

上线及上线支持阶段达成的目标包括系统正式上线后的实施支持，保证客户可以正常应用系统进行日常业务处理；人员的有序撤离/更换，引入运维，保证服务的长期性；做好项目总结，完成项目的整体验收工作。双方确定成果包括日常维护策略、用户系统管理制度、系统运行问题记录单、项目总结报告（质量报告）、系统验收报告、内部评审报告、项目交接记录单、项目维护合同。该阶段里程碑为项目验收。

8.2.4 监理收尾

ERP 项目的收尾阶段往往是比较艰难的阶段，因为系统刚上线，大多情况下是新旧系统并行，无形中增加了业务部门的工作量，同时很多旧习惯需要改，ERP 系统的优势还没有得到体现，因此部门经理在签字验收时会比较犹豫。为了消除这种担心，需制订系统日常运作和支持体系，保证 ERP 系统从项目实施中顺利地转入运作。项目结束的标志是验收大会的召开，相应的检查材料包括验收清单及系统运行报告和监理报告。

ERP 项目的验收仅仅是项目的一个里程碑，项目小组解散后，组员会收到新的工作安排，这时项目小组将延伸为虚拟组织，成为 ERP 系统的支持体系，作为监理人员的项目小组成员将延伸到 ERP 系统的应用效果的评估中。因 ERP 系统的应用效果往往要经过几年的运行才能体现，所以项目验收后的“以终为始”是指 ERP 系统流程优化、功能完善、人员素质提升的开始。

8.2.5 ERP 项目的监理内容

我国工业和信息化部正式颁布的《信息系统工程监理暂行规定》第九条规定“监理的主要内容是对信息系统工程的质量、进度和投资进行监督，对项目合同和文档资料进行管理，协调有关单位间的工作关系。”根据应用信息系统工程的实际状况，ERP 项目的监理内容可以概括为“四控制”（质量控制、进度控制、投资控制和变更控制）、“三管理”（合同管理、安全管理和信息管理）和“一协调”。

1. 质量控制

质量控制要贯穿于项目的整个建设过程中。从可行性研究、设计、建设准备、开发、实施、竣工、启用及用后维护的全过程都要进行质量控制。质量控制主要包括组织设计方案评比，进行设计方案磋商及图纸审核，控制设计变更；实施前审查承建单位资质等；在实施中通过多种控制手段检查监督标准、规范是否得到贯彻；通过阶段验收和竣工验收把好质量关等。

2. 进度控制

进度控制首先要在建设前期通过周密分析研究来确定合理的工期目标，并在实施前将工期要求纳入承建合同；在项目开发、实施阶段通过运筹学、网络计划技术等科学手段，审查、修改实施组织设计和进度计划，做好协调与监督工作，排除干扰，逐步实现单项工程及其分阶段目标工期，最终保证项目实施总工期目标的实现。

3. 投资控制

投资控制包括对投资程序的有效支持，允许用户在整个企业范围内对资产投资项目做周密计划，并对每一项具体内容的投资进行控制，为投资过程提供从计划到实施的全面支持，投资管理支持一个以投资计划开始到结束的循环系统。

4. 变更控制

变更控制的主要内容是接收应用信息系统建设过程中的变更申请，收集变更信息资料，对发生的所有变更情况按照一定的程序进行处理，并对变更的内容、方式、范围、影响进行评估和控制。

5. 合同管理

合同管理是进行质量控制、进度控制和投资控制的手段。因为合同是监理单位站在公正立场上进行各种控制、协调与监督的措施，是履行纠纷调解职责的依据，也是实施三大控制的出发点和归宿。

6. 安全管理

信息系统安全管理的作用是保证在ERP信息系统工程项目的建设过程中，信息系统的可用性、保密性、完整性与ERP信息系统工程的可维护性技术环节没有冲突；在投资控制的前提下，确保信息系统安全设计上没有漏洞；督促ERP信息系统工程应用人员在安全管理制度和安全规范下严格执行在安全操作和管理，树立安全意识；监督承建单位按照技术标准和建设方案进行项目实施，检查承建单位是否存在设计过程中的安全隐患行为或现象等。

7. 信息管理

信息管理确保项目信息管理工作规范化，保证项目信息的准确性、完整性和可用性，确保项目信息交流、信息沟通渠道畅通，规范信息组织及信息管理，为项目实施管理及决策提供信息依据。

8. 协调

协调贯穿ERP信息系统工程从设计到实施再到验收的全过程。协调主要通过现场查看和会议方式进行。

总之，“四控三管一协调”构成了应用信息系统监理工作的主要内容。为圆满完成监理基本任务，监理单位首先要协助用户确定合理、优化、经济的三大目标，同时要充分估计项目实施过程中可能遇到的风险，进行细致的风险分析与估计，研究防止和排除干扰的措施及风险补救对策，使三大目标及其实现过程建立在合理水平和科学预测的基础之上。其次要将既定目标准确、完整、具体地体现在合同条款中，绝不能有含糊、笼统和有漏洞的表述。最后才是在信息工程建设实施中进行主动的、不间断的、动态的跟踪和纠偏管理。

8.3 ERP 系统应用评价

ERP项目的实施成功与否有一个标准，即目标是否实现了。评价企业ERP系统应用是否成功，应从企业上线ERP系统时制订的标准方面去考量，主要方法有ABCD检测表和标杆评价体系。

8-3 ERP系统应用评价

8.3.1 评价的意义

1. 对企业绩效评价指标体系进行完善和发展

绩效指标是企业创造价值的基础和策略实施的脊柱。根据ERP环境下企业运营的特点，以平衡计分卡为指导思想将财务指标和非财务指标结合在一起，构建一套适合ERP环境的评价指标体系和评价指标集。

2. 有助于做好对经营者业绩的考核，建立有效的激励与约束机制

绩效评价体系是促进建立企业激励与约束机制的重要手段。绩效评价的核心是经营者对企业的全面经营管理，按照量化和非量化的双重指标，对照既定标准进行对比分析，判断企业优势，作为奖惩依据。开展全面的绩效评价，通过对经营者的绩效进行全面、客观、正确的评价，剔除影响企业绩效的干扰因素，这样有助于做好对经营者绩效的考核，建立有效的激励与约束机制。

3. 有利于企业有限资源的合理运用

绩效评价包括了企业获利能力、资本运营、债务状况、经营风险、企业竞争地位变化、持续发展能力、客户满意度等多方面的内容评价，可以全面系统地剖析影响企业目前经营和长远发展的各方面因素，能够全方位地判断企业的真实状况，因此，评价可以促使企业对有限的资源进行合理的配置，将企业的近期利益与长远目标结合起来。

8.3.2 ABCD 检测表

1977年，MRPⅡ创造人奥列弗·怀特提出了一个用于评价MRPⅡ系统应用效果的评价指标体系——ABCD检测表。最早的ABCD检测表由20个问题组成，按技术、数据准确性和系统使用情况分成3组。每个问题均以“是”或“否”的形式来回答。第二版的ABCD检测表扩充为25个问题，且增加了一个分组内容：教育和培训。

1988年，怀特公司时任总裁戈达德在美国生产与库存管理协会的年会上提出一个新的考核规则（第三版ABCD检测表）。该规则汲取了JIT的内容，把考核内容分为总体效果、计划与控制过程、数据管理、进取不懈过程、计划与控制评价、企业工作评价6个主题，列出了35个问题，增加了产品开发与设计、质量管理、分销资源计划、同客户和供应商的合作关系、降低成本等方面的考核内容。但第三版的ABCD检测表的流传范围不广。

第四版的ABCD检测表于1993年由怀特公司推出。这已经不是一个人甚至几个人的工作成果了，而是集中了十几年来数百家公司的研究和实施管理人员的经验。这个检测表也已不再是由几十个问题组成的表，而是按基本的企业功能被划分成战略规划、人的因素和协作精神、

全面质量管理和持续不断地改进、新产品开发、计划和控制过程 5 章。ABCD 检测表的这种变化，反映了各种管理思想相互融合的趋势。第四版 ABCD 检测表由于涉及面太广、内容较多，在实际中较少采用。

在 ABCD 检测表的各个版本中，第二版 ABCD 检测表的流传范围很广，使用起来也很方便，第二版 ABCD 检测表如表 8-1 所示。

表 8-1　第二版 ABCD 检测表

分组指标	问题
技术	主生产计划及物料需求计划的计划时区是周或更短周期
	主生产计划及物料需求计划至少每周运行一次
	系统具有确认和跟踪计划订单的能力
	主生产计划以可见的方式管理而不是自动生成的
	系统包括能力需求计划
	系统日常派工单
	系统包括投入/产出控制
数据准确性	库存记录准确率达到 95%或更高
	物料清单准确率达到 98%或更高
	工艺路线准确率达到 95%或更高
教育和培训	至少 80%的员工参与了初始教育
	有继续教育和培训的计划
系统使用情况	不再使用缺料表
	供应商按时交货率达到 95%以上
	使用采购计划法
	车间按时交货率达到 95%或更高
	主生产计划完成率达到 95%或更高
	定期（至少每月一次）召开总经理及各主要部门经理参加的生产规划会议
	有以书面形式表述的主生产计划策略，并坚持执行
	系统不仅用于订单编制，也用于排产
	生产、市场、工程、财务各部门及决策层的关键人员充分理解 ERP
	高层领导确实使用 ERP 系统进行管理
	能有效地控制和实施工程改变
	在库存减少、生产率提高及客户服务水平 3 项中至少有 2 项获得明显改善
	运营系统用于此物料计划过程
总分	

应用 MRP Ⅱ或 ERP 系统的企业每年都应当运用 ABCD 检测表至少进行两次自检。对于 25 个问题中的每一个问题，评价人员应当取得一致的答案。对任何一个得到否定答案的问题，应当思考以下问题：为什么会出现否定答案？解决问题的最好方法是什么？何时能够解决问题？思考完后要确定解决时间，不能拖延。

自检评分按满分 100 分计，每题 4 分。如果有的问题对企业不适用，可将其所占的分数分配到其他问题。根据评分结果，90 分以上为 A 级，71～90 分为 B 级，50～70 分为 C 级，低于 50 分为 D 级。其中 A 级企业相当于实现了物流与资金流、信息流的集成，B 级企业相当于实现了闭环 MRP，C 级企业相当于实现了 MRP，而 D 级企业仅仅实现了数据处理。

从ABCD检测表的内容中不难看出，这些指标主要涉及企业的运作，也就是针对实施系统的过程、使用系统的情况、数据的准确性等方面进行检测，很少涉及企业实施后获得的效果。这种规范实施过程从企业运作的角度来考核实施效果，对简化信息化要素的复杂关系具有很好的借鉴意义。

8.3.3 标杆评价体系

1996年，美国一所著名的标准化研究机构受SAP公司之邀，对用户项目的投资回报情况进行了全面调研，同时提出了一套ERP项目评价体系。这套评价体系包括项目驱动因素、事务处理指标和关键成功因素3个方面的内容。

1. 项目驱动因素

对不同行业的研究表明，实施ERP项目主要有3种驱动因素。对于那些市场较为成熟、产品变化相对稳定的行业，如化工、半成品加工业等，驱动它们实施ERP项目的因素是业务成本降低。对于那些产品急剧变化、市场高速增长的行业，如高新技术行业、电子行业等，驱动这些行业实施ERP项目的因素是提高响应市场和技术的能力。对于那些综合性的集团型企业，驱动它们实施ERP项目的因素是形成全面、高速和标准化的管理流程。对项目驱动因素的评价，实际上就是为整个项目的实施找到了一个基点和一个总体目标。

2. 事务处理指标

事务处理指标可以分为战略性收益和经济性收益。战略性收益是从企业战略的角度考虑的项目的收益，如业务处理的集成性、信息利用度、对客户的响应度和灵活度、成本和业务活动，以及新应用的基础架构等。经济性收益是用价值来评价项目引起的业务流程变化所产生的效益，主要涉及财务管理、人员管理、IT成本、库存管理、订单管理和供应链管理等业务流程。

3. 关键成功因素

根据ERP项目的实施过程，对关键成功因素的评价是从项目管理、高层支持、培训、管理改革、合作伙伴管理和流程重组等方面进行的。其中又包括对每个因素的具体衡量，如项目管理的衡量指标有资源、团队、技能和管理；高层支持的衡量指标有目标、活动等参与度指标；培训的衡量指标有费用、内容和时间；管理改革的衡量指标有交流度、期望度、阻力和可见度等；合作伙伴管理的衡量指标有角色、价格和经验等；流程重组的衡量指标则有费用和时间。

该评价体系由3个层面构成，即评估目标、关键要素、关键绩效指标。例如，销售和分销是评估的目标，销售周期管理、订单履行、仓库管理和运输管理是在行业中实现这一目标的关键要素。对于这些关键要素，必须有可量化的指标来明确地进行衡量，如订单输入时间、及时交付率、最佳销售时间和询价周期等。这些关键绩效指标又有相关的行业基准和实施经验作为参考，以帮助用户在实施过程中把握方向，保证项目的成功。

8.3.4 信息化评价体系

生产管理信息化是指在生产过程中加入大量信息技术，使得生产流程更加合理、成本更低、效率更高，从而提升企业效益。在企业众多的系统中，生产管理系统处于执行地位，其在企业中具有重要的作用。

正是由于生产管理的重要性，使得对其实施信息化的效果，会比对其他系统实施信息化的效果更明显、更直接。主要表现在以下两个方面。

① 企业生产管理系统的使用不仅可以提高企业的管理水平、提升企业形象，更主要的是它能为企业带来巨大的直接经济效益。

② 企业生产管理信息化可降低供应链的库存成本和管理成本。

因此，对企业生产管理信息化进行评价，有助于企业及时发现生产管理信息化建设中存在的问题；及时总结经验和教训，准确把握推进生产管理信息化建设的方向；有助于企业制定长远的发展策略。

企业应遵循生产管理信息化评价指标体系的指导思想和原则，以国家信息化测评中心发布的《企业信息化基本指标构成方案》为基础，从信息化基础建设、信息化环境、基础技术系统、管理系统、信息化效益和制造系统 6 个方面来评价企业生产管理信息化水平。信息化评价指标体系如表 8-2 所示。

表 8-2　信息化评价指标体系

一级指标	二级指标	一级指标	二级指标
信息化基础建设指标	基础设施投资情况	管理系统指标	办公自动化水平
	硬件平台情况		决策支持度
	软件平台情况		供应链系统
	网络建设情况		MRP II/ERP
	信息系统的安全性和保障情况		系统集成度
	每百人拥有的计算机数量		JIT
信息化环境指标	领导的重视程度	信息化效益指标	管理变革
	信息化投入占总收入的比例		效率提高
	信息化战略规划和预算制度		直接经济效益
	人力资源情况		间接经济效益
基础技术系统指标	电子数据交换技术	制造系统指标	优化软件控制的生产过程
	编码标准及实现范围		成组技术和数控机床技术
	条形码技术、多媒体技术		工业机器人
	CAD/CAE/CAM 技术		自动化控制系统
	CAP 技术		检测/监控/诊断系统
	PDM 技术		FMS/FMC 技术
	虚拟现实技术		柔性制造系统的使用

本章习题

一、填空题

1. ERP 项目有六大特点，分别是目标柔韧、__________、跨组织性、__________、伴随着管理变革、受文化影响很大。

2. 目前，专门针对 ERP 项目实施的驱动因素的研究并不多，目前有代表性的观点主要集中在两个方面，一个方面是有人认为驱动因素主要有 5 个，依次为__________、效率动机、技术动机、__________和战略动机。

3. 国外对 ERP 项目实施效果影响因素的研究主要从组织因素在 ERP 项目实施绩效中的作用、____________、跨国公司的影响因素 3 个角度进行。

二、判断题

1. 每个项目都是在一种或多种企业文化形式的背景下运行的，所以企业文化不会影响 ERP 项目的实施效果。（　　）

2. 所谓信息协同效应，是指应用信息技术可以将各业务流程、各部门及企业个人的信息进行汇总整合，实现高度的信息集成，使信息跨越部门及组织的边界，被更多的人所共享和利用，产生一种“1+1≥2”的效应。（　　）

3. ERP 系统的信息效率效应主要体现在两个方面：管理与生产效率的提高和企业运营成本的降低。（　　）

三、选择题

1. 下面哪项不是 ERP 系统应用绩效评价的特点？（　　）

A. ERP 的定义存在不确定性，很难清楚界定应用绩效的范围

B. ERP 属于企业全局级的应用，所产生的整体效益、评价范围难以明确界定

C. 我国企业的 ERP 实施及应用水平与国外某些企业相比，还有很大的差距

D. ERP 系统的应用具有特殊的技术经济特点

2. 我国多数企业应用 MRP Ⅱ/ERP 系统比国外企业晚了至少多少年？（　　）

A. 5　　B. 10　　C. 15　　D. 20

四、简答题

1. 简述 ERP 应用绩效评价的特点。

2. ERP 项目实施效果的影响因素有哪些？

3. 简述 ERP 应用评价方法的意义。

第 9 章　ERP 综合实验

【学习目标】

- ✧ 了解 ERP 在企业信息化中的重要作用，理解企业使用 ERP 软件的必要性和现实意义。
- ✧ 掌握 ERP 的原理及其相关的先进管理理念。
- ✧ 培养对企业信息化建设的认识以及利用 ERP 处理解决企业中实际问题的能力。

9.1　总体实验设计

9.1.1　实验目标

企业要增强竞争力，进行信息化建设是必经之路。ERP 为企业信息化建设提供了全面的、集成的解决方案。本书对 ERP 的相关知识、相关原理和设计应用进行了深入讨论。通过对书中内容的学习，学生能掌握 ERP 的基本原理及基本的设计方法。

本实验课程旨在加深学生对 ERP 理论的认识和增强解决问题的能力。实验从 ERP 的经典案例入手，引出对 ERP 的原理、分析、设计、实施的探讨和学习。通过对这些知识的学习，学生能初步地掌握企业资源规划的过程和方法，对 ERP 系统有一个更为感性、具体的认识，能借鉴应用 ERP 系统的成功经验并将其运用到实际工作中，为将来从事 ERP 相关的工作打下坚实的基础，以更好地适应社会对 ERP 应用人才的需要。

9.1.2　总体实验的体系结构设计

ERP 实验的教学内容、教学组织形式、教学方法、教学手段及其对 ERP 实验教学的学生组织形式、教学方法等产生影响。本实验将 ERP 理论知识和相关知识的学习贯穿课程的始终，通过 ERP 沙盘模拟对抗演练、ERP 软件流程操作、ERP 情境教学等多种形式，将学生置身于虚拟环境之中，模拟企业的主要运作过程，让学生了解、认识企业复杂多变的生存环境，熟悉企业的业务流程，亲自体会并模拟企业的团队建设、经营管理、经营决策、营销策略和企业之间的竞争与协作等；通过对企业业务流程全方位的认识、参与，达到激发学生的学习兴趣，变被动学习为主动学习、自助学习的目的；更重要的是培养学生将理论知识与企业实际运作紧密联系、学以致用的能力和分析问题、解决问题、进行科学决策的能力；通过 ERP 理论学习和模拟企业实际运作，还要求学生深刻理解 ERP 的管理理念和核心管理思想，为将来在实际工作中发挥作用打下一定的基础。具体来讲，ERP 综合实验总体架构如图 9-1 所示。

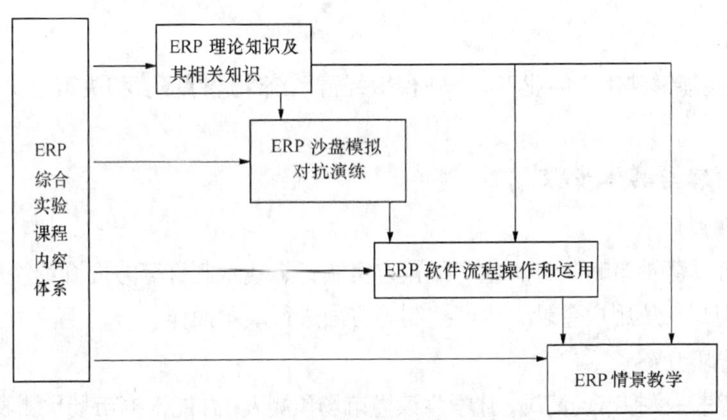

图 9-1　ERP 综合实验总体架构

在 ERP 综合实验总体架构中，如何将科学的管理理论、财务理论、信息管理知识与企业的实际经营管理相结合，如何通过科学管理提高企业的经济效益和社会效益，是本实验课程的重点和难点内容。ERP 综合实验的内容如表 9-1 所示。

表 9-1　ERP 综合实验的内容

教学项目	教学组织形式	主要教学内容
ERP 沙盘模拟对抗演练	不同专业学生交叉分组（虚拟企业），各自扮演专业角色，以发挥专长、相互学习、共同提高	1. 本课程所涉及的相关知识 2. 企业运作环境和背景介绍 3. 模拟对抗演练的组织和规则介绍 4. 企业起始年经营情况 5. 模拟企业生产经营全部过程和经营决策（一般要求连续经营 7 年以上） 6. 平时经营情况点评和课程结束前的总结
ERP 软件流程操作	学生自学与教师辅导相结合。以不同专业学生交叉分组组织自学、自助学习和按专业班级组织授课；课外辅导	1. 企业生产经营特点、业务流程与基础数据的整理 2. ERP 企业管理信息系统初始化 3. 企业进存销管理 4. 企业生产管理 5. 企业财务管理 6. 企业人力资源管理
ERP 情境教学	以个人或不同专业的交叉分组组成迷你企业，运用 ERP 软件分项目进行模拟操作	1. 模拟某企业设计某产品物料清单 2. 模拟某企业生产流程和产销排程 3. 模拟某企业会计核算和账务处理 4. 模拟某企业购销存业务流程和账务处理

其中 ERP 沙盘模拟对抗演练和 ERP 情境教学可根据各个学校的具体教学进度有所取舍。课程重点应放在 ERP 软件流程操作上。

9.2　ERP 沙盘模拟对抗演练

9.2.1　沙盘导入与规则介绍

1. 实验目的与基本要求

① 对“创业者”企业模拟经营系统的运行环境、决策方式等进行介绍，对决策思路和技巧

进行简单的提示。

② 要求学生能够熟悉“创业者”企业模拟经营系统的运行环境和决策方式，有效进行后续的流程。

2. 实验内容与具体步骤

（1）决策规则介绍

从战略制订、营销策略制订、生产配置方案制订、战术制订等方面介绍沙盘运营规则。

介绍操作规则，从用户登录、生产控制等方面进行演示操作。

（2）运营环境介绍

介绍运营背景，模拟市场情况，让学生读懂市场预测表，并能根据市场预测表给出总体战略。

（3）学生模拟 3 年运营

学生进行角色分工，熟悉每一轮的操作规则，并理清沙盘规则，为下一轮决策提供依据。

3. 实验结果

学生对于沙盘运营有整体上的认识和把握，能够根据模拟情况做出后续比赛的预测报表，并能制作生产报表和主要的财务报表。

9.2.2 企业 ERP 沙盘模拟对抗

1. 实验目的与基本要求

① 以“创业者”企业为基础模拟经营系统进行模拟经营对抗。共进行 7 个回合，第一个回合 2 个学时，其余 6 个回合，每个回合 4 个学时。

② 了解与制造型企业运行相关的协调、控制以及专业知识的应用，能够利用运筹学、预测与决策等知识进行决策活动，在多回合中能够调整思路、观察对手，增强应变能力。

2. 实验内容与具体步骤

（1）分角色登录系统

学生分角色登录系统，拟订企业名称和组织架构。

（2）制订战略计划，填写表格

根据对模拟回合的总结与预测，进行分回合对抗，并填写预测表和运营情况记录表。

（3）投广告，拿订单，分组运营

制订营销策略，集中竞单，分组运营，进行 6～8 个回合的对抗。

（4）结果展示

根据系统汇总报表，给出排名和权益值。

3. 实验结果

得到有市场排名和权益值的各种打分表。

9.2.3 模拟对抗过程的总结答辩

1. 实验目的与基本要求

① 使学生能够较好地掌握沙盘模拟对抗中的决策方法与工具，并能够较为清晰地分析决策结果，锻炼学生的分析归纳能力，增强其在实际生活中运用理论知识的能力。

② 能够对各环节的决策活动进行较为清晰的分析，并以小组汇报的方式进行集中讨论，最终将汇报的成果形成一份小组总结报告。

2. 实验内容与具体步骤

（1）分组分角色汇报，辅以 PPT 演示

学生根据比赛结果制作 PPT 进行汇报，汇报中包括运营情况总结与回顾，重点讲解对抗经验，总结得失，展望未来。

（2）回答教师提问

根据运营情况回答教师提问。

3. 实验结果

小组分角色总结和汇报 PPT。

9.3 ERP 软件流程操作

9.3.1 企业进销存管理

1. 实验目标

培养学生掌握 ERP 进销存管理的原理知识；使学生理解企业进销存的基本流程及与其他模块的关系。通过实验，学生能熟悉 ERP 系统中的进销存模块操作，具备基本操作技能，同时培养综合训练、分析问题、解决问题的能力。

2. 实验内容

（1）基础数据设置

① 基础档案设置如下。

A. 部门及员工档案表如表 9-2 所示。

表 9-2 部门及员工档案表

编号	部门名称	职员编号	职员名称
01	采购部	0101	李钢
02	销售部	0201	林同
03	仓库	0301	薛明
04	装配车间	0401	刘华
05	成品车间	0501	朱丽

B. 客户档案、供应商档案表（基础档案——往来单位）如表 9-3 所示。

表 9-3 客户档案、供应商档案表

客户编号	客户名称	供应商编号	供应商名称
01	洛阳轴承厂	01	南京钢铁厂
02	武汉钢窗厂	02	苏州轴承厂
03	市物资公司	03	深圳机械批发公司
04	深圳电器批发公司		

C. 存货信息

a. 计量单位表如表 9-4 所示。

表 9-4 计量单位表

计量单位组编码	计量单位组名称	计量单位组类别	计量单位编码	计量单位名称
	无换算组	无换算	01	吨
		无换算	02	套
		无换算	03	台
		无换算	04	把

b. 存货分类表如表 9-5 所示。

表 9-5 存货分类表

分类编码	分类名称
1	原材料
101	原料及主要材料
102	外购半成品
2	燃料
3	低值易耗品
4	自制半成品
5	产成品

c. 存货档案表如表 9-6 所示。

表 9-6 存货档案表

存货编码	名称	计量单位	所属分类	属性	税率/%
10101	铸铁件	吨	101	外购、耗用	17
10201	轴承	套	102	外购、耗用	17
201	原煤	吨	2	外购、耗用	17
301	专用工具	把	3	外购、耗用	17
401	LY125 半	台	4	自制、在制、耗用、销售	17
501	LY125	台	5	自制、销售	17

D. 仓库档案表如表 9-7 所示。

表 9-7 仓库档案表

编码	名称	计价方法
1	原料库	移动平均法
2	半成品库	全月平均法
3	产成品库	全月平均法

E. 收发类别表如表 9-8 所示。

表 9-8 收发类别表

编码	名称	收发标志	编码	名称	收发标志
1	入库	收	2	出库	发
101	采购入库	收	201	销售出库	发

续表

编码	名称	收发标志	编码	名称	收发标志
102	产成品入库	收	202	领料出库	发
103	半成品入库	收	203	调拨出库	发
104	调拨入库	收	204	盘亏出库	发
105	盘盈入库	收	205	其他出库	发
106	其他入库	收			

② 期初数据如下。

A. 采购期初数据：上月末从南京钢铁厂购进原煤 200 吨，入 1 号仓库，入库类别为采购入库，暂估单价 6000 元。

B. 销售期初数据：上月发给武汉钢窗厂铸铁件 10 吨，从 1 号仓库出货，出库类别为销售出库。

C. 库存期初数据表如表 9-9 所示。

表 9-9 库存期初数据表

仓库	存货编码	存货名称	数量	单价
1	10101	铸铁件	200 吨	3100 元
1	10201	轴承	300 套	360 元
2	401	LY125 半	120 台	25000 元
3	501	LY125	300 台	30000 元

（2）实验流程

① 采购业务处理

a. 向苏州轴承厂订购轴承 400 套，请填制采购订单并审核。

b. 向苏州轴承厂采购的轴承已全部到货准备检验，请填制采购到货单。

c. 经过检验后发现采购的轴承有 10 套不符合要求需要退回，请填制到货退回单。

d. 其余 390 套轴承验收入 1 号仓库，入库类别为采购入库，请填制采购入库单。

e. 收到苏州轴承厂开来的增值税专用发票，数量为 390 套，单价为 355 元，请填制采购专用发票。

f. 对上述采购轴承的业务进行采购结算处理。

g. 本月向南京钢铁厂采购原煤 100 吨，到货验收后入 1 号仓库，请通过订单到货及入库流程完成相关处理。

h. 本月收到南京钢铁厂开来采购原煤业务的专用发票，数量为 300 吨，单价 6100 元，请填制采购专用发票。

i. 对上述采购原煤的业务进行采购结算处理。

j. 向深圳机械批发公司订购专用工具 200 件，到货验收后入 1 号库，发票没收到，请填制采购订单、采购到货单和采购入库单。

k. 期末工作：月末结账（按操作向导进行月末结账的工作）。

l. 账簿查询：查询未完成业务明细表、订单执行情况统计表、暂估入库余额表、入库明细表及发票明细表等。

② 销售业务处理

a. 当月10日销售给武汉钢窗厂 LY125 成品 5 台，填制销售订单并进行审核。

b. 根据销售合同将武汉钢窗厂的 5 台 LY125 成品从 2 号仓库出货，请填制销售发货单并审核。

c. 将上述销售业务进行销售开票处理，开具普通发票，LY125 成品单价为 31000 元。

d. 当月25日武汉钢窗厂退回 1 台 LY125 成品，入 1 号仓库，填制销售退回单并审核（红字发货单）。

e. 根据客户和税务局的规定给对方开具红字普通发票。

f. 期末工作：月末结账（按操作向导进行月末结账的工作）。

g. 账簿查询：查询销售订单执行情况表、销售发货开票收款勾对表、销售明细账、销售明细表等。

③ 库存业务处理

a. 从苏州轴承厂购进轴承 400 套，入 1 号仓库，入库类别为采购入库，单价为 355 元。

b. 从南京钢铁厂购进原煤 200 吨，入 1 号仓库，入库类别为采购入库，单价为 6000 元。

c. 退回苏州轴承厂 10 套轴承，从 1 号仓库退回厂家，入库类别为采购入库，单价为 355 元。

d. 销售给武汉钢窗厂 LY125 成品 5 台，从 3 号仓库出货，出库类别为销售出库。

e. 销售给市物资公司 LY125 半成品 10 台，从 2 号仓库出货，出库类别为销售出库。

f. 销售给武汉钢窗厂的 LY125 成品现退货 2 台，退回 3 号仓库，出库类别为销售出库。

g. 装配车间从 1 号仓库领用轴承 250 套，出库类别为领料出库。

h. 成品车间完工 LY125 产成品 14 台，入 3 号仓库，入库类别为产成品入库。

i. 装配车间完工自制 LY125 半成品 20 台，入 2 号仓库，入库类别为半成品入库。

g. 月末仓库盘点发现轴承多 1 套，LY125 半成品少 1 台。

k. 单据审核（单据列表界面进行相关单据的审核）。

l. 期末工作：月末结账（按操作向导进行月末结账的工作）。

m. 账簿查询：查询现存量、流水账、库存台账、收发存汇总表、存货分布表。

3. 实验总结

实验总结是为了考查学生对 ERP 软件流程操作的熟悉程度，尤其是对 ERP 系统进销存流程的掌握程度。学生的实验总结应包括以下内容。

① 实验的基本内容记录。

② 实验的基本评价及体会。

③ 课程学习能力测评。

④ 主要参考文献。

4. 实验总结评价（教师）

5. 实验成绩记录

在学生上机过程中，教师应熟悉 ERP 系统进销存的流程，并注意学生角色的转换。在具体应用时，可以先单模块运用，然后再将进销存模块联用。总的来说，进销存模块的流程如图 9-2 所示。

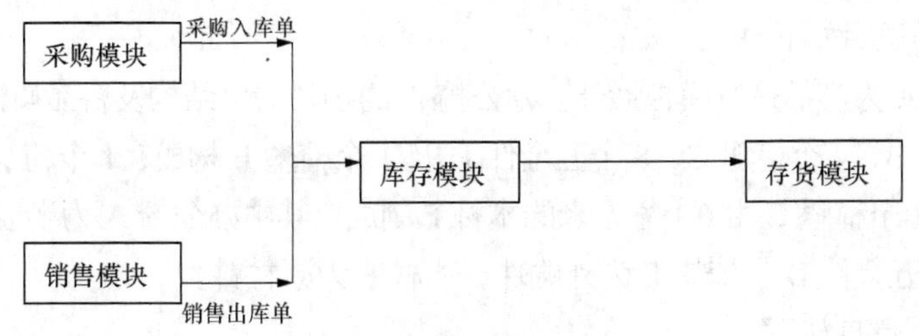

图 9-2　进销存模块的流程

9.3.2　企业生产管理

1．实验目标

培养学生掌握 ERP 生产管理的原理知识；使学生理解企业生产管理的基本流程及与其他模块的关系。通过实验，学生能熟悉 ERP 系统中的生产管理模块操作，具备基本操作技能，同时培养综合训练、分析问题、解决问题的能力；理解物料需求计划的编制过程及所需要进行的数据准备工作。

2．实验内容

（1）基础数据设置

① ERP 企业背景说明如下。

A．A 企业是一家以办公桌椅、文件柜为主要产品，采用面向订单生产模式的制造型企业，其基本组织结构如下。

a．销售部（分管成品库）。

b．生产部（分管两个生产车间及半成品库）。

c．采购部（分管原料库）。

d．财务部。

B．各部门的主要职能描述如下。

a．销售部：负责制订销售预测计划，并将对接的客户订单进行系统录入及相应处理，形成销售需求信息。

b．成品库：负责系统中产成品的完工入库及销售出库业务，并对产成品库存信息进行相应维护。

c．生产部：负责制订满足销售需求的主生产计划及物料需求计划，负责维护自制件及产成品的相应工单与领料单，安排车间生产并进行成本核算。

d．半成品库：负责系统中半成品的出入库业务，并对半成品库存信息进行相应维护。

e．1 号车间：按系统生成的领料单到对应仓库领取相应物料进行自制零部件的生产，生产完送至半成品库。

f．2 号车间：按系统生成的领料单到对应仓库领取相应物料进行最终产成品的生产。

g．采购部：负责依照系统制订的采购计划执行采购，并对采购单的执行情况进行跟踪。

h．原料库：负责系统中原材料与外购件的采购入库及生产领用出库业务，并对原料库存信息进行相应维护。

i．财务部：负责进行应收、应付账款及会计总账的相应处理。

② 基础数据说明如下。

以办公桌椅 A 为产品进行模拟展开。办公椅 A 的物料清单结构及料品属性说明：1 把办公椅 A 由 1 个椅身 B、4 个椅腿 C、8 个五金件 D 及 1 个椅垫 E 构成；1 个椅身 B 由 0.2 立方米的木材 F 制成，1 个椅腿 C 由 0.1 立方米的木材 F 制成；其中办公椅 A 为半成品，椅身 B 与椅腿 C 为自制件，五金件 D 与椅垫 E 为外购件，木材 F 为原材料。

A. 当前数据信息如下。

a. 成品库中现有 40 把办公椅 A 可用。

b. 半成品库中现有 20 个椅身 B 可用。

c. 原料库中现有 100 个五金件 D、30 立方米的木材 F 可用。

d. 1 号车间无在制品。

e. 2 号车间现有 20 把办公椅 A 在制（已领料）。

B. 办公椅 A 的直接材料成本如下。

a. 五金件：1 元/个，用量为 8 个，成本为 8 元。

b. 椅垫：12 元/只，用量为 1 个，成本为 12 元。

c. 木材：50 元/立方米，用量为 0.6 立方米，成本为 30 元。

C. 办公椅 A 的直接人工费用如下。

椅身：2 元。椅腿：0.5 元×4=2 元。办公椅：5 元。共 9 元。

D. 办公椅 A 的制造费用如下。

椅身：4 元。椅腿：0.5 元×4=2 元。办公椅：5 元。共 11 元。

办公椅 A 的生产实际成本：直接材料成本+直接人工费用+制造费用=70 元。

（2）实验流程

① 销售部接到一个新的客户订单进行系统录入及相应处理。

② 系统将订单纳入主生产排程系统，由生产部进行统一规划，形成主生产计划，并依此进行物料需求计划的展开，生成满足实际需求的相应物料的采购及生产规划信息。

③ 采购部执行采购，物料到货验收入库后，系统形成应付账款由财务部进行相应处理。

④ 2 号车间按系统生产的领料单到对应仓库领取相应物料进行生产，产成品完工办理入库。

⑤ 销售人员按订单交货期进行发货，系统形成应收账款由财务部进行相应处理。

3. 实验总结

实验总结是为了考查学生对 ERP 软件流程操作的熟悉程度，尤其是对 ERP 系统生产管理流程的掌握程度。学生的实验总结应包括以下内容。

① 实验的基本内容记录。

② 实验的基本评价及体会。

③ 课程学习能力测评。

④ 主要参考文献。

4. 实验总结评价（教师）

5. 实验成绩记录

教师在指导学生进行上机实验时，如果学生能记清生产管理的流程，则在实验时一般不会出现问题。总的来说，生产管理模块的流程如图 9-3 所示。

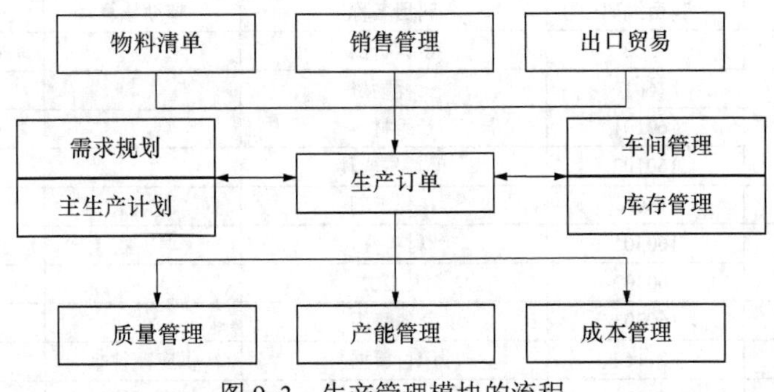

图 9-3　生产管理模块的流程

9.3.3　企业财务管理

1. 实验目标

培养学生掌握 ERP 财务管理的原理知识；使学生理解企业财务管理的基本流程及与其他模块的关系。通过实验，学生能熟悉 ERP 系统的财务管理模块中的总账子模块操作，具备基本操作技能，同时培养综合训练、分析问题、解决问题的能力。实验目标的内容具体如下。

① 掌握企业日常账务处理流程。

② 掌握凭证的输入方法。

③ 掌握凭证的审核方法。

④ 掌握银行对账的方法。

⑤ 掌握月末结账的处理方法。

2. 实验内容

（1）基础数据设置

① 会计科目设置，会计科目表如表 9-10 所示。

表 9-10　会计科目表

级次	类型	科目编码	科目名称	辅助核算	方向	期初余额 / 元
1	资产	1001	现金		借	25000
1	资产	1002	银行存款		借	1000000
2	资产	100201	建设银行		借	600000
2	资产	100202	招商银行		借	400000
1	资产	1111	应收票据	客户往来	借	
1	资产	1131	应收账款	客户往来	借	300000
1	资产	1133	其他应收款		借	16000
2	资产	113301	个人款	个人往来	借	16000
2	资产	113302	单位款	客户往来	借	
1	资产	1151	预付账款	供应商往来	借	
1	资产	1211	原材料		借	300000
1	资产	1243	库存商品		借	900000
1	资产	1401	长期股权投资		借	2000000
2	资产	140101	股票投资		借	1200000
2	资产	140102	其他股权投资		借	800000
1	资产	1501	固定资产		借	4500000

续表

级次	类型	科目编码	科目名称	辅助核算	方向	期初余额 / 元
1	资产	1502	累计折旧		贷	600000
1	资产	1601	工程物资		借	700000
2	资产	160101	专用材料		借	600000
2	资产	160102	工具与器具		借	100000
1	资产	1603	在建工程		借	550000
2	资产	160301	材料费		借	400000
2	资产	160302	人工费		借	100000
2	资产	160303	其他费用		借	50000
1	负债	2111	应付票据	供应商往来	贷	
1	负债	2121	应付账款	供应商往来	贷	600000
1	负债	2131	预收账款	客户往来	贷	
1	负债	2171	应交税金		贷	
2	负债	217101	应交增值税		贷	
3	负债	21710101	进项税额		贷	
3	负债	21710102	销项税额		贷	
2	负债	217102	应交所得税		贷	
1	权益	3101	实收资本		贷	8000000
1	权益	3111	资本公积		贷	821000
2	权益	311101	资本或（股本）溢价		贷	821000
1	权益	3121	盈余公积		贷	270000
2	权益	312101	法定盈余公积		贷	270000
1	权益	3141	利润分配		贷	
1	成本	4101	生产成本		借	
2	成本	410101	材料成本		借	
2	成本	410102	人工成本		借	
2	成本	410103	其他		借	
1	成本	4105	制造费用		借	
1	损益	5101	主营业务收入	部门核算	贷	
1	损益	5501	营业费用		借	
2	损益	550101	工资		借	
2	损益	550102	福利费		借	
2	损益	550103	业务招待费	部门核算	借	
1	损益	5502	管理费用		借	
2	损益	550201	工资		借	
2	损益	550202	福利费		借	
2	损益	550203	办公费	部门核算	借	

注：在用友 ERPU8 实验中，会计科目调整完毕后需指定科目，如将 1001 指定为“现金总账”科目，将 1002 指定为“银行总账”科目（在“会计科目”界面—单击“编辑”—“指定科目”）。

② 辅助核算目录设置如下。

A. 部门、人员档案表如表 9-11 所示。

表 9-11　部门、人员档案表

部门编码	部门名称	部门人员编码	人员名称
01	行政部门	0101	刘娟
02	财务部门	0201	周政

B. 客户档案表如表 9-12 所示。

表 9-12　客户档案表

省别编号	省别	地区编号	地区名称	客户编号	客户名称
1	省内	101	南京	101001	南京通用电器公司
		102	苏州		
		103	无锡	103001	无锡电子集团
2	省外	201	广东		
		202	辽宁		

C. 供应商档案表如表 9-13 所示。

表 9-13　供应商档案表

供应商编码	供应商名称
001	南纺股份公司
002	苏州建达公司

③ 结算方式如表 9-14 所示。

表 9-14　结算方式

结算方式编码	结算方式名称
01	南纺股份公司
02	苏州建达公司
03	电汇
04	银行承兑汇票

④ 期初余额录入如下。

各科目的期初数据见上述会计科目的余额，各辅助明细余额如下。

A. 1131 应收账款余额 300000 元，如表 9-15 所示。

表 9-15　应收账款余额

客户编码	摘要	方向	金额 / 元
101001	欠货款	借	100000
103001	欠货款	借	200000

B. 113301 个人款余额 16000 元，如表 9-16 所示。

表 9-16　个人款余额

部门编码	部门人员编码	摘要	方向	余额 / 元
01	0101	借款	借	7500
02	0201	借款	借	8500

C. 2121 应付账款余额 600000 元，如表 9-17 所示。

表 9-17　应付账款余额

供应商编码	摘要	方向	金额 / 元
001	应付期初	贷	430000
002	应付期初	贷	170000

（2）实验流程

① 填制凭证，具体步骤如下。

A. 从建设银行提取现金 8000 元备用（现金支票-8855）。

B. 从南纺股份公司购进原材料 500000 元，款未付（进项税率 17%）。注：500000 元为无税价格。

C. 财务部门还款 8500 元。

D. 零星报销：行政部门、财务部门购买办公用品各花费 1200 元和 2000 元。注：行政部门、财务部门报销入账“管理费用”的明细科目。

② 审核凭证。

③ 记账。

④ 期末处理，具体步骤如下。

A. 结转期间损益。

B. 结账。

⑤ 账簿查询，具体步骤如下。

A. 定义并查询管理费用多栏账。

B. 练习查询出纳账簿、科目账及一系列辅助账。

3. 实验总结

实验总结是为了考查学生对 ERP 软件流程操作的熟悉程度，尤其是对 ERP 系统财务管理流程的掌握程度。学生的实验总结应包括以下内容。

① 实验的基本内容记录。

② 实验的基本评价及体会。

③ 课程学习能力测评。

④ 主要参考文献。

4. 实验总结评价（教师）

5. 实验成绩记录

教师在指导学生进行上机实验时，如果学生能记清财务管理的流程，则在实验时一般不会出现问题。总的来说，总账子模块的流程如图 9-4 所示。

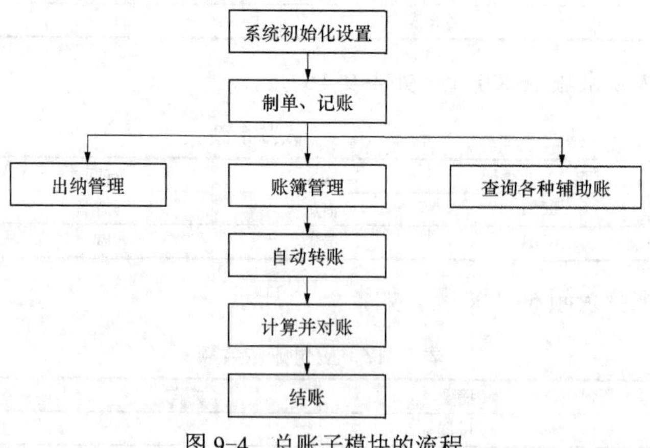

图 9-4 总账子模块的流程

9.3.4 企业人力资源管理

1. 实验目标

培养学生掌握 ERP 人力资源管理的原理性知识；使学生理解企业人力资源管理的基本流程

及与其他模块的关系。通过实验，学生能熟悉ERP系统的人力资源管理模块操作，具备基本操作技能，同时培养综合训练、分析问题、解决问题的能力。

2. 实验内容

（1）基础数据设置

① 部门档案表的设置，如表9-18所示。

表9-18　部门档案表

编码	名称
01	办公室
02	财务部
03	销售部
04	生产车间

② 人员档案表的设置，如表9-19所示。

表9-19　人员档案表

人员编号	人员姓名	人员类别	行政部门	性别	开户行	账号
0101	王芳	在职人员	办公室	女	招商银行	32010234561××××
0201	李丽	在职人员	财务部	女	招商银行	32010234561××××
0301	林同	在职人员	销售部	男	招商银行	32010234561××××
0401	王刚	在职人员	生产车间	男	招商银行	32010234561××××

③ 工资项目表的设置（请按下列信息设置好工资项目并对其顺序进行相应调整），如表9-20所示。

表9-20　工资项目表

工资项目	类型	长度	小数	增减项
基本工资	数字	8	2	增项
岗位工资	数字	8	2	增项
福利费	数字	8	2	增项
交通补助	数字	8	2	增项
加班费	数字	8	2	增项
奖金	数字	8	2	增项
应发合计	数字	10	2	增项
公积金	数字	8	2	减项
养老金	数字	8	2	减项
医保	数字	8	2	减项
纳税基数	数字	8	2	其他
代扣税	数字	10	2	减项
扣款合计	数字	10	2	减项
实发合计	数字	10	2	增项

④ 工资类别基本设置如下。

A. 增加公积金和养老金的计算公式（均为基本工资的8%）、医保的计算公式（为基本工资的2%）、纳税基数公式（纳税基数=基本工资+岗位工资+加班费-公积金-养老金-医保）。

B. 录入人员工资数据，人员工资表如表 9-21 所示。

表 9-21 人员工资表

编号	姓名	部门	基本工资/元	岗位工资/元	交通补助/元
0101	王芳	办公室	1000	500	100
0201	李丽	财务部	1200	500	100
0301	林同	销售部	1500	500	200
0401	王刚	生产车间	800	600	100

⑤ 奖金基本设置。

（2）实验流程

① 工资类别的日常处理过程如下。

A. 扣缴所得税的设置与调整。

B. 工资变动。

C. 银行代发设置与数据输出。

D. 工资签名表与工资条的设置与调整。

E. 工资分摊。

② 多次数发放工资类别的期末处理。

3. 实验总结

实验总结是为了考查学生对 ERP 软件流程操作的熟悉程度，尤其是对 ERP 系统人力资源管理流程的掌握程度。学生的实验总结应包括以下内容。

① 实验的基本内容记录。

② 实验的基本评价及体会。

③ 课程学习能力测评。

④ 主要参考文献。

4. 实验总结评价（教师）

5. 实验成绩记录

9.4 ERP 情境教学

本节实验可在 SAP B1 软件环境中进行，也可对基础资料略加修改后在用友 ERP-U8 软件中进行。

9.4.1 用户权限设置场景

（1）创建销售员王兵（XS020），其在 SAP 系统中运用销售模块所有权限、库存模块查看权限、其他模块禁止权限。

（2）创建财务员古情（CW110），其在 SAP 系统中运用财务模块所有权限、其他模块分配查看权限。

9.4.2 业务伙伴场景

（1）公司销售部门开发了一个新客户：北京好又多仓储超市。销售部门提出申请，要求技术人员将新客户添加到系统中。

（2）公司根据市场管理的需要，在基础价格的基础上，按照客户贡献价值的不同设置了相关销售折扣。其中，大客户按基础价格 1.1 因子比例销售、小客户按 1.5 因子比例销售、零售按 1.75 因子比例销售。

（3）公司针对大客户做出价格政策补充规定。当年 4 月 1 日之前按照价格政策执行，2009 年 4 月 1 日到年底给予大客户原价格的 5%的折扣；并且规定在 2009 年 4 月 1 日之前，销售数量在 100～999 台的打 9.8 折、1000 台及以上的打 9.6 折；规定 2009 年 4 月 1 日之后的销售数量在 100～999 台的打 9.4 折、1000 台及以上的打 9.2 折。

（4）公司销售部门与北京好又多仓储超市签订了年度价格协议，该协议规定销售商品统一按基础价格的 1.1 供货。由于要提高打印机 A00001/A00002/A003 的市场占用率，公司计划按基础价格的 9.5 折报价；服务器 S10000 因产品特殊，直接将基础价格减少 1000 元供货。

（5）公司销售部门与北京好又多仓储超市签订补充协议，规定 A00001/A00002/A003 这 3 种物料将以一次供货数量给予不同的折扣优惠：0～99 台 9.5 折、100～999 台 9.4 折、1000 台以上 9.2 折。

9.4.3 物料清单主数据场景

（1）物料主数据的高尔夫套件数据中有高尔夫球杆（物料编号：A1008），高尔夫球（物料编号：A1007），发球座（物料编号：A1014）。这些物料可以单独销售，但客户有时会整套购买，各项比例关系如表 9-22 所示。请建立物料清单，以便销售员选用。

表 9-22 物料主数据——高尔夫套件数据

上级/下级	物料编号	物料名称	数量比例	价格清单
上级	V001	高尔夫套件	1	
下级	A1008	高尔夫球杆	1	普通采购价格
下级	A1007	高尔夫球	6	普通采购价格
下级	A1014	发球座	1	普通采购价格

（2）公司业务扩展后，又做起了溜冰板的生意。做了一段时间后，发现生产溜冰板只简单组装即可，因此决定自己生产，各项比例关系如表 9-23 和表 9-24 所示。

表 9-23 物料主数据——溜冰板数据

上级/下级	物料编号	物料名称	数量比例	价格清单
上级	V002	溜冰板	1	
下级	A2001	溜冰板-轮子	4	普通客户售价
下级	A2002	溜冰板-板	1	普通采购价格
下级	A2003	溜冰板-轴	2	普通采购价格
下级	A2004	φ6 螺丝	8	普通采购价格

表 9-24 物料主数据——溜冰板 轮了数据

上级/下级	物料编号	物料名称	数量比例	价格清单
上级	A2001	溜冰板-轮子	1	
下级	A2008	溜冰板-轮子-轮胎	1	普通采购价格
下级	A2007	溜冰板-轮子-边框	1	普通采购价格
下级	A2005	φ8 螺丝	4	普通采购价格

（3）随着冰上高尔夫的兴起，公司发现越来越多的客户会同时订购高尔夫套件和溜冰板，但比例关系不固定。为方便销售员快速输入销售订单，销售部请技术工程师建立新的物料：冰上高尔夫套件（物料编号：V900）。同时请生产经理在 SBO 系统中创建冰上高尔夫套件（物料编号：V900）的物料清单，各项比例关系如表 9-25 所示。

表 9-25 物料主数据——冰上高尔夫套件数据

上级/下级	物料编号	物料名称	数量比例	价格清单
上级	V900	冰上高尔夫套件	1	
下级	V002	溜冰板	1	普通客户售价
下级	A1008	高尔夫球杆	1	普通采购价格
下级	A1007	高尔夫球	6	普通采购价格
下级	A1014	发球座	1	普通采购价格

9.4.4 库存物料主数据场景

（1）OEC 中国有限公司新开发一种产品：激光打印机 HP1600P。基础价格为 1800 元/台。公司对其进行批次序列号管理以便跟踪产品质量。产品的计量单位为台。尺寸为 100cm×120cm×80cm。放在成品仓库保管，并且最小安全库存为 1000 台。使用移动平均价格来统计存货账。该产品的发货方法为反冲。

（2）OEC 中国有限公司为了生产激光打印机 HP1600P，需要采购原材料：激光喷头 QHB38-2094K。该原材料的计量单位为个。采购包装单位为箱。每箱个数为 12 个。供应商为珠海信达电子公司。供应商的目录编号：QHB38。该原材料的库存评估的基础价格为 500 元/个，评估方法为标准。计划方法为物料需求计划。采购提前期为 5 天。发货方法为手动。

（3）OEC 中国有限公司为了生产激光打印机 HP1600P，还需要采购原材料强化塑胶颗粒（灰白）。该原材料的计量单位为千克，采购计量单位为吨。基础价格为 10 元/千克。该原材料的包装方式为 1 吨 10 箱，每箱 100 千克。管理者需要知道在原料采购时的具体箱数和千克数。供应商为广州嘉诚公司。

（4）OEC 中国有限公司生产的产品激光喷头 QHB38-2094K。使用的原材料为激光喷头 QHB38-2094K。当该原材料库存不足时，可以采用原材料激光喷头 QHB38-2094G 来代替。原材料激光喷头 QHB38-2094G 与原材料激光喷头 QHB38-2094K 在功能上没有什么差别，只是在成本上有点差别，激光喷头 QHB38-2094G 的单价比激光喷头 QHB38-2094K 的单价低 40 元。

（5）OEC 中国有限公司为了生产激光打印机 HP1600P，用到原材料强化塑胶颗粒（灰白），由于广州嘉诚公司不再生产该原料，便从其他供应商处采购。

（6）OEC 中国有限公司为了跟踪产品激光打印机 HP1600P 的售后服务情况，需要统计服务工程师每个月的差旅费用。为此，管理者在系统中定义了一个名为激光打印机 HP1600P 服务费的人力类型的物料主数据。该物料的计量单位为人每天。基础价格为：300 元/人每天。

（7）由于电子产品更新较快，一段时间后，OEC 中国有限公司停止生产激光打印机 HP1600P，但还有部分应收账款没有收回。一个月后，所有应收账款全部收回，并且不再接受该产品的售后服务请求。

9.4.5 价格清单场景

（1）OEC 中国有限公司维护的一套销售价格清单，如表 9-26 所示。

表 9-26 销售价格清单

价格清单行	价格清单名称	基础价格清单名称	比例因子	舍入方法
价格清单 01	标准价格	标准价格	1	不舍入
价格清单 02	零售客户价格	标准价格	1.5	不舍入
价格清单 03	批发商价格	标准价格	1.3	不舍入
价格清单 04	大客户价格	批发商价格	0.9	舍入到十位金额

（2）OEC 中国有限公司的物料激光打印机 HP1600P，价格清单设定为标准价格，基础价格为 1000 元/台，并将业务伙伴（客户编号：C3000）的付款条款里的价格清单设定为大客户价格。

（3）OEC 中国有限公司为了激励 C3000 购买激光打印机 HP1600P，特对其制订了特殊价格：1100 元/台。创建一张给 C3000 的激光打印机 HP1600P 的销售单，看看销售单上的价格是如何取得的。

（4）OEC 中国有限公司某日对销售价格做了调整：激光打印机 HP1600P 的标准价格由原来的 1000 元调整为 950 元。零售客户的价格比例因子由原来的 1.5 调整为 1.4。

（5）OEC 中国有限公司经过对 C3000 一段时间销售情况的跟踪发现，C3000 的采购量很少，不符合大客户的采购量，所以 OEC 中国有限公司对销售策略做了调整，不再对 C3000 执行大客户销售价格政策，C3000 的价格也由原来的大客户价格变成批发商价格。

（6）OEC 中国有限公司对 C3000 撤销了大客户销售价格政策以后，销售量有所下滑。为了挽救市场，销售部决定对所有为“物料”类型物料组的库存开展打 9 折的优惠活动。

9.4.6 销售机会业务场景

（1）公司销售员王勤（A004）与客户石家庄汉德贸易公司联系，了解客户的需求，并了解到客户在 IT 设备上最近有 10 万元左右的采购预算，并与客户代表王晓东约定两天后来公司面谈，了解公司的产品。

（2）两天后，公司销售员王勤与客户代表王晓东一起就公司产品做了第一次面对面交流，向客户重点介绍了公司产品的特点与应用效果，并了解了客户具体的产品需求。客户代表王晓东表示要把相关情况汇报给公司相关负责人。

（3）客户代表王晓东汇报相关情况后，客户负责人对产品比较感兴趣，要求公司派遣相关销售人员到其办公地点就产品价格、付款条款等进行谈判。

（4）公司销售员王勤应邀到客户负责人办公地点与客户就产品的价格政策做了详细说明，双方对产品所能提供的价格折扣做了初步商讨，明确了感兴趣的产品及其数量。客户负责人要求公司销售员王勤明确对此报价。

（5）公司销售员王勤针对讨论结果，对客户负责人感兴趣的产品报了价，并发给客户负责人。

（6）客户负责人接到报价后，认为价格仍然存在商讨空间，双方就价格做了进一步磋商，公司销售员王勤提出了超出自己权限范围的价格折让，与公司领导协商后最终与客户负责人达成一致。

客户负责人经过比价对公司报出的价格比较满意，正式向公司下达了订单，订单金额最终确定在 11 万元左右。

9.4.7 销售报价业务场景

（1）2009 年 2 月 1 日，北京龙发电子贸易有限公司（客户编号：C20000）通过公司销售员王勤（A004）咨询了产品 IBM Infoprint 1312 喷墨打印机（物料编号：A00001）和产品华硕 Intel AMX 主板（物料编号：C00001），要求提供一次 2 小时的现场服务（服务编号：L10001），并初步确定订货意向。

（2）公司销售员王勤登录 SBO 系统，按公司规定在系统的报价模块中录入客户要求的 A00001、C00001 物料以及 L10001 服务，同时考虑到客户可能对其他打印机类型比较感兴趣，因此把其他打印机作为备选项报给客户，请客户参考。

（3）公司要求报价要遵循规范的格式，如表 9-27 所示。

表 9-27 报价格式规范

物料	数量	价格	……	总额
		硬件		
××××	××××	××××	××××	××××
小计				××××
		服务		
××××	××××	××××	××××	××××
小计				××××
		备选项		
××××	××××	××××	××××	××××
总计				××××

（4）公司销售员王勤录入报价单后，经销售经理审批通过，打印出报价单，然后再传真给北京龙发电子贸易有限公司的采购员李诚，并告知采购员李诚此报价在一个月内有效。

（5）北京龙发电子贸易有限公司对价格不满意，与公司销售员王勤联系要求享受 9 折采购价；对备选的打印机感兴趣要求正式对此报价，列入采购范围。公司销售员王勤与公司经理协商后，申请了 9 折销售价，重新修改了报价单，并传给北京龙发电子贸易有限公司。

（6）北京龙发电子贸易有限公司对新报价表示满意，确认向公司进行采购。

（7）公司销售员王勤收到客户的报价确认后，在系统中把该报价确认为正式销售订单，要求公司内部组织发货。

（8）业务场景同上，但客户最终拒绝了本次报价，公司销售员王勤按公司业务规定取消了本次报价。

9.4.8 销售审批业务场景

（1）2009 年 2 月 5 日，北京龙发电子贸易有限公司（客户编号：C20000）的采购员李诚打电话给公司销售员王勤（A004），提出产品 IBM Infoprint 1312 喷墨打印机（物料编号：A00001）订货 200 台和产品华硕 Intel AMX 主板（物料编号：C00001）订货 2000 件的需求，并向公司开始询价，要求公司销售员王勤给出这两种产品的报价。

（2）公司销售员王勤登录 SBO 系统查询到 IBM Infoprint 1312 喷墨打印机的基准售价为 3500 元/台，产品华硕 Intel AMX 主板的售价也为 3500 元/台。公司销售员王勤使用 SBO 系统的报价模块，录入报价单，系统根据预配置的审批业务流程激活审批流程。

（3）销售经理张涛在系统中看到公司销售员王勤的报价申请后，在系统中查看了本次申请，发现其所报价格为公司最高对外售价，可以打 9 折对外报价，因此在系统中拒绝本次报价，并要求公司销售员王勤重新修改报价。

（4）公司销售员王勤在系统中收到销售经理的审批意见后，按照销售经理张涛的意见修改报价，重新提请审批。

（5）销售员张涛在系统中通过系统信息收到新的报价单后，同意本次报价。

（6）公司销售员王勤根据审批结果，把该报价单添加为系统正式报价单并打印传真给北京龙发电子贸易有限公司的采购员李诚。

9.4.9 销售订单业务场景

1. 业务场景 01——按库存销售

（1）当前业务公司为按库存销售型公司，公司规定在有效库存充足时可以下单；在有效库存不能满足订购需求的前提下，禁止订单的下达。

（2）销售员王勤（A004）接到客户北京龙发电子贸易有限公司（客户编号：C20000）的订单，订购 IBM Infoprint 1312 喷墨打印机（物料编号：A00001）1000 台、华硕 Intel AMX 主板（物料编号 C00001）100 件，以及 10 个小时的现场服务（服务编号：L10001），并要求在订购日后 10 天发货。

（3）销售员王勤在系统中填写销售订单，并检查各项订购物料是否存在有效库存，发现 A00001 物料库存不足，与客户联系后把订购数量调整为 90 台。

（4）销售员王勤确认销售订单并打印后，把销售订单反馈给客户，并同步传递到仓库作为后续业务流程的依据。

2. 业务场景 02——按单生产下的销售

（1）当前业务公司为按订单生产型公司，公司在生产能力能够满足订购需求的情况下，接受销售订单。

（2）销售员王勤（A004）接到客户北京龙发电子贸易有限公司（客户编号：C20000）的订单，订购 IBM Infoprint 1312 喷墨打印机（物料编号：A00001）100 台，并要求在订购日后一个月内发货。

（3）销售员王勤与生产部门联系，确认能否在一个月内生产完毕。

（4）销售员王勤经过与生产部门沟通，确认生产能力能够满足订购需求后，在系统中下达生产订单打印输出后，把销售订单传递到生产部门通知生产部门备货生产。

3. 业务场景 03——信用控制

（1）随着客户订购量的持续增多，客户的欠款也在增多，这种情况下如果因客户资金出现问题不能及时回款，产生不良账款，将导致公司承受财务风险。在这种情况下，公司应启用信用控制，对客户的信用预先做出评估，对超出信用额度的客户做出拒绝发出货物的决定。

（2）公司为所有客户授予 100000 元的信用额度，并启动信用控制。

（3）销售员王勤（A004）接到客户北京龙发电子贸易有限公司（客户编号：C20000）的订单，订购 IBM Infoprint 1312 喷墨打印机（物料编号：A00001）100 台、华硕 Intel AMX 主板（物料编号：C00001）100 件。

（4）销售员王勤在 SBO 系统中录入客户订购物料信息，在添加保存时，系统告知该客户的欠款将超出该客户的信用额度，拒绝生成销售订单。

（5）销售员王勤认为该客户一直与公司合作良好，应给予更高的信用额度，以便业务的正常进行，因此把该问题反馈给销售经理，要求把该客户的信用额度提高到 200000 元，并同时把该销售订单保存为草稿。

（6）销售经理研究后，认为该客户确实为公司的优质资源，应给予更高的信用额度，因此通过公司内部的主数据维护流程，提请系统技术维护人员更改该客户的信用额度。

（7）销售员王勤在技术维护人员修改完信用额度后，从系统中找出销售订单草稿并重新确认成正式销售订单，同步打印发给相关公司、后勤部门执行。

4. 业务场景 04——根据销售订单创建采购

（1）部分贸易公司，尤其是外贸公司习惯于在接到客户订单后按照客户的订单要求从外部采购。本业务场景是直接根据销售订单创建采购订单，以便于采购顺利开展后续业务。

（2）销售员王勤（A004）接到国外公司安捷公司（客户编号：C70000）的订单需求，订购“PC－P4 2.4G，DDR 512M，400G HD”（物料编号：P10001）10 件、“PC－P4 2.4G，DDR 1024M，400G HD”（物料编号：P10002）10 件，要求在 14 个工作日内将货物通过远洋货运发出。

（3）销售员王勤根据客户需求在系统中创建销售订单，并设置该客户要求的 SHIPDATE 时间及客户的工作语言，按照客户的工作语言打印出相关单据，把相关销售订单传递到采购部门要求采购部门采购。

（4）采购部门在系统中查到相关销售订单，并通过销售订单的生产采购订单的按钮选项分配相关供应商生产草稿状态的采购订单。

5. 业务场景 05——客户要求停止订单的继续执行

订单执行过程中，客户因为各种原因要求停止销售订单的继续执行。公司业务人员与客户协商后，根据订单的状况进行相应的取消或关闭处理。

9.4.10 销售交货业务场景

1. 业务场景 01——按订单全额交货

（1）销售员王勤（A004）按客户北京龙发电子贸易有限公司（客户编号：C20000）的订货要求在系统中创建销售订单，订购 IBM Infoprint 1312 喷墨打印机（物料编号：A00001）2 台、华硕 Intel AMX 主板（物料编号：C00001）2 件，并要求在订单下达后 5 个工作日内交付。

（2）销售员王勤打印该销售订单并把该订单传送到仓储部门，要求仓储部门及时按订单规定的送货地址送货。

（3）仓储部门责任人王丽（A006）接到销售订单后，检查仓库库存，在库存足够的情况下按照该销售订单创建销售交货。

（4）仓储部门负责人王丽打印相关交货单，并把该交货单与货物一起交付运输责任人或外协运输单位按交货单地址送货。

2. 业务场景 02——按订单部分交货

（1）销售员王勤（A004）按客户北京龙发电子贸易有限公司（客户编号：C20000）的订货要求在系统中创建销售订单，订购 IBM Infoprint 1312 喷墨打印机（物料编号：A00001）2 台、华硕 Intel AMX 主板（物料编号：C00001）2 件，并要求在订单下达后 5 个工作日内完全交付，但在库存不足时允许部分交货。

（2）销售员王勤打印该销售订单并把该订单传送到仓储部门，要求仓储部门及时按订单规定的送货地址送货。

（3）仓储部门责任人王丽（A006）接到销售订单后，检查仓库库存，发现 IBM Infoprint 1312 喷墨打印机只有 1 台，华硕 Intel AMX 主板缺货，因该客户允许部分交货，其根据订单创建 IBM Infoprint 1312 喷墨打印机的销售交货单。

（4）仓储部门责任人王丽打印相关交货单，并把该交货单与货物一起交付运输责任人或外协运输单位按交货单地址送货。

3. 业务场景 03——负库存销售

（1）在实际业务场景中，会出现入库与出库业务不能协调一致的情况。在这种情况下，货物往往不能及时办理入库，但货物的出库又不能因等待入库手续的履行而停滞，需采用权宜方法。

（2）在该业务场景中，系统通过特别配置，允许在库存不足时创建销售交货，但该业务场景应针对实际业务场景进行分析，非必要情况下应禁止使用。

4. 业务场景 04——客户要求退货（应收发票未确认）

（1）客户北京龙发电子贸易有限公司（客户编号：C20000）订购 IBM Infoprint 1312 喷墨打印机（物料编号：A00001）2 台、华硕 Intel AMX 主板（物料编号：C00001）2 件，在收到货后发现 2 件华硕 Intel AMX 主板均存在质量问题，要求退货。

（2）销售员王勤（A004）接到客户退货请求后，确认货物存在问题，允许该部分物料退回公司，并通知仓库接收该部分退货。

（3）仓储部门负责人王丽（A006）接到该退回货物后，在系统中根据原销售发货单创建销售退货单，并打印单据传递给客户。

5. 业务场景 05——客户要求退货（应收发票未确认）

（1）客户北京龙发电子贸易有限公司（客户编号：C20000）发现有 1 台 IBM Infoprint 1312 喷墨打印机（物料编号：A00001）存在质量问题，要求退货。

（2）销售员王勤（A004）经过调查，确认该货物非因对方保管问题出现故障，且在质量保证期内，因此通知仓库办理退货手续。

（3）仓储部门负责人王丽（A006）接到该退回货物后，在系统中直接创建销售退货单，并打印单据传递到客户。

6. 业务场景06——信用控制

（1）公司要求加强对客户北京龙发电子贸易有限公司（客户编号：C20000）的重点信用控制，在交货时如果欠款金额超出该客户信用额度禁止发货。

（2）仓储部门责任人王丽（A006）接到销售订单后，创建销售交货，并检查其信用状况，在本次交货额超出信用额度时通知销售员王勤（A004）。

（3）销售员王勤（A004）在接到通知后，通知客户对前笔货款进行清理，并在货款付出后通知仓储部门发货。

（4）仓储部门定期检查未清理的销售订单，在客户货款得到清理的情况下，重新创建销售交货发出货物。

9.4.11 销售应收发票业务场景

1. 业务场景01——按交货创建应收发票

（1）销售员王勤（A004）按客户北京龙发电子贸易有限公司（客户编号：C20000）的订货要求在系统中创建销售订单，订购IBM Infoprint 1312喷墨打印机2台、（C00001）华硕Intel AMX主板2件，并要求在订单下达后5个工作日内交付。

（2）销售员王勤打印该销售订单并把该订单传送到仓储部门，要求仓储部门及时按订单规定的送货地址送货。

（3）仓储部门责任人王丽（A006）接到销售订单后，检查仓库库存，在库存充足的情况下按照该销售订单创建销售交货，并打印相关交货单，一份交客户，另一份交财务部门。

（4）财务员宋凯（A005）接到交货单后，根据交货单创建应收发票，增加销售收入、应收账款，并通过增值税控机打印增值税发票邮递给客户。

2. 业务场景02——按退货创建贷项凭证

（1）客户北京龙发电子贸易有限公司（客户编号：C20000）在盘点仓库时发现有1台IBM Infoprint 1312喷墨打印机（物料编号：A00001）存在质量问题，要求退货。

（2）销售员王勤（A004）经过调查，确认该货物非因对方保管问题出现故障，且在质量保证期内，因此通知仓库办理退货手续。

（3）仓储部门负责人王丽（A006）接到该退回货物后，在系统中直接创建销售退货单，并打印单据传递给客户，同时传递一份退货单到财务部门。

（4）财务员宋凯（A005）接到退货单后，通过应收贷项凭证功能应收贷项发票，系统自动减少销售收入、应收账款，同时向税务机构申请，打印红字发票邮递给客户作为账务处理依据。

3. 业务场景03——按应收发票创建贷项凭证（发票出现错误）

（1）销售员王勤（A004）按客户北京龙发电子贸易有限公司（客户编号：C20000）的订货要求在系统中创建销售订单，订购IBM Infoprint 1312喷墨打印机（物料编号：A00001）2台、华硕 Intel AMX 主板（物料编号：C00001）2 件，并要求在订单下达后 5 个工作日内交付。

（2）销售员王勤打印该销售订单并把该订单传送到仓储部门，要求仓储部门及时按订单规定的送货地址送货。

（3）仓储部门责任人王丽（A006）接到销售订单后，检查仓库库存，在库存足够的情况下按照该销售订单创建销售交货，并打印相关交货单随货同行，一份交客户，另一份交财务部门。

（4）财务员宋凯（A005）接到交货单后，根据交货单创建应收发票，增加销售收入、应收账款，并通过增值税控机打印增值税发票邮递给客户。

（5）客户接到发票后，发现该发票存在问题，把发票退回到公司，并要求公司重新开具。

（6）财务员宋凯接到退回的发票经过确认，发现该发票总金额、税款、不含税金额的相互运算关系不匹配，需要修改。

（7）财务员宋凯在系统中填写根据该应收发票创建贷项凭证，系统自动冲销相关收入、应收、税金，同时也把原始发货库存冲回。

（8）财务员宋凯在系统中找到相关应收发票单据，重新复制一份创建新的交货发票，并调整相关金额；但该发票由于没有根据交货单创建，因此该应收发票不仅增加了应收账款、销售收入、税金，也导致库存减少。

（9）财务员宋凯根据此新发票在增值税控系统中打印增值税发票并邮递给客户。

4. 业务场景 04——客户把发票与货物同时退回

（1）销售员王勤（A004）按客户北京龙发电子贸易有限公司（客户编号：C20000）的订货要求在系统中创建销售订单，订购 IBM Infoprint 1312 喷墨打印机（物料编号：A00001）2 台、华硕 Intel AMX 主板（物料编号：C00001）2 件，并要求在订单下达后 5 个工作日内交付。

（2）销售员王勤打印该销售订单并把该订单传送到仓储部门，要求仓储部门及时按订单规定的送货地址送货。

（3）仓储部门责任人王丽（A006）接到销售订单后，检查仓库库存，在库存足够的情况下按照该销售订单创建销售交货，并打印相关交货单随货同行一份传送到客户，另一份传送到财务部门。

（4）财务员宋凯（A005）接到交货单后，根据交货单创建应收发票，增加销售收入、应收账款，并通过增值税控机打印增值税发票邮递给客户。

（5）客户认为该批货物存在严重质量问题，把该批货物与发票一并退回公司。

（6）财务据此创建应收贷项凭证，仓储不再填写相关退库凭证。

9.4.12 采购订单业务场景

（1）当年 3 月 26 日，采购员钱国钧根据物料需求计划（方案编号 200903），向供应商南京天地信息设备有限公司（供应商编号：V80000）采购物料 10/100MB 网卡（物料编号：C00006）675 件，物料价格由供应商主数据关联的价格清单自动获得，要求交货日期为当年 4 月 12 日。

（2）当年 3 月 26 日，采购员钱国钧向仓库部门提供经审批的采购申请：IBM Infoprint 1222 喷墨打印机（物料编号：A00002）50 台。作为临时性采购，向供应商珠海信达电子公司（供应商编号：V1010）下达采购订单，要求交货日期为当年 4 月 5 日，物料价格由供应商主数据关联的价格清单自动获得。

（3）当年 3 月 26 日，销售员王勤（A004）接到客户订单：采购产品 HP Color Laser Jet 4 激光彩色打印机（物料编号：A00005）180 台。公司存货不足，经公司管理层决定直接转成向供应商珠海信达电子公司采购，并把对客户的交期作为对供应商的要求交货期当年 4 月 20 日，物料价格由供应商主数据关联的价格清单自动获得。

（4）当年 3 月 26 日，采购员钱国钧收到研发部门提供的采购请求：内存条，要求型号为 DDR2 8002G，数量 50 件，要求交货时间为当年 4 月 7 日。由于产品正在测试阶段，所需采购物料并没有在系统中正式编码。钱国钧与各家供应商联系后发现，供应商南京天地信息设备有限公司（供应商编号：V80000）可以提供该产品，报价为 165 元/件，经价格管理员核准价格后在系统中下达采购订单。

9.4.13 采购入库业务场景

（1）当年 4 月 3 日，供应商珠海信达电子公司（供应商编号：V1010）送货到公司，分别对应第 89 号、第 90 号采购订单，相关物料及数量分别为 IBM Infoprint 1222 喷墨打印机（物料编号：A00002）50 台，HP Color Laser Jet 4 激光彩色打印机（物料编号：A00005）100 台，经质检人员抽检合格后，由仓管员陈强点料入库，并根据送货单和质检单在系统中办理采购收货业务。

（2）当年 4 月 3 日，收到供应商大连威海公司（供应商编号：V60000）提供的货品，明细为 IE 复刻版（物料编号：888888）10 件和双飞燕 MX 鼠标（物料编号：999999）30 件，同时发生其他费用 100 元，要求按数量分摊到物料成本中。

当年 4 月 3 日收到 84 号、85 号收货采购订单的运费发票，金额为 300 元，需要分摊到对应收货采购订单的入库成本中。

（3）当年 4 月 3 日，生产员在实际领用过程中发现 HP Color Laser Jet 4 激光彩色打印机（物料编号：A00005）出现不良品 5 件并退回仓库，由采购员与供应商协商办理退货，根据合同约定，供应商同意无条件退货。仓管员陈强根据采购员开具的退货单，安排不良品出库并由供应商带回。

9.4.14 采购应付发票业务场景

1. 业务场景 01——应付发票

（1）参照采购收货订单创建应付发票：采购员收到供应商提供的发票后提交给财务部门，财务员根据已有收货采购订单，在系统中录入应付发票。

（2）假设采购管理流程简单化，在收货的同时，直接收到供应商提供的应付发票信息。

2. 业务场景 02——应付贷项凭证

（1）在收到应付发票后，发现货物存在质量问题，要求退货。

（2）在操作应付发票时发生失误，要求对应付发票进行冲销。

（3）月末盘点仓库，发现有货物存在质量问题，但由于时间久远，只有供货的供应商信息可查，要把该批物资退回供应商并抵扣该供应商应付账款。

3. 业务场景 03——应付预留发票

在签订供货合同前，供应商与我司约定，先提供发票才能交货，本月收到该供应商提供的应付预留发票。

9.4.15 库存收发货业务场景

（1）OEC 中国有限公司给客户（客户编号：C30000）代加工生产一批产品：100 台激光打印机 HP1600P。其原料为强化塑胶颗粒（灰白）100 千克，由客户提供并放于 OEC 中国有限公司的客供库中进行管理。

（2）OEC 中国有限公司实验室为了检测产品激光打印机 HP1600P 的打印次数寿命，从产品仓库领了一台激光打印机到实验室做实验，实验后，打印机报废。

（3）OEC 中国有限公司在上海有销售部门和仓库，需要将 20 台激光打印机 HP1600P 转到上海的仓库以便于销售。

（4）OEC 中国有限公司为了生产激光打印机 HP1600P，需要用到 30cm×50cm×55mm 规格尺寸的钢板，而 OEC 中国有限公司购买的原料是钢卷，尺寸为 300m×1m×5mm，这样规格的钢卷重量为 2 吨，需要把这样的钢卷交给外面的加工商加工成钢板。但是 OEC 中国有限公司为了检查加工商在加工过程中是否有合理损耗或偷料（提供的钢卷是 2 吨，实际返回的钢板是 1 吨），在 SBO 系统中采用以下方案处理：首先在系统中通过转储将钢卷转到加工商仓库（实际货物也发出，记录钢卷编号），加工商加工后在系统登记收到的钢板的数量（张数）和对应的裁剪的钢卷编号；然后通过分析系统的自定义报表查询收到的该钢卷编号的重量和对应的钢板重量（单张重量×张数）之间的差值来分析是否合理损耗。如果在合理损耗范围内，可将加工商仓库内的钢卷通过库存交易、发货发掉（加工掉了）；如果不在合理范围内，则将应收回的钢卷再通过库存转储的方式收回 OEC 中国有限公司的原料仓库。

9.4.16 物料需求计划场景

为了降低库存，改变以前完全按库存生产的内部供给方式，加强供、产、销部门之间的联系，公司决定启用 SBO 系统中的物料需求计划模块。根据 ERP 系统咨询顾问的要求，企业需要设定以下计划参数，如表 9-28 所示。

表 9-28 不同内容计划参数

序号	内容	路径	备注
1	消耗预测	管理→系统初始化→一般设置	库存→计划
2	采购件默认供应商	库存→物料主数据	采购页面
3	计划方法	库存→物料主数据	计划数据页面
	采购方法		
	订单周期		
	多重订单		
	经济批量		
	提前期		

（1）根据公司的产销形态做下月按周的销售预测。根据按周的销售预测运行物料需求计

划，使系统自动产生供给订单。数据如表 9-29 所示。

表 9-29　高尔夫球物料数据

物料编号	物料名称	下月第一周/个	下月第二周/个	下月第三周/个	下月第四周/个
A1007	高尔夫球	600	600	600	600

（2）公司接到客户深圳特达外贸公司（客户编号：C60000）订购溜冰板（物料编号：V002）1000 块的订单，要求发运日期为 3 月 20 日。客户对包装有特殊要求，不能使用库存溜冰板及正在生产的溜冰板，需要单独生产。请根据此信息安排采购计划和生产计划。

（3）公司接到客户深圳特达外贸公司订购高尔夫球（物料编号：A1007）2000 个的订单，要求发运日期为 3 月 15 日。请安排物料需求计划，保证交货期。

9.4.17　生产发货场景

（1）现在仓库中没有溜冰板（物料编号：V002），但根据销售情况，需要在 3 月 15 日生产出 60 件，根据经验损耗率，需要下单的数量是 63 件。请创建标准生产订单。

（2）3 月 15 日入库的 63 件溜冰板，有两件的轮子有问题，需要更换。请创建特殊生产订单。

（3）3 月 15 日入库的 63 件溜冰板，有 1 件报废品，需要把能用的零部件拆装入库。请创建分装生产订单。

9.4.18　委外生产场景

（1）某公司没有启用生产模块，出于对配方的高度保密，也没有在 SBO 系统中输入物料清单数据。现在有一批产品需要委托给北京海龙电子公司（公司编号：V10000）生产，具体数据如表 9-30 所示。

表 9-30　物料主数据——名发油漆数据

上级/下级	物料编号	物料名称	数量 / 件	备注
上级	VC001	名发油漆	100	加工单价为 5 元/件
下级	A8001	油漆原料 1	90	普通采购价格
下级	A8002	油漆原料 2	100	普通采购价格

（2）公司业务扩展太快，溜冰板（物料编号：V002）供不应求，生产能力成了限制企业发展的瓶颈。但由于未来经济形势的不确定性，公司董事会没有批准增强生产能力的提案。现在有 20000 件的溜冰板，公司来不及组装，需要外包给北京海龙电子公司，加工费是 1 元/件。

参考文献

[1] 陈启申．ERP——从内部集成起步[M]．3 版．北京：电子工业出版社，2012.

[2] 周玉清，刘伯莹．ERP 与企业管理——理论、方法、系统[M]．2 版．北京：清华大学出版社，2012.

[3] 郑称德，陈曦．企业资源计划（ERP）[M]．北京：清华大学出版社，2010.

[4] 马玉莹．中国 ERP 发展现状及前景展望[J]．中国管理信息化，2020，23（13）：96-98.

[5] 蔡项．基于 ERP 系统环境的企业内部控制研究[J]．中国市场，2021（28）：150-151.

[6] 陈冀．基于 ERP 环境下简析企业全面预算管理与应用实践[J]．经济管理文摘，2021（19）：44-46.

[7] 杜书庆．中小企业 ERP 应用实践与改进研究[J]．电脑知识与技术，2021，17（11）：247-248+254.

[8] 周跃进．企业资源管理控制一体化[M]．北京：机械工业出版社，2011.

[9] 张卫丽．用友 ERP 供应链销售管理“四要点”[J]．商业会计，2021（03）：94-97.

[10] 郭宇潼. ERP 系统在企业销售管理中的应用[J]. 中小企业管理与科技（下旬刊），2020（11）：9-10.

[11] 丁淑芹，陈江波．销售与收款的业务财务一体化策略——以用友 ERP 为例[J]．中国管理信息化，2019，22（09）：66-69.

[12] 杨进华．基于 ERP 系统原理的物料销售企业库存整理控制策略研究——评《ERP 系统原理和实施》[J]．机械设计，2020，37（04）：158-158.

[13] 陈兵．倍增式经营：企业资源高效利用黄金法则[M]．南京：凤凰出版社，2011.

[14]李静. ERP 系统在集团企业内部控制中的应用[J]. 企业改革与管理，2021（18）：34-35.

[15] 黄洁莹，潘豪，陈蕾颖，等．ERP 系统在工程项目供应链成本管理中的应用[J]．合作经济与科技，2020（08）：105-107.

[16] 王伯平. 深度业财融合的高职《ERP 供应链管理》课程建设[J]. 中小企业管理与科技，2020（02）：96-97.

[17] 康翔，江敏．基于 ERP 的企业供应链管理系统研究[J]．信息与电脑（理论版），2019（01）：157-159.

[18] 乐立俊．SAP 后勤模块实施攻略：SAP 在生产、采购、销售、物流中的应用[M]．北京：机械工业出版社，2013.

[19] 李鹤尊，孙健，安娜. ERP 系统实施与企业成本粘性[J]. 会计研究，2020（11）：47-59.

[20] 李宪，李冀，蔡颖博．通过 ERP 项目实施作为信息化整体框架设计与实现[J]．办公自动化，2020，25（20）：32-38.

[21] 赵笑梅，靳伟琼，王莹平，褚铮. 知识整合的时间进程：ERP 研究[J]. 心理科学，2021，

44（05）：1089-1096.

[22] 张宇. 大数据时代下企业 ERP 实施中的若干问题及优化建议[J]. 科技经济市场，2019（10）：95-96.

[23] 闪四清. ERP 系统原理和实施[M]. 3 版. 北京：清华大学出版社，2012.

[24] 李键，董锴，王颖纯. 企业资源计划（ERP）及其应用[M]. 4 版. 北京：电子工业出版社，2013.

[25] 陈兵. 倍增式经营：企业资源高效利用黄金法则[M]. 南京：凤凰出版社，2011.

[26] 童继龙，童继明. P 道理——ERP 项目实施手记[M]. 北京：清华大学出版社，2011.

[27] 黄震. 基于项目管理办公室的项目群组织结构设计——以某 ERP 项目群为例[J]. 环渤海经济瞭望，2021（03）：138-139，142.

[28] 周垂，张煜，左琪. 集团型企业 ERP 系统选型分析[J]. 现代信息科技，2019，3（18）：91-93.

[29] 陈启申. ERP——从内部集成起步[M]. 3 版. 北京：电子工业出版社，2012.

[30] 司莹丽. 生产型企业物流业务流程重组研究[J]. 中国储运，2021（06）：176-177.

[31] 耿弘. 煤炭销售企业 ERP 系统条件下会计业务流程改造研究[J]. 能源科技，2020，18（09）：30-33.

[32] 曾旭远. ERP 在企业物流管理中的应用探讨[J]. 科技与创新，2020（10）：62-64.

[33] 张睿锐. 基于国有企业海外管理战略落地的业务流程重组及 ERP 系统实施[J]. 中国管理信息化，2019，22（17）：68-70.

[34] 乐立俊. SAP 后勤模块实施攻略：SAP 在生产、采购、销售、物流中的应用[M]. 北京： 机械工业出版社，2013.

[35] 王瑜，关胜，蒋晶晶. ERP 在企业管理信息化中的设计及应用[J]. 大众标准化，2020（22）：239-240.

[36] 李彦槐. ERP 软件系统在企业财务管理中的设计与应用[J]. 现代营销（下旬刊），2020（10）：220-221.

[37] 庞南燕. 公司基于 ERP 财务管理系统设计与应用探析[J]. 财会学习，2019（31）：101+103.

[38] 雷凡. 关于监理企业数字化转型的思考及探索[J]. 建设监理，2021（01）：7-13.

[39] 于萌萌. 在 ERP 系统环境下建筑企业绩效评价的研究[J]. 现代经济信息，2019（24）：60-61.

[40] 朱英. CZ 公司 ERP 系统实施的绩效评价研究[D]. 南宁：广西大学，2019.

[41] 吴影辉. 制造业上市公司实施 ERP 的绩效研究[J]. 企业改革与管理，2019（06）：60+64.

附录　关键词

第 1 章　ERP 概述

第 2 章　ERP 的基本原理

第 3 章　ERP 系统的业务集成

制造执行系统（Manufacturing Execution System，MES） /83 页

商务智能（Business Intelligence，BI） /87 页

第 4 章　ERP 项目的实施与运行

四方关系（Quartet Relationship，QR） /91 页

投资回报率（Return On Investment，ROI） /99 页

总拥有成本（Total Cost of Ownership，TCO） /99 页

企业首席信息官（Chief Information Officer，CIO） /99 页

第 5 章　用户视角：需求驱动与规划实施

标准操作程序（Standard Operating Procedure，SOP） /105 页

第 6 章　咨询顾问视角：管理诊断与 ERP 系统的导入

战略一致性模型（Strategic Alignment Model，SAM） /138 页

标杆分析法（Benchmarking） /139 页

业务流程重组（Business Process Re-engineering，BPR） /147 页